"十二五"职业教育国家规划教材
经全国职业教育教材审定委员会审定

全国林业职业教育教学指导委员会高职园林类专业工学结合"十二五"规划教材

园林植物造型技术
（第2版）

YUANLINZHIWU
ZAOXINGJISHU

祝志勇 韩丽文 ◎主编

中国林业出版社

内容简介

本书由课程导入与7个学习项目组成，分别阐述了园林植物造型基本原理、园林植物自然式造型、园林植物几何造型、园林植物象形造型、树木盆景造型、藤本植物框架造型、园林植物造型案例及植物造型综合实训。每个任务分为理论知识和实践操作两大部分，实践操作中选择若干有代表性的典型工作任务作为载体，详细描述了工作程序和造型方法，便于自学。全书图文并茂，并配有学习光盘。

本书可作为高等职业教育园林技术、园艺技术、商品花卉等专业的教材，也可作为中等职业技术学校园林类专业和行业企业园林技术人员培训教材。

图书在版编目（CIP）数据

园林植物造型技术/祝志勇，韩丽文主编. —2版. —北京：中国林业出版社，2015.1（2024.1重印）

"十二五"职业教育国家规划教材经全国职业教育教材审定委员会审定，全国林业职业教育教学指导委员会高职园林类专业工学结合"十二五"规划教材

ISBN 978-7-5038-7563-2

Ⅰ.①园… Ⅱ.①祝…②韩… Ⅲ.①园林植物-造型设计-高等职业教育-教材 Ⅳ.①S688.5

中国版本图书馆 CIP 数据核字（2014）第134586号

中国林业出版社·教育出版分社

策划编辑：康红梅 田 苗　　责任编辑：田 苗 康红梅
电　　话：83143551　83143557

出版发行	中国林业出版社（100009　北京市西城区德内大街刘海胡同7号） E-mail：jiaocaipublic@163.com　电话：（010）83143500 http：//lycb.forestry.gov.cn
经　销	新华书店
印　刷	北京中科印刷有限公司
版　次	2006年8月第1版（共印2次） 2015年1月第2版
印　次	2024年1月第4次印刷
开　本	787mm×1092mm　1/16
印　张	18
字　数	427千字
定　价	56.00元

数字资源

未经许可，不得以任何方式复制或抄袭本书之部分或全部内容。

版权所有　侵权必究

《园林植物造型技术》(第2版) 编写人员

主　编

祝志勇
韩丽文

副主编

崔广元
王一楠

编写人员（按姓氏拼音排序）

陈丽媛（辽宁林业职业技术学院）
崔广元（宁波城市职业技术学院）
韩丽文（辽宁林业职业技术学院）
李　烨（辽宁林业职业技术学院）
林乐静（宁波城市职业技术学院）
沈培福（浙江丽水职业技术学院）
宋　丹（辽宁林业职业技术学院）
王立新（温州科技职业技术学院）
王亚丽（云南林业职业技术学院）
王一楠（辽宁林业职业技术学院）
叶召权（河南林业职业技术学院）
周伟明（浙江中华植物艺术苑）
祝志勇（宁波城市职业技术学院）

《园林植物造型技术》(第1版) 编写人员

主　编

祝志勇

副主编

王立新

编写人员（按姓氏笔画排序）

王立新（浙江温州职业技术学院）
王亚丽（云南林业职业技术学院）
叶召权（河南科技大学林业职业学院）
沈培福（浙江丽水职业技术学院）
祝志勇（浙江宁波城市职业技术学院）
韩丽文（辽宁林业职业技术学院）

第2版前言

园林植物造型是选用种类不同、形状和色彩各异的素材，经过构思设计，采用栽培管理、整形修剪、搭架造型、群体结合等手段，创造出来的符合植物特性、适合环境要求的艺术形象，它不但体现了植物的个体造型美，还体现了群体植物季相美、图景美、色彩美、形象美和几何美，是融园艺学、文学、美学、雕塑、建筑学等艺术为一体的重要的园林文化表现形式。因此园林植物造型作为园林技术等专业的一门专业课，是园林技术等专业适应现代园林发展趋势，专业教育与社会需求紧密结合的重要体现。本教材依据当前我国高等职业教育有关院校的实际情况和本课程的课程标准，同时结合实际工作岗位技能的需要而编写。第2版教材吸收了近几年来我国园林植物造型技术方面所取得的实际成果，借鉴了国外在园林植物造型技术方面所取得的成就，采用基于植物造型工作任务系统化过程进行编写，接轨园林植物养护师、苗木造型师、花卉园艺师和景观设计师职业岗位。

本课程技能性很强，在内容编排上，选择有代表性的典型造型工作任务作为载体，阐述其工作程序和造型方法，将涉及的各个工作任务共性的先导性知识作为预备知识予以阐述，遵循学生的认识规律，避免各项目中的内容重复，又系统阐述工作程序，有助于提高学生分析问题、解决问题的能力和培养创新能力。教材编写中力求突出理论与实践的结合并以技能训练为主；突出文字描述与图片相结合，做到图文并茂；突出"教学做一体化"，体现先进、实际、实用、实践的特点。

本教材在中国林业出版社2006版《园林植物造型技术》教材基础上进行修订和完善，由行业企业技术专家、全国林业高职院校中具有长期教学经验和专业实践的教师共同编写。具体编写分工如下：由祝志勇和韩丽文任主编，祝志勇负责起草教材编写提纲，对全书进行统稿。其中前言、课程导入、项目6、项目7由祝志勇执笔；项目2由韩丽文执笔；项目1由陈丽媛执笔；项目3由王一楠执笔；项目4、项目5由崔广元执笔；浙江中华植物艺术苑周伟明总经理提供了大量造型植物作品及技术指导；任全伟、李烨、林乐静、宋丹、王立新、叶召权、王亚丽、沈培福等教师或参与图形绘制，或参与资料收集整理，或参与了原教材的编写工作，在此表示衷心感谢！

本教材可作为高等职业教育园林技术、园艺技术、商品花卉等专业以及成人教育及中等职业学校园林类专业的教材,也可作为行业企业园林技术人员培训教材。

本教材在编写过程中得到了中国林业出版社的热情指导与宁波城市职业技术学院、辽宁林业职业技术学院等单位的大力支持,编写中参考了多部文献,引用了许多文字和插图,在此一并致谢!

由于编者水平有限,书中难免有不足之处,敬请批评指正,以便再版时修正。

编　者

2014 年 5 月

第1版前言
Edition¹ˢᵗ Preface

本教材是依据当前我国高等职业教育有关院校的实际情况和本课程教学大纲的要求，同时结合岗位技能的需要而编写的。教材吸收了近几年来我国园林植物造型技术方面所取得的实际成果，借鉴了国外在园林植物造型技术方面所取得的成就，具有全面、先进、超前、实用等特点。

在教材内容的选择、结构安排等方面进行了大胆的创新与尝试。一方面在基本理论上尽可能做到精简、有条理，突出知识的先进性、内容的实用性和理论传授的针对性，满足理论知识"必须、够用"的基本原则；另一方面在实践技能上强调了实用技术的可操作性，技能训练与专业素质培养的灵活性，增强学生职业技能岗位的适应度，提高学生综合素质。

本教材是高等职业教育园林技术、园艺技术等专业教材，也可以作为中等职业学校及相近专业和短期培训选用教材，同时也是有关部门专业技术人员自学和参考用书。本教材为适应不同地区院校教学的需要，各章节内容都尽可能选择各地区有代表性的案例讲解。

本教材由祝志勇任主编，王立新任副主编。编写分工如下：第1、2、7、9章，祝志勇；第3章，韩文丽；第4章，沈培福；第5章，叶召权；第6、7章，王立新；第8章，王亚丽。林乐静（浙江宁波城市职业技术学院）参与大量文字及图片处理工作。全书由祝志勇统稿。

本教材在编写过程中，得到国家林业局职业教育研究中心和中国林业出版社的支持和帮助，浙江宁波城市职业技术学院、浙江温州职业技术学院、河南科技大学林业职业学院、云南林业职业技术学院、浙江丽水职业技术学院、辽宁林业职业技术学院等单位的大力协助，在此表示衷心感谢。

本教材在编写过程中，参阅及引用了近年出版或翻译出版的多种书刊与图片资料及部分网上图片，详见本书"参考文献"，在此谨向有关编著者表示感谢！

作者编写水平有限，书中错漏在所难免，诚请广大读者批评指正。

编　者
2006年4月

目录 Contents

第 2 版前言
第 1 版前言

课程导入　园林植物造型基本原理   1
 0.1　园林植物造型及美学原理   1
 0.2　园林植物生物学特性与整形修剪   5
 0.3　园林植物的整形方式   12
 0.4　园林树木整形修剪技术   15
 0.5　园林树木整形修剪的原则   23
 0.6　园林树木修剪常用工具   25
 技能 0-1　树形与枝条类型识别   27

项目 1　园林植物自然式造型   29
 1.1　园林植物的自然式整形   29
 1.2　常见园林乔木自然式整形修剪   35
 技能 1-1　树木造型修剪   56
 技能 1-2　花灌木的自然式造型   58
 技能 1-3　龙爪槐行道树自然式造型   59

项目 2　园林植物几何造型   62
 2.1　园林植物几何体造型   62
 2.2　园林植物几何图案造型   70
 技能 2-1　龟甲冬青球体造型   81
 技能 2-2　圆柏圆锥体造型   82
 技能 2-3　红豆杉层状圆盘造型   83
 技能 2-4　龙柏螺旋体造型   85

技能 2-5	绿篱的几何体造型	86
技能 2-6	制作彩结花坛图案	88
技能 2-7	制作独立花丛式花坛	90
技能 2-8	制作五色草平面模纹花坛	92
技能 2-9	花柱组合造型	93
技能 2-10	标牌式植物图案造型	96

项目3　园林植物象形造型　99

3.1	园林植物象形造型的概念及类别	99
3.2	象形造型常用植物种类	100
3.3	树木象形造型常用方法与工艺流程	100
3.4	草木花卉象形造型常用方法与工艺流程	103
技能 3-1	黄杨巢中鸟象形造型	108
技能 3-2	圆柏海豚戏球象形造型	110
技能 3-3	桂花花瓶象形造型	111
技能 3-4	圆柏六角亭象形造型	114
技能 3-5	苹果树篱象形造型	117
技能 3-6	五色草永久性宝瓶式花坛制作	118
技能 3-7	五色草海豚顶球造型花坛制作	120

项目4　树木盆景造型　123

4.1	树木盆景的结构与类型	123
4.2	树木盆景的形式与流派	130
4.3	树木盆景制作的理论基础	141
4.4	树木盆景创作基本技艺	143
4.5	盆景养护管理	166
技能 4-1	直干式盆景造型	171
技能 4-2	斜干式盆景造型	174
技能 4-3	曲干式盆景造型	176
技能 4-4	卧干式盆景造型	178
技能 4-5	悬崖式盆景造型	180
技能 4-6	棕丝蟠扎盆景造型	183
技能 4-7	金属丝蟠扎盆景造型	190
技能 4-8	岭南盆景造型	193
技能 4-9	丛林式盆景造型	197
技能 4-10	微型树木盆景造型	200

项目5　藤本植物框架造型　204
5.1　藤本植物及藤本植物造型　204
5.2　藤本植物造型材料选择　212
5.3　藤本植物造型方法　217
技能5-1　常春藤金属框架球体造型　226

项目6　园林植物造型案例　228
6.1　花灌木造型案例　228
6.2　乔木造型案例　241
6.3　藤本植物造型案例　257
6.4　其他造型案例　260

植物造型综合实训　271

参考文献　276

课程导入
园林植物造型基本原理

学习目标
(1) 了解园林植物的整形方式和园林植物造型的基本类别。
(2) 理解园林植物造型的概念和美学原理。
(3) 熟悉植物的形态、枝的生长特性、芽的特性及生长环境与整形修剪的关系。
(4) 了解园林植物整形修剪的时期。
(5) 熟悉园林植物造型的主要工具。
(6) 掌握园林植物整形修剪的原则。
(7) 掌握园林植物整形修剪的主要技法。

园林植物造型包括两方面的工作任务,一是花卉苗木在园林苗圃培育过程中,依据植物的生物学习性、生态学习性,结合艺术设计,通过整形修剪等技术手段对植物进行造型,提高花卉苗木的使用价值,增强观赏性,进而提高经济效益;二是在居住区、广场、道路、公园等城市绿地对已有的植物,根据环境的需要和植物本身的属性,通过整形修剪等技术手段对植物进行造型,从而提高植物的观赏价值,发挥更大的社会效益和生态效益。

在植物造型工作过程中,要先熟悉植物造型涉及的造型设计、植物整形修剪基本原理、植物造型类型与特点等基本常识,然后根据具体的造型形式,依据植物的特点,逐步完成造型工作任务。

0.1 园林植物造型及美学原理

0.1.1 园林植物造型的含义与应用

园林植物造型是园林工作者通过对植物材料的构思设计,采用栽培管理、整形修剪、搭架造型、群体结合等手段,打造出来的符合植物特点、适合环境要求的艺术形象,它包括对培育中的花木造型,对景观绿地中现有植物造型,群体组合造型等。

园林植物造型首先要根据具体的植物形态,设计出目标造型形态,然后在造型设计的基础上,根据植物的特性,经过长期的栽培管理、不断地整形修剪,逐步打造出符合植物特点、适合环境要求、具有艺术形象的造型植物。

图 0-1　造型植物应用（1）

图 0-2　造型植物应用（2）

图 0-3　造型植物应用（3）

图 0-4　造型植物应用（4）

造型植物既包含植物的属性，同时又具有雕塑的艺术性与观赏性，根据环境的特点和需要，把各种几何造型、象形造型等造型植物有机地配置在园景中，极大地丰富和提升园景的审美价值，甚至可以形成独特的风景观赏区。如图 0-1 所示，根据地形以及土壤环境的实际情况，在灌木几何图案色块的基础上，充分运用植物的几何体造型，尤其大量运用锥体造型植物，使整个环境的视觉效果达到一个更高的层面。如图 0-2 所示，根据地形及环境的特点，充分运用半球体、球体、圆柱体等几何体造型植物的特色，同时适量运用象形造型植物进行点缀，把植物的特性与雕塑的艺术性完美地结合在一起，使人赏心悦目。如图 0-3 所示，根据环境的特点，大量配置半球体等几何体独干造型植物，把植物的柔美性与山石的刚性艺术性地结合在一起，创造出别具一格的美景。如图 0-4 所示，把大量半球体、球体、圆锥体等几何体造型植物错落有致地配置在园景中，特别是运用了通过修剪整形而成的绿墙以及植物拱门，再辅以乔木点缀、绿篱分隔，使整个园景形成颇具艺术特色的景观。

0.1.2　植物造型的基本类别

园林植物造型的类别可根据不同的角度划分：根据空间可划分为平面造型和立体造型；根据表现手法可划分为具象造型和抽象造型；根据材料组织形式可划分为单独造型、规则式造型和综合式造型；根据艺术形态可划分为自然式和几何图案式；根据造型效果可分为植物雕塑、植物建筑和植物图案。

(1) 自然式和几何图案式造型

自然式造型是在保持植物的自然面貌和生态学特征的基础上，突出其形象和色彩的个性，选用花、叶、干等观赏性较高的植物进行自由式造型，注重布局的整体气势和神韵的表达，讲究诗情画意，充分体现植物的自然美和意境美。

几何图案式造型是把单株树木或群体植物处理成抽象的几何形状或是鸟兽等具象的形状，也可以是绿篱及图案式花坛。

(2) 植物雕塑、植物建筑和植物图案

植物雕塑是指利用单株或几株植物组合，通过修剪、嫁接、绑扎等造型手法创造出各种造型，如几何造型、独干造型、动物造型、各种奇特造型、藤本植物造型等。

植物建筑是用大量的植物通过修剪、绑扎等手段组成类似于建筑的各种大规模的植物类型，如绿篱造型、编结和绑扎造型、攀缘植物形成的屏障和篷架等。

植物图案主要指彩结和模纹花坛，它们形成各种各样的图案，由图案又可产生不同的观赏效果和寓意。

0.1.3 植物造型的美学原理

园林树木在外界自然环境因子的影响下，经过长期自然选择，才能筛选出美丽的自然造型，而通过人工修剪，不仅可以短期内创造各种优美造型，而且可以根据个人喜好和美学原理创造各种自然形体、飞禽走兽或规则的几何形。人工造型要遵循艺术构图的基本原则，如在统一的基础上寻求灵活的变化；在调和的基础上创造出对比的活力，使树木景观富有韵律与节奏；使用正确的比例、尺度，讲究造景的均衡与稳定，具有丰富的比拟联想等。

(1) 统一与变化

园林树木是用来绿化园林空间的，其造型要与环境取得统一协调，或起烘托作用，如在自然的山水中要采用自然式的修剪，在规则的园地中采用规则式的修剪。如图 0-5，造型植物在应用中要根据地形、环境特点等，在绿地中构成的几何图案单元基本统一，但各个单元的布置可以有各种各样的变化。

(2) 调和与对比

园林树木各有不同的自然形态，环境空间也形状各异。修剪成球形的植物在方形平台上，形象对比较强；修剪成球形的植物在圆形平台上，形象相对调和。强调对比的环境，就采用对比的手法进行修剪；强调调和的环境，就采用调和的手法进行修剪。对于几何模纹造型，如几何图案、文字等造型，要体现造型的艺术性，合理选择和搭配各种植物材料，如以热带植物椰树林为背景，利用红、黄、绿不同植物色彩搭配出色块图案，色彩协调并形成视觉的对比，给人以愉悦的感觉。

图 0-5 统一与变化

(3) 韵律与节奏

通过园林树木的整形修剪可创造无声的音乐，创造具有韵律与节奏变化的树木形体艺术感。如上下球状枝的修剪就是简单韵律的表现，上下前后大小枝条的变化产生交替韵律，螺旋的上下有规律的修剪即形成交错韵律。绿篱最常见的修剪形式是平直式，即顶面平坦，侧面垂直，断面呈长方形或稍成梯形，如把其修成"城垛式"、"波浪式"，就更具有韵律感了。如图0-6，两个运动员植物造型，各有姿态，呈现出跨步奔跑的感觉，给人以运动的节奏感。

(4) 比例与尺度

植物的本身与环境空间也存在长、宽、高的大小关系，即比例，园林树木本身，宽与高的比例不同，给人感受就不同，可根据不同目的，采用相应的宽高比例，如1∶1具有端正感，1∶1.618具有稳健感，1∶1.414具有豪华感；1∶1.732具有轻快感，1∶2具有俊俏感，1∶2.36具有向上感。尺度是人常见的某些特定标准之间的大小关系。在大空间里的园林树木修剪要保持较大的尺度，使其有雄伟壮观之感；在比较小的空间里，树木的修剪要保持较小的尺度，使其有亲切感。在中等大小的空间里修剪的园林树木，尺度要适中，使其有舒适之感。对于象形植物造型，更要注重植物形态各个组成部分的比例与尺度，如果比例与尺度控制不恰当，艺术感就难以凸显出来。如图0-7为桂花花瓶，瓶身、瓶颈、瓶口与花瓶整体高度，相互之间比例尺度控制适当，才使整个花瓶的整体艺术感显现出来。

(5) 均衡与稳定

整形修剪后的观赏树木，要使人们觉得均衡稳定，必须在整形修剪时保持明显的均衡中心，使各方都受此均衡中心的控制。如要创造对称均衡，就要有明确的中轴线，各枝条在轴线两边完全对称布置；如是不对称均衡，就没有明显的轴线，各枝条在主干上自然分布，但在无形的轴线两边要求平衡。稳定是说明观赏树木本身上下或两株树相对的关系。从体量上看，上大下小，给人以不稳定感，下大上小则显得稳定；从质感上看，上方细致修剪，下方粗犷修剪就显得稳定。均衡稳定的造型，会给人们带来安定感和自然活泼的微妙力量。如图0-8，宝塔植物造型，从底座到塔顶，一方面要合理控制

图0-6 韵律与节奏

图0-7 比例与尺度

图0-8 均衡与稳定

图0-9 比拟联想

高度、每层塔之间的间距,以使整个塔体保持均衡;另一方面要考虑底座大小与宝塔整体的稳定感,如果塔基部过小,会给人摇摇欲坠的感觉,如果塔基部过大,上部控制过小,则使整个塔体显得很不协调。

(6) 比拟联想

比拟联想是中国的传统艺术手法,包括拟人、拟物两种,将观赏树木修剪成古老的自然形,会给人们带来古雅之感;修剪成各种建筑、雕塑、动物等,就可以创造比拟的形象,如大象、龙、飞机、塔、卡通人物等造型。如图0-9所示,会使人不由自主地联想到一位少女在献哈达。

0.2 园林植物生物学特性与整形修剪

植物造型主要根据造型设计的目标,一方面根据要求把不同的植物有机地组合在一起,营造艺术效果;另一方面主要是通过整形修剪、搭架、绑扎、牵引等技术方法对植物个体处理,进而实现造型目的。

整形修剪是植物造型的主要技术手段。整形就是用剪、锯、捆、绑、扎等手段将植物体按其习性或人为意愿整理或盘曲成各种优美的形态与姿态,使普通植物提高观赏价值。修剪是将植物器官的某一部分疏除或剪截,达到调节树木生长势与更新复壮的目的。对于乔木和大灌木整形修剪可分为两个阶段,在苗圃出圃前或定植时,确定树体结构的整形修剪称为定型修剪;对定型后的树木维护其结构并让其继续发展的整形修剪称为养护修剪。整形修剪除了使树木造型符合审美需要外,对于调节诸如园林树木的根冠比,增强树势,促进观花果树木开花结实,老树更新复壮及协调周围环境都有重要意义。植物造型主要以植物本身的特征为依据,根据植物造型的美学原理,重点从植物的整体形态、树体的结构、枝的生长特性、芽的生长特性等几方面着手,通过持续的整形修剪等手段,逐步实现造型目标。

0.2.1 树体的结构与整形修剪

0.2.1.1 树木的自然株形

一株树木整体形成的姿态叫株形，由树干发生的枝条集中形成的部分叫树冠。各种树木在自然状态下都有固定的株形，称自然株形。园林树木常见的自然株形有如下几种（图0-10）。

图0-10 几种乔木的树形

①塔形（圆锥形） 单轴分枝的植物形成的冠形之一。有明显的中心主干，如雪松、水杉、落叶松等。

②圆柱形 单轴分枝的植物形成的冠形之一。中心主干明显，主枝长度由下至上相差甚小，故植株上下几乎同粗，如塔柏、杜松、龙柏、铅笔柏、蜀桧等。

③圆球形 合轴分枝的植物形成的冠形之一，如元宝枫、栾树、樱花、杨梅、黄刺玫等。

④卵圆形 如壮年期的圆柏、加杨等。

⑤垂枝形 有一段明显的主干，所有枝条似长丝垂悬，如龙爪槐、垂柳、垂枝榆、垂枝桃等。

⑥拱枝形 主干不明显，长枝弯曲成拱形，如迎春、金钟花、连翘等。

⑦丛生形 主干不明显，多个主枝从基部萌蘖而成，如贴梗海棠、棣棠、玫瑰、山麻杆等。

⑧匍匐形 枝条匍地生长。如偃松、偃桧等。

⑨倒卵形 如千头柏、刺槐等。

0.2.1.2 树体的结构

树体一般由主干和树冠构成，依据树冠的枝条和主干上的位置关系，组成树冠的各种枝条都有一定的名称，认识组成树干和树冠的各种主要枝条名称术语，是学习整形修剪的基础(图0-11)。

①主干 俗称树干，为树木的分枝以下部分，即从地面开始到第一分枝为止的一段茎。

②中干 指树木在分枝处以上的主干延伸部分。中干多由主干的顶芽或茎尖形成，也有由顶芽周边的腋芽形成的。在中干上分布有树木的各种主枝。有些树木的中干很明显，会不断延伸直至树梢，称为中央领导干；有些不明显，半途中止，或与其他主枝难于区分；有些树木则基本没有主干。中干及中央领导干明显的，其顶端枝梢部分称为主梢(又称顶梢)。

③主枝 指从中干上分出，即由中干的腋芽(侧芽)萌发形成的枝条。从中央领导干分出的枝条称为次级主枝或副主枝。

④侧枝 指从主枝上分出，即由主枝的腋芽形成的枝条。同样，从主枝延长枝分出的枝条称为次级侧枝或副侧枝。

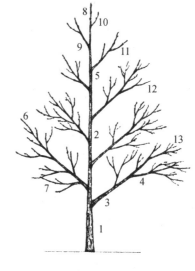

图0-11 树体结构示意(单轴分枝)
(引自王韫珺)
1. 主干 2. 中干 3. 主枝 4. 侧枝 5. 中央领导干 6. 主枝延长枝 7. 侧枝延长枝 8. 主梢 9. 副主枝(此为2年生枝) 10. 副主枝(此为1年生枝) 11. 副侧枝(此为1年生枝) 12. 小侧枝(此为1年生枝)

⑤小侧枝 指从侧枝上分出，即由侧枝的腋芽形成的枝条。

⑥主枝延长枝 主枝的延伸，即由主枝的顶芽或茎尖形成的枝条。

⑦侧枝延长枝 侧枝的延长，即由侧枝的顶芽或茎尖形成的枝条。

在构成树木地上部分的各种茎中，主枝是构成树冠的骨架，称为骨架枝(又称骨干枝)。但是，随着树木的不断生长，次级主枝和侧枝也会成为树木的骨架枝。

0.2.2 枝的生长特性与整形修剪

树木的分枝方式、枝条的类型、萌芽力、成枝力、顶端优势、干性与层性等特性与植物整形修剪有密切的关系，是植物造型的重要依据。

0.2.2.1 树木的分枝方式

自然生长的树木有多种多样的树冠形式，这是由于各树种的分枝方式不同而形成的(图0-12)。

①单轴式分枝(总状分枝) 这类树木顶芽健壮饱满，生长势极强，每年能向上生长，形成高大通直的主干，侧芽萌发形成侧枝。侧枝上的顶芽和侧芽以同样的方式进行分枝，形成次级侧枝。这种分枝方式以裸子植物最多，如雪松、水杉、樟子松、圆柏等。阔叶树中属于这种方式的，在幼年期表现突出，在成年树上表现不太明显，如杨树、银杏、栎类等。单轴分枝形成的树冠大多为塔形、圆锥形、椭圆形等。

②合轴式分枝 有些树木顶芽发育至一定时期死亡或生长缓慢或分化成花芽，由位于顶芽下方的侧芽萌发成强壮的延长枝连接在主轴上，以后侧芽又自剪（自然去顶），由它下方的侧芽代之。因此形成了弯曲的主轴，这种分枝方式称为合轴分枝，如碧桃、杏、李、月季、榆、核桃、苹果等，合轴式分枝形成开张的树冠，通风透光性好，花芽、腋芽发育良好，以被子植物最多。

③假二叉分枝 是合轴分枝的另一种形式，在一部分叶序对生的植物中存在。顶芽停止生长或形成花芽后，顶芽下方的一对侧芽同时萌发，形成外形相同的两个侧枝，以后如此继续，其外形与低等植物的二叉分枝相似，称为假二叉分枝。形成的树冠开张，如丁香、梓树、泡桐等。

④多歧分枝 这类树种的顶梢芽在生长季末生长不充实，侧芽节间短，或在顶梢直接形成3个以上势力均等的顶芽。在下一个生长季节，每个枝条顶梢又抽出3个以上新梢同时生长，致使树干低矮。

树木的分枝方式不是固定不变的，往往随树龄而变化，如玉兰等，在幼年时呈总状分枝，以后渐变为合轴分枝，因而能在同一株树上可见到两种分枝方式存在。

合轴分枝及假二叉分枝的植物自然去顶，促使侧芽生长，使树冠内膛光照好，利于开花结果。故这两种分枝比单轴分枝在进化程度上先进，能自我调节。

树木的分枝方式决定了树冠的形式，在整形修剪工作中，根据树木的分枝状态来决定选择自然式或整形式的观赏树型和修剪方式，对促花促果、园林树木的搭配有重要的作用。

0.2.2.2 枝条的类型

（1）依枝条的性质

可将枝条分为营养枝与开花结果枝。

①营养枝 在枝条上只着生叶芽，萌发后只抽生枝叶的为营养枝。营养枝根据生长情况又可分为发育枝、徒长枝、叶丛枝和细弱枝。

发育枝 枝条上的芽特别饱满，生长健壮，萌发后可形成骨干枝，扩大树冠。发育枝还可以培养成开花结果枝等。

徒长枝 一般多由休眠芽萌发而成，生长旺盛，节间长，叶大而薄，组织比较疏松，木质化程度较差，芽较瘦小，在生长过程中，消耗营养物质多，常常夺取其他枝条的养分和水分，影响其他枝条的生长。故一般发现后立即修剪掉，只有在需利用它来进行更新复壮，或填补树冠空缺时才加保留和培养利用。

图 0-13 各类枝条示意

1. 直立枝　2. 斜生枝　3. 水平枝　4. 下垂枝　5. 内向枝　6. 逆行枝
7. 平行枝　8. 并生枝　9. 重叠枝　10. 交叉枝　11. 轮生枝

叶丛枝（短枝）　年生长量很小，顶芽为叶芽，无明显的腋芽，节间极短，故称叶丛枝，如银杏、雪松，在营养条件好时，可转化为结果枝。

细弱枝　多年生在树冠内膛阳光不足的部位，枝细小而短，叶小而薄。

②开花结果枝　着生花芽或者花芽与叶芽混生的枝条，依其枝条长短，可分为长枝、中枝和短枝。

（2）依据枝条的生长态势（图 0-13）

从枝条的生长方向看，向外斜生的枝条称为斜生枝或外向枝；向上生长的称为直立枝；呈水平生长的称为水平枝；向下生长的称为下垂枝；向树冠内部生长的称为内向枝或逆向枝。

从两个枝条的相互关系看，相互交错的称为交叉枝；上下重叠的称为平行枝；左右重叠的称为并列枝；同一节上两个枝条相对生长且方向相反的称为对生枝；多个枝条从同一节上抽出且向不同方向生长的称为轮生枝；由节的同一部位抽出，又向同一方向生长的称为丛生枝或束生枝。

（3）依枝条抽生时间及老熟程度

可分为春梢、夏梢和秋梢。在春季萌发长成的枝条，称为春梢；由春梢顶端的芽在当年继续萌发而成的枝称为夏梢；秋季雨水、气温适宜还可由夏梢顶部抽生秋梢。秋梢一般来不及木质化就进入冬季，故容易受冻害。新梢落叶后至翌年春季萌发前称为 1 年生枝条，着生 1 年生枝条或新梢的枝条称为 2 年生枝条，当年春季萌发、在新梢上开花的枝条称为当年生枝条。

0.2.2.3 萌芽力与成枝力

①萌芽力　1 年生枝条上，芽萌发的能力称为萌芽力。芽萌发得多，萌芽力强，反之则弱。萌芽力用萌芽率表示，即枝上芽的萌发数量占该枝总芽数的百分比。

②成枝力　1 年生枝上芽萌发抽生成长枝的能力，称为成枝力。抽生长枝多的成枝力强，生产上一般以抽生长枝的具体数来表示。

萌芽力与成枝力的强弱，因树种、树龄、树势而异。萌芽力与成枝力都强的树种有如葡萄、新疆核桃、紫薇、桃、栀子、月季、六月雪、黄杨等。梨的萌芽力强而成枝力弱。有些萌芽力、成枝力均弱，如梧桐、苹果的某些品种（'国光'）、桂花等。有些树种的萌芽力与成枝力因树龄而增强或转弱，如美国皂荚。一般萌芽力和成枝力都强的树种枝条多，树冠容易形成，较易于修剪和耐修剪，在灌木类修剪后易形成花芽开花。但树冠内膛过密影响通风透光，修剪时宜多疏轻截。对萌芽力与成枝力弱的树种，树冠多稀疏，应注意少疏，适当短截，促其发枝。

0.2.2.4　顶端优势

同一枝条上顶芽或位置高的芽抽生的枝条生长势最强，向下生长势递减的现象称为顶端优势。这是枝条背地生长的极性表现，也是树体内营养物质及水分优先分配给顶部芽，引起顶端部分芽生长旺盛，同时顶部芽分生组织又形成较多的内源激素向下输送，抑制了下部芽的萌发与生长和下部侧芽从根部获得的激素较少等原因综合影响造成的。顶端优势的强度与枝条的分枝角度有关，枝条越直立，顶端优势表现越强，枝条越下垂，顶端优势越弱。

修剪时经常将枝条顶部剪去，解除顶端优势，促使侧芽萌发或对旺枝加大角度，抬高弱枝，减少夹角，达到抑强扶弱的作用。调节枝势的目的，是使观花植物先端生长转弱，促使向生殖生长方面转化，如月季、紫薇等，花后在饱满芽处剪去枝梢，促使其继续开花。

0.2.2.5　干性与层性

树干分枝点以下，直立生长的部分称为中心主干，主干的强弱因树种不同而异，中心主干强弱程度所持续时间的长短称为干性。顶端优势明显的树种，能形成高大、通直的主干，如雪松、水杉、杨梅、银杏、山核桃、刺槐等称为主干干性强的树种；有的虽具中心主干，然而短小，这类树种干性弱，如桃、柑橘、丁香、石榴等。由于顶端优势和芽的异质性，使1年生枝条的成枝力自上而下减少，年年如此，导致主枝在中心主干上的分布或二级侧枝在主枝上的分布形成明显的层次，称为层性，层性因树种和树龄而不同。一般顶端优势强，成枝力弱的树种层性明显，如柿树、梨、油松、马尾松、雪松等；而成枝力强，顶端优势弱的树种，层性不明显，如桃、柑橘、丁香、垂丝海棠等。层性往往随树龄而变化，一般幼树较成年树层性明显，但苹果则随树龄增大，弱枝死亡，层性逐渐明显起来。研究树木的层性与干性，对园林树木的冠形形成、演变和整形修剪有重要的意义。一般干性和层性明显的树种多生长高大，适合整成有中心主干的分层树形；而干性弱、层性不明显的树种，生长较矮小，树冠披散，多适合整成自然开心形的树冠。

0.2.3　芽的生长特性与整形修剪

0.2.3.1　芽的类别

①依芽着生位置　可分为顶芽、侧芽和不定芽。顶芽在形成的第2年萌发，侧芽第2年不一定发芽，不定芽多在根颈处发生。

②依侧芽的性质　可分为叶芽、花芽和混合芽。叶芽萌发成枝，花芽萌发成花，混合芽萌发后既生花又生枝叶，如葡萄、海棠、丁香。花芽一般肥大且饱满，与叶芽较易

区别。

③依芽的萌发情况　可分为活动芽和休眠芽。活动芽于形成的当年或者第二年即可萌发。这类芽往往生长在枝条顶端或者是近顶端的几个腋芽。休眠芽第二年不萌发，以后可能萌发或一生处于休眠状态。休眠芽的寿命长短因树种而异，柿树、核桃、苹果、梨等休眠芽寿命较长。

0.2.3.2　芽的异质性

芽在形成的过程中，由于树体内营养物质和激素的分配差异和外界环境条件的不同，使同一个枝条上不同部位的芽，在质量上和发育程度上存在着差异，这种现象称为芽的异质性。在生长发育正常的枝条上，一般基部及近基部的芽，春季抽枝发芽时，由于当时叶面积小，叶绿素含量低，光合程度的效率不高，碳素营养积累少，加之春季气温较低，芽的发育不健壮，瘦小。

随着气温的升高，叶面积很快扩大，同化作用加强，树体营养水平很高，枝条中部的芽，发育得较为充实，枝条顶部或近顶部的几个侧芽，是在树木枝条生长缓慢后，营养物质积累多的时候形成的，芽多充实饱满，故基部芽不如中部芽，如葡萄等。前期生长型的树木，春梢形成后，由于秋季气温或雨水充足等原因，常能形成秋梢，秋梢形成之后，秋梢因生长时间短，秋末枝条组织难以成熟，枝上形成的芽一般质量较差，在枝条顶部难以形成饱满的顶芽，许多树木达到一定年龄后，新梢顶端会自动枯死(如板栗、柿树、杏、柳、丁香等)，有的顶芽则自动脱落(如柑橘类)。某些灌木和丛生植株中下部的芽反而比上部的好，萌生的枝势也强。

0.2.3.3　芽与修剪的关系

花灌木及乔木、果树，因树种不同，花芽分化的时期和部位也不相同，如蔷薇科的月季是在当年生的枝条上，由顶芽分化形成花芽的，每年可以分化多次，故一年之中能够不断地开花，修剪时，可在休眠期对1年生枝条重短截，每次花后轻短截，使下部侧芽萌发更多的侧枝开花，但新抽的枝顶不能剪，否则会把花芽剪去。然而和月季同科的藤本蔷薇十姐妹(七姊妹)的开花习性却又不同，它是在每年的5～6月开花一次，花谢之后开始抽生新的枝条，然后从新枝的腋芽分化形成花芽，秋末花芽分化完成，进入休眠，到翌年春夏相交之际再行开放，因此对十姐妹的修剪只能在花谢之后将枝条短剪，促使剪口下方的腋芽萌发较多侧枝，以增加第二年的花枝数量多开花。但在冬季和早春萌芽前是不能进行修剪的，否则会把大量的花枝剪掉而影响开花。所以在修剪之前，了解各种植物的开花习性是非常必要的。

不定芽、休眠芽常用来更新复壮老树或老枝，如桃、梅的休眠芽可存活一定的年份，稍遇刺激或修剪、损伤等即可发芽，抽出粗壮直立的枝条。休眠芽长期休眠，发育上比一般芽年轻，用其萌发出的强壮旺盛的枝代替老树，便可达到更新复壮的目的，侧芽可用来控制或促进枝条的长势。

芽的质量直接影响芽的萌发和萌发后新梢生长的强弱，修剪中利用芽的异质性来调节枝条的长势，平衡树木的生长和促进花芽的形成、萌发。生产中为了使骨干枝的延长枝发出强壮的枝头，常在新梢的中上部饱满芽处进行剪截。对生长过程中的个别枝条，为限制旺长，在萌芽处下剪，抽生弱枝缓和枝势。为平衡树势，扶持弱枝常利用饱满芽当头，能抽生壮枝，使枝条由弱转强。总之，在修剪中合理地利用芽的异质性，才能充分发挥修剪的应有作用。

总之，树木的枝芽生长习性是园林植物进行整形修剪的理论依据。修剪形式、方法、强弱，因树种而异，应顺其自然、合乎自然，才能整形修剪成功。人工造型时，虽依修剪者的主观意愿，将树冠造型成特定的形式，然而树木的萌芽力、成枝力、耐修剪能力都是影响造型成败的主要因素。因此，必须选择萌芽力、成枝力强的植物。

园林植物造型要根据植物的自然形态和生长习性，选择适宜的造型时期、适当的造型方式和科学的造型方法，才能达到预期的造型目标。

0.3 园林植物的整形方式

0.3.1 自然式整形

在园林绿地中，以自然式整形最为普遍，操作比较简单。

自然式整形的基本方法是利用各种修剪技术，按照树种本身的自然生长特性，对树冠的形状做辅助的调整和促进，使之早日形成自然树形。对由于各种因子而产生的扰乱生长平衡、破坏树形的徒长枝、内膛枝、并生枝以及枯枝、病虫害枝等，均应加以抑制或剪除，注意维护树冠的匀称和完整。

自然式整形是符合树木本身生长发育习性的，因此常有促进树木生长良好、发育健壮的效果，并能充分发挥该树种的树形特点，提高观赏价值。庭荫树、园景树和有些行道树多采用自然式整形。常见的自然式整形有以下几种：

①中央领导干形 又称单轴中干形，在强大的中央领导干上配列疏散的主枝。适用于单轴分枝的叶木类乔木，如青桐、银杏及松柏类乔木等。这类树木整形的关键是自始至终要突出主干、中干、主梢这一轴心，让其成为"中央领导干"，充分发挥领导作用。依据分支枝点的高低分为高位分枝中央领导干形（以银杏的播种苗、杨树等为代表）和低位分枝中央领导干形（以雪松、龙柏为代表），高位分枝中央领导干形的分枝点较高，一般在3m以上。定型修剪用"先养干，后定枝"的方法，即着重培养端直主干，逐年保留和淘汰分枝点以下的一部分抚养枝，使树冠部分的厚度始终占据全株高度的2/3左右。当高生长达到需要的整形带后，要选留中干上的主枝，除去主枝以下的所有枝条，同时继续维护好中央领导这一"轴心"。低位分枝中央领导干形的分枝点很低，并且越低越美。定型修剪用"边养干，边定枝"的方法，即从初期开始既要培养好它的中央领导干，又要培养好它的主枝和次级主枝。

②多领导干形 又称合轴中干形，适用于合轴分枝中顶端优势较强的叶木类乔木。这类树木主干明显，但其干性先强后弱，萌芽力、成枝力则较强，强壮的枝条较多，但2~3年后中干延伸枝的优势会逐渐减弱，与主枝的生长势相仿，不再成为中央领导干。在树冠的中心部分往往有3~5个分枝角度较小的主枝集体代替中央领导干的生长，或与中央领导干一起往上生长，从属关系不明确。

多领导干形在苗期要"先养干，后定枝"，主干高度不够而又过分发达时必须剪去强枝，保留弱枝作为抚养枝，以促使主干长直，同样使树冠部分的厚度始终占据全株高度的2/3左右。整形带一般在2m以上，当到达整形带的若干主枝确定后，如果中干过分发达而影响了主枝生长(树体高而瘦),则需截去中干延伸部分,如果中干优势已经失去,则可任其自然发展或消亡。如樟树、女贞、石楠、榆、枫杨等。

③多枝闭心形　整形的树冠内部充实,是相对于开心形而言的。多枝闭心形适用于枝条较多、树冠较充实的花木类小乔木或灌木。整形方法也是"先养干,后定枝",由于中干一般不发达可以保留,或者在长到一定阶段后(如侧级主枝发生)再人为除去。这类树木往往枝条较多,成枝力强,枝条级次不清,所以定型时以疏剪密植为主。枝距可适当小些,树冠内部充实,不讲究层次,整形要求不高,树形端正即可。如石榴、木槿、桂花、山茶等。

0.3.2　人工整形

依据园林景观配置需要,有时可用较多的人力物力将树木剪成各种有规则的几何形体、不规则的人工形体,以及亭、门等雕塑形体,原在西方园林中应用较多,但近年来在我国也有逐渐流行的趋势。适用于黄杨、小叶女贞、龙柏等枝密、叶小的树种。常见的人工整形植物造型如下。

①圆锥形造型　把自然株形按圆锥形进行整形,或将直干造型的树冠修剪成圆锥形(图0-14)。

②圆筒形造型　由自然株形整形为圆筒形,再整形为卵形,或把直干造型的树木剪成圆筒形造型(图0-15)。

③球形造型　把树冠修剪成球形或半球形的整形方式。灌木剪枝时常采用这种整形方式(图0-16)。

④散球形造型　清理多余的分枝,把枝顶端的叶修剪成多个球形,整理后叶繁茂的部分称为球(图0-17)。

⑤车字形造型　直立的干把繁茂部分修剪成似串状的分层球状的整形方式,因树形似"车"字而得名(图0-18)。

⑥层云形造型　把枝条左右交互留下并修剪成球状的整形方式,是由"车"字原形变化而来(图0-19)。

⑦竹筒形造型　把由直立干长出的横枝于近基部全部剪断,把由切口处长出的枝条修剪成球状(图0-20)。

⑧镶边主干造型　把从直立长出的横枝从基部剪掉的整形方法。用于缩小枝过于扩

图0-14　圆锥形造型

图0-15　圆筒形造型

图0-16　球形造型

图0-17　散球形造型

图 0-18 车字形造型

图 0-19 层云形造型

图 0-20 竹筒形造型

图 0-21 镶边主干造型

图 0-22 垂枝形造型

图 0-23 象形造型

张的大树树冠(图0-21)。

⑨垂枝形造型　使由主干长出的顶枝及横枝自然下垂(图0-22)。

⑩象形造型　修剪成动物或几何形状的整形。用于萌芽力旺盛、叶茂密的树种(图0-23)。

⑪偏冠形造型　使曲干形与斜干形树的下部枝伸长,是用于水池边等处,布景似的一种整形造型方法。

0.3.3　自然与人工混合式整形

在自然树形的基础上,结合观赏和树木生长发育要求而进行的整形方式。

①杯状形　俗称"三股六侧十二枝"的骨架枝分布形式,即枝条最低数为三大主枝,6个侧枝,12个小侧枝。整形要"先养干,后截干定枝"。

首先培养好端直的主干,达到整形带的高度要求后(一般2.8～3.5m)确定主枝并截去中干,再确定侧枝后截去主枝延长枝,然后确定小侧枝后截去侧枝延长枝。以此类推。杯状形树冠内不允许有直立枝、内向枝的存在,一经出现必须剪除。此种整形方式适用于城市落叶行道树,尤以悬铃木的整形最为常见。

②开心形　主干很低,整形带只30～50cm,属于"同时定干定枝"方法。在苗期就要及早摘心,自然选留3～5个向四周方向展开的骨架枝后截去中干。各主枝上再选留数个向外开展的侧枝,以此类推。各级枝条在选留好若干个下一级枝条后,本身的延长枝是否截去宜按需而定。开心形的树冠中心适当露空,以充分接受阳光,树冠直径往往大于冠幅厚度。适用于干性弱、枝条开展、腋芽开花的花木类,如桃、梅等。

③无领导干形　又称中干形,适宜于合轴分枝或假二叉分枝中顶端优势较弱的叶木

类乔木。此类树木是乔木中干性最弱的,有主干,但往往易于弯曲或低处分枝,中干会很快失去优势。由于萌芽力、成枝力强,强壮枝条不多,且分枝角度偏大,要注意选留分枝点高、方位角好的枝条,并且要拉大枝距,力求自然。采用"先养干,后定枝"的方法,整形带一般2m以上,在未到整形带时要逐年适量保留和淘汰分枝点以下的抚养枝。此种整形常见的树种有合欢、苦楝、无患子等。

④灌丛形　适用于枝条较多、较长,树体不大的灌木,如迎春、连翘、锦带、蜡梅、云南黄馨等。每灌丛自基部留主枝10余个。每年新增主枝3～4个。剪掉老主枝3～4个,促进灌丛的更新复壮。

⑤攀缘形　属于垂直绿化栽植的一种形式,适用于各类藤本,包括叶木和花木,常见于葡萄、紫藤、凌霄、木通等。有棚架式、凉廊式、附壁式、篱垣式、垂挂式等。先建各种形式的棚架、廊、亭,种植藤本后,按生长习性加以整剪、牵引(图0-24至图0-26)。

图0-24　棚架造型

图0-25　篱笆造型

图0-26　柱干造型

总括以上所述的3类整形方式,在园林绿地中以自然式应用最多,既省人力、物力,又易成功。其次为自然与人工混合式整形,它比较费工,亦需适当配合其他栽培技术措施。关于人工整形,一般而言,由于很费人工,且需具有较熟练的技术水平的人员才能修整,故常在园林局部或特殊美化要求处应用。

0.4　园林树木整形修剪技术

0.4.1　修剪技法

植物修剪技法可以概括为"截、疏、伤、变、放"五字要诀。可根据修剪的目的灵活运用。

(1)截

截又称短剪,指对1年生枝条的剪截处理。枝条短截后,养分相对集中,可刺激剪口下侧芽的萌发,增加枝条数量,促进营养生长或开花结果。短截程度对产生的修剪效果有显著影响(图0-27)。

图0-27　不同程度短截新枝及其生长(引自鲁平)

图 0-28　回缩方法示意图（引自鲁平）

①轻短截　剪去枝条全长的 1/5～1/4，主要用于观花、观果类树木强壮枝的修剪。枝条经短截后，多数半饱满芽受到刺激而萌发，形成大量中短枝，易分化更多的花芽。

②中短截　自枝条长度 1/3～1/2 的饱满芽处短截，使养分较为集中，促使剪口下发生较多的营养枝，主要用于骨干枝和延长枝的培养及某些弱枝的复壮。

③重短截　自枝条中下部，全长 2/3～3/4 处短截，刺激作用大，可促进基部隐芽萌发，适用于弱树、老树和老弱枝的复壮更新。

④极重短截　仅在春梢基部留 2～3 个芽，其余全部剪去，修剪后会萌生 1～3 个中、短枝，主要应用于竞争枝的处理。

⑤回缩　又称缩剪（图 0-28），指对多年生枝条（枝组）进行短截的修剪方式。多用于枝组或骨干枝的更新及紧缩树干等，当树木生长势减弱、部分枝条开始下垂、树冠中下部出现光秃现象时采用此法，但需剪口下留强枝、直立枝，伤口要小，促使剪口下方的枝条的旺盛生长或刺激休眠芽萌发长枝，达到更新复壮的目的。

⑥截干　对主干粗大的主枝、骨干枝等进行的回缩措施称为截干，可有效调节树体水分吸收和蒸腾平衡间的矛盾，提高移栽成活率，在大树移栽时多见。此外，尚可利用逼发隐芽的效用，进行壮树的树冠结构改造和老树的更新复壮。

⑦摘心　是摘除新梢顶端生长部位的措施，摘心后削弱了枝条的顶端优势，改变营养物质的输送方向，有利于花芽分化和结果。摘除顶芽可促使侧芽萌发，从而增加了分枝，促使树冠早日形成。而适时摘心，可使枝、芽得到足够的营养，充实饱满，提高抗性。摘心通常在生长期进行。

（2）疏

疏又称疏删或疏剪，即从分枝基部把枝条剪掉的修剪方法（图 0-29）。疏剪能减少树冠内部的分枝数量，使枝条分布趋向合理与均匀，改善树冠内膛的通风与透光，增强树

图 0-29　疏剪方法示意图（引自鲁平）

体的同化功能，减少病虫害的发生，并促进树冠内膛枝条的营养生长或开花结果。疏剪的主要对象是弱枝、病虫害枝、枯枝及影响树木造型的交叉枝、干扰枝、萌蘖枝等各类枝条。特别是树冠内部萌生的直立性长枝，芽小、节间长、粗壮、含水分多、组织不充实，宜及早疏剪以免影响树形；但如果有生长空间，可改造成枝条，用于树冠结构的更新、转换和老树复壮。

疏剪对全树的总生长量有削弱作用，但能促进树体局部的生长。疏剪对局部的刺激作用与短截有所不同，它对同侧剪口以下的枝条有增强作用，而对同侧剪口以上的枝条则起削弱作用。应注意的是，疏枝在母树上形成伤口，从而影响养分的输送，疏剪的枝条越多，伤口间距越接近，其削弱作用越明显。对全树生长的削弱程度与疏剪强度及被疏剪枝条的强弱有关，疏强留弱或疏剪枝条过多，会对树木的生长产生较大的削弱作用；疏剪多年生的枝条，对树木生长的削弱作用较大，一般宜分期进行。

疏剪强度是指被疏剪枝条占全树枝条的比例，剪去全树10%的枝条者为轻疏，强度达10%～20%时称中疏，疏剪20%以上枝条的则为重疏。实际应用时，疏剪强度依树种、长势和树龄等具体情况而定，一般情况下，萌芽率强、成枝力强的树种，可多疏枝；幼树宜轻疏，以促进树冠迅速扩大；进入生长与开花盛期的成年树应适当中疏，以促进营养生长与生殖生长的平衡，防止开花、结果的大小年现象发生；衰老期的树木发枝力弱，为保持有足够的枝条组成树冠，应尽量少疏；花灌木类，轻疏能促进花芽的形成，有利于提早开花。

此外还包括：①抹芽。抹除枝条上多余的芽体，可改善留存芽的养分状况，增强其生长势。如每年夏季对行道树主干上萌发的隐芽进行抹除，一方面可使行道树主干通直；另一方面可以减少不必要的营养消耗，保证树体健康的生长发育。②去蘖（又称除萌）。榆叶梅、月季等易生根蘖的园林树木，生长季期间要随时去除萌蘖，以免扰乱树形，影响树冠的正常生长。

图 0-30　环状剥皮（引自张秀英）

（3）伤

用各种方法损伤枝条的韧皮部和木质部，以达到削弱枝条的生长势、缓和树势的方法称为伤。伤枝多在生长期内进行，对局部影响较大，而对整个树木的生长影响较小，是整形修剪的辅助措施之一，主要的方法有：

①环状剥皮（环剥）　用刀在枝干或枝条基部的适当部位，环状剥去一定宽度的树皮，以在一段时期内阻止枝梢碳水化合物向下输送，有利于环状剥皮上方枝条营养物质的积累和花芽分化，适用于发育盛期开花结果量较小的枝条（图 0-30）。实施时应注意：

剥皮宽度要根据枝条的粗细和树种的愈伤能力而定，一般以 1 个月内环剥伤口能愈合为限，约为枝直径的 1/10 左右（2～10mm）。过宽伤口不易愈合，过窄愈合过早而不能达到目的。环剥深度以达到木质部为宜，过深伤及木质部会造成环剥枝梢折断或死亡，过浅则韧皮部残留，环剥效果不明显。实施环剥的枝条上方需留有足够的枝叶量，以供正常光合作用之需。

环剥是在生长季应用的临时性修剪措施，多在花芽分化期、落花落果期和果实膨大期进行，在冬剪时要将环剥以上的部分逐渐剪除。环剥也可用于主枝，但须根据树体的生长状况慎重决定，一般用于树势强旺、花果稀少的青壮树。伤流过旺、易流胶的树种不宜采用环剥。

②刻伤　用刀在芽（或枝）的上（或下）方横切（或纵切）而深及木质部的方法，刻伤常在休眠期结合其他修剪方法施用。主要方法有：

目伤　在芽或枝的上方进行刻伤，伤口形状似眼睛，伤及木质部以阻止水分和矿质养分继续向上输送，以在理想的部位萌芽抽枝；反之，在芽或枝的下方进行刻伤时，可使该芽或该枝生长势减弱，但因有机营养物质的积累，有利于花芽的形成（图 0-31）。

纵伤　指在枝干上用刀纵切而深达木质部的方法，目的是减少树皮的机械束缚力，促进枝条的加粗生长。纵伤宜在春季树木开始生长前进行，实施时应选树皮硬化部分，小枝可纵伤一条，粗枝可纵伤数条。

图 0-31　目伤（引自张秀英）

图 0-32　折裂（引自张秀英）

图 0-33 扭梢(引自张秀英) 　　　　图 0-34 折梢和折枝(引自张秀英)

横伤　指对树干或粗大主枝横切数刀的刻伤方法，其作用是阻滞有机养分的向下输送，促使枝条充实，有利于花芽分化，达到促进开花、结实的目的。

作用机理同环剥，只是强度较低而已。

③折裂　为曲折枝条使之形成各种艺术造型，常在早春芽萌动初始期进行。先用刀斜向切入，深达枝条直径的1/2~2/3处，然后小心地将枝弯折，并利用木质部折裂处的斜面支撑定位，为防止伤口水分损失过多，往往要在伤口处进行包裹(图0-32)。

④扭梢和折梢(枝)　多用于生长期内将生长过旺的枝条，特别是着生在枝背上的徒长枝，扭转弯曲而未伤折者称扭梢(图0-33)；折伤而未断离者则称折梢(图0-34)。扭梢和折梢均是部分损伤传导组织以阻碍水分、养分向生长点输送，削弱枝条长势以利于短花枝的形成。

(4) 变

变是变更枝条生长的方向和角度，以调节顶端优势为目的的整形措施，并可改变树冠结构，有屈枝、弯枝、撑枝、拉枝、抬枝等形式(图0-35、图0-36)，通常结合生长季修剪进行，对枝梢施行屈曲、缚扎或扶立、支撑等技术措施。直立诱引可增强生长势；水平诱引具中等强度的抑制作用，使组织充实易形成花芽；向下屈曲诱引则有较强的抑制作用，但枝条背上部易萌发强健新梢，须及时去除，以免适得其反。

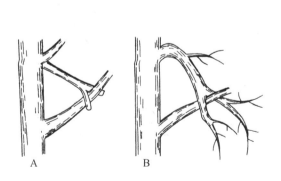

图 0-35　撑枝(引自张秀英)
A. 支棍　B. 活支棍

图 0-36　拉枝(引自张秀英)

(5) 放

营养枝不剪称为放,也称长放或甩放,适宜于长势中等的枝条。长放的枝条留芽多,抽生的枝条也相对增多,可缓和树势,促进花芽分化。丛生灌木也常应用此措施。如连翘,在树冠上方往往甩放 3~4 根长枝,形成潇洒飘逸的树形,长枝随风飘曳,观赏效果极佳。

(6) 其他

①摘叶(打叶)　主要作用是改善树冠内的通风透光条件,提高观果树木的观赏性,防止枝叶过密,减少病虫害,同时起到催花的作用。如丁香、连翘、榆叶梅等花灌木,在 8 月中旬摘去一半叶片,9 月初再将剩下的叶片全部摘除,在加强肥水管理的条件下,则可促其在国庆节期间二次开花。而红枫的夏季摘叶措施,可诱发红叶再生,增强景观效果。

②摘蕾　实质上为早期进行的疏花、疏果措施,可有效调节花果量,提高存留花果的质量。如杂种香水月季,通常在花前摘除侧蕾,而使主蕾得到充足养分,开出漂亮而肥硕的花朵;聚花月季,往往要摘除侧蕾或过密的小蕾,使花期集中,花朵大而整齐,观赏效果增强。

③摘果　摘除幼果可减少营养消耗、调节激素水平,枝条生长充实,有利花芽分化。对紫薇等花期延续较长的树种栽培,摘除幼果,可延长花期;丁香开花后,如不是为了采收种子也需摘除幼果,以利来年依旧繁花。

④断根　在移栽大树或山林实生树时,为提高成活率,往往在移栽前 1~2 年进行断根,以回缩根系、刺激发生新的须根,有利于移植。进入衰老期的树木,结合施肥在一定范围内切断树木根系的断根措施,有促发新根、更新复壮的作用。

0.4.2　剪口及其处理

(1) 剪口与剪口芽

枝条被剪截后,留下的伤口称为剪口,距剪口最近的芽称为剪口芽。

正确的剪法:平行于芽上方5~10mm,　　错误的剪法:大斜剪口,枝上留下尖茬
芽生长后的枝较直、平滑

错误的剪法:平剪口离芽太远,　　错误的剪法:平行剪口离芽太近,
枝上留下平茬　　　　　　　　　芽易枯死

图 0-37　剪口的位置示意图(引自鲁平)

①剪口 枝条短剪时，剪口可采用平剪口或斜剪口。平剪口位于剪口芽顶尖上方，呈水平状态，小枝短剪中常用。斜剪口为45°的斜面，从剪口芽的对侧向上剪，斜面上方与剪口芽尖齐平或稍高，斜面最低部分与芽基部相平，这样剪口创面较小，易于愈合，芽可得到充足的养分与水分，萌发后生长较快(图0-37)。

疏剪的剪口应与枝干齐平或略凸，有利于剪口愈合。

②剪口芽 剪口芽的方向、质量，决定新梢生长方向和枝条的生长势。选择剪口芽应慎重，从树冠内枝条分布状况和期望新枝长势的强弱考虑，需向外扩张树冠时，剪口芽应留在枝条外侧，如欲填补内膛空虚，剪口芽方向应朝内，对生长过旺的枝条，为抑制它生长，以弱芽当剪口芽，扶弱枝时选留饱满的壮芽(图0-38)。

图0-38 剪口芽的位置与来年新枝的方向(引自鲁平)

有些对生叶序的树种，它们的侧芽是两两对生的，为了防止内向枝过多影响树形的完美和良好的通风透光，在短截的同时，还应把剪口处对生芽朝树冠内膛着生的芽抹掉，如蜡梅、水曲柳、美国白蜡等。

此外，呈垂直生长的主干或主干枝，由于自然枯梢等原因，需要每年修剪其延长枝时，选留的剪口芽方向应与上年留芽方向相反，保证枝条生长不偏离主轴。

剪口芽距剪口距离，一般在0.5～1cm，过长水分养分不易流入，芽上段枝条易干枯形成残桩，雨淋日晒后易引起腐烂。剪口距芽太近，因剪口的蒸腾使剪口芽易失水干枯，修剪时机械挤压也容易造成剪口芽受伤。剪口距剪口芽的距离可根据空气湿度决定，干燥地区适当长些，湿润地区适当短些。

（2）大枝剪截方法

对较粗大的枝干，回缩或疏枝时常用锯操作。从上方起锯，锯到一半的时候，往往因为枝干本身重量的压力造成劈裂。从枝干下方起锯，可防枝干劈裂，但是因枝条的重力作用夹锯，操作困难。故在锯除大枝时，正确的方法是采用分步作业法。首先从枝干基部下方向上锯入深达枝粗的

图0-39 大枝剪除方法示意(引自鲁平)

图 0-40 主枝或大枝分枝角大小的影响（引自张秀英）

A. 分枝角小易结合不牢固　B. 分枝角大结合牢固

1/3 左右，再从上方锯下，则可避免劈裂与夹锯（图 0-39）。大枝锯除后，留下的剪口较大而且表面粗糙，因此应用利刀修削平整光滑，以利愈合。同时涂抹防腐剂等，防止腐烂保护伤口。

疏剪大枝必须在分枝点处剪去，仅留分枝点处凸起的部位，这样伤口小。修剪时防止留残桩，否则不易愈合且易腐烂。

（3）主枝或骨干枝的分枝角度

对高大的乔木而言，分枝角度太小时，容易受风、雪压、冰挂或结果过多等压力而发生劈裂事故。因为在两枝间由于加粗生长而互相挤压，不但不能有充分的空间发展新组织，反而使已死亡的组织残留于两枝之间因而降低了承压力。反之，分枝角度较大时，则由于有充分的生长空间，故两枝之间的组织联系得很牢固而不易劈裂（图 0-40）。

因此，在修剪时应该剪除分枝角过小的枝条，而选留分枝角较大的枝条作为下一级的骨干枝，对初形成树冠而分枝较小的大枝，可用绳索将枝拉开，或于二枝间嵌撑木板加以矫正。

（4）剪口的保护

短剪与疏枝的伤口不大时，可以任其自然愈合。但如果锯去粗大的枝干，造成伤口面比较大，表面粗糙，常因雨淋、病菌侵入而腐烂。因此伤口要用锋利的刀削平整，用 2% 的硫酸铜溶液消毒，最后涂保护剂，起防腐、防干和促进愈合的作用，常用的效果较好的保护剂有两种：

①保护蜡　用松香 2.5kg、蜡黄 1.5kg、动物油 0.5kg 配制。先把动物油放入锅中加温火，再将松香粉与蜡黄放入，不断搅拌至全部熔化，熄火冷却后即成。使用时用火熔化，蘸涂锯口。熬制过程中注意防止着火。

②豆油铜素剂　豆油 1kg、硫酸铜 1kg 和熟石灰 1kg 制成。先将硫酸铜与熟石灰加入油中搅拌，冷却后即可使用。

此外，调和漆、黏土浆也有一定的保护效果。

0.4.3　整形修剪时期

园林树木的整形修剪，从理论上讲一年四季均可进行。但正常养护管理中的整形修剪，主要分为休眠期与生长期两个时期集中进行，少数树种也可以随时修剪。

（1）休眠期修剪（冬季修剪）

休眠期修剪（冬季修剪）是大多落叶树种的修剪时期，宜在树体落叶休眠到春季萌芽开始前进行，习称冬季修剪。此期内树木生理活动缓慢，枝叶营养大部分回归主干、根部，修剪造成的营养损失最少，伤口不易感染，对树木生长影响较小。修剪的具体时间，要根据当地冬季的具体纬度特点而定，如在冬季严寒的北方地区，修剪后伤口易受冻害，要以早春修剪为宜，一般在春季树液流动约 2 个月的时间内进行；而一些需保护越冬的花灌木，应在秋季落叶后立即重剪，然后埋土或包裹树干防寒。

对于一些有伤流现象的树种，如械类、四照花、葡萄等，应在春季伤流开始前修剪，可减少养分损失。伤流是树木体内的养分与水分在树木伤口处外流的现象，流失过多会造成树势衰弱，甚至枝条枯死。有的树种伤流出现得很早，如核桃，在落叶后的11月中旬就开始发生，最佳修剪时期应在果实采收后至叶片变黄之前，且能对混合芽的分化有促进作用；但如为了栽植或更新复壮的需要，修剪也可在栽植前或早春进行。

(2) 生长期修剪(夏季修剪)

可在春季萌芽后至秋季落叶前的整个生长季内进行，此期修剪的主要目的是改善树冠的通风、透光性能，一般采用轻剪，以免因剪除大量的枝叶而对树木造成不良的影响。对于发枝力强的树木，应疏除冬剪截口附近的过量新梢，以免干扰树型；嫁接后的树木，应加强抹芽、除蘖等修剪措施，保护接穗的健壮生长。对于夏季开花的树种，应在花后及时修剪，避免养分消耗，并促进来年开花；一年内多次抽梢开花的树木，应在花后剪去花枝，可促成新梢的抽发，再现花期。观叶、常形的树木，夏剪可随时进行去除扰乱树形的修剪，因冬季修剪伤口易受冻害而不易愈合，故宜在春季气温开始上升、树枝开始萌发后进行。根据常绿树种在一年中的生长规律，可采取不同的修剪时间及强度。针叶常绿树由于树脂较多，一般适宜在春秋两季修剪，春季更好于秋季；阔叶常绿灌木适宜性很强，春、秋、梅雨季节均可；部分常绿阔叶乔木，如樟树、石楠、杜英、山毛榉等，一般适宜在春季修剪。

(3) 园林树木年周期不同阶段的整形修剪

对于乔灌木的整形修剪，整个年周期通常分为以下几个阶段。实际工作中，各地区应结合当地的气候特点进行相应的调整安排。

①冬季修剪　树体处于休眠状态，养分从枝叶回流。此时修剪不仅能促进来年枝叶的萌发，养分消耗也相对减少。

②春季阶段　3～4月。气温逐渐升高，各种树木陆续发芽、展叶，树木开始生长。整剪主要是在冬季修剪的基础上，进行剥芽去蘖。

③初夏阶段　5～6月。温度高，湿度相对小，是树木生长的旺季。这一阶段主要是对花灌木的花后修剪，并对乔灌木进行剥芽、去蘖，去除根蘖和干蘖。

④盛夏阶段　7～9月。这一阶段高温多雨，对根冠大、根系浅的树种采取疏、截相结合的方法，改善冠内通风条件，防止病虫害发生。

⑤秋季阶段　10～11月。除特殊需要外，这一阶段的修剪工作相对较少。

0.5 园林树木整形修剪的原则

(1) 依据园林绿化对树木的类型要求

不同的绿化目的对树木造型有不同的功能要求。例如，同是圆柏，它在草坪上孤植供观赏与作绿篱栽植，就有不同的造型要求，因而，具体的修剪整形方法也就不同。孤植时，一般位于视觉的焦点处，起着园林绿地景观构成的主景物作用，修剪应精细，并结合多种艺术造型使园林多姿多彩，新颖别致，充满生气，发挥出最大的观赏功能以吸引游人；作绿篱类则应采取规则式的整形修剪，形成几何图案。行道树要求的主要是整齐、大方、遮阴、体现城市风貌等功能，在整剪上要求操作方便，风格统一。遮阴树要求树叶繁茂，冠大荫浓，以自然式树形为宜。在游人较少的偏角处，或以古朴自然为主格调的小游园和风景区，则以保持树木粗犷自然的树形为宜，使游人有身临其境、回归自然的感觉，充分领略自然美。以观花为主的树种，应使其上下花团锦簇，满树生辉。

(2) 依据树木所处的生态环境和配置环境

对于生长在盐碱地、土壤贫瘠及地下水位较高的地区的树木，造型时主干应留低一些，树冠也相应要矮小为宜。否则树木长势差，起不到很好的观赏效果。在风口或多风地区的树木，也低干矮冠，且枝条要相对稀疏，防止风大倒伏。

此外，在不同的气候带，应采用不同的修剪方式。南方地区雨水多，空气特别潮湿，树木很容易引起病虫害，因此除应加大株行距外，修剪还应以疏为主，增强树冠的通风和光照条件，降低树冠内部的湿度，使枝叶接受更多的阳光。如果在干燥的北方地区，降雨量少，易引起干梢或焦叶，修剪就不能过重，尽量保持较多的枝叶，使它们相互遮阴，以减少枝叶的蒸腾，使树体内保持较高的含水量。在东北等地冬季长期积雪的地区，为防止雪压，应进行更重的修剪，尽量缩小树冠的体积，防止大枝被重厚的积雪压断。

树木造型应与树木周围的配置环境协调与和谐，或烘托主要内容以达到环境美的效果。如在规则的建筑前采用几何形的整形或修剪，在自然的山水园中多采用自然式修剪。修剪造型后的植物应与建筑物的高低、格调协调一致，使树木的形态与建筑、草地、花坛等组成一个完整的整体，互相衬托。使景物美观和谐，花果与树姿相映成趣。如在门厅两侧宜用规则的圆球形或垂悬式树形，宜在高楼前选用自然式树冠，以丰富建筑物的立面构图。在树木上方有线路通过的道路两侧，行道树应采用自然式或开心形的树冠。

即使同一个树种，栽植环境不同，整剪方式也有所不同。如桃栽在湖坡上，应剪成下垂的悬崖式，栽植在大门旁，最好剪成桩景式；栽植在草坪上，则整剪成自然开心式为佳。

(3) 依据树种的生长发育和开花习性

不同树木有不同的分枝方式，应针对树木的分枝习性进行整形修剪。如雪松、龙柏、水杉等主轴分枝方式的树木顶芽优势极强，长势旺，易形成高大通直的树干，若形成多数竞争枝，会降低观赏价值，这类树木要以自然式整形为主，剪时要控制侧枝，促进主枝，整剪成圆柱形、圆锥形等。对于合轴分枝树木，幼树时应培育中心主干，合理选择和安排各侧枝，以达到骨干枝明显、花果满枝的目的。假二叉分枝式树木幼年时可用剥除枝顶两侧对生侧芽的 1 枚芽，留 1 枚壮芽向上生长来培育干高，定干后再用同样的方法来培养 3~5 个主枝。而多歧分枝的树木，如期望其长高，可在修剪整形过程中采用抹芽或短截的方法培养主干。定干后则可根据需要设计多种造型。

树木的分枝习性、萌芽力与成枝力的大小、修剪伤口的愈合能力及修剪后的反应各不相同，植物造型时要区别对待。凡萌芽能力、成枝力、伤口的愈合能力强的树种，称为耐修剪树种，如悬铃木、黄杨等，其修剪强度可以不局限于一种，可根据植物造型的需要，比较自由地调节修剪强度。例如，馒头柳新枝萌芽力强，加长、加粗生长的速度都很快，因此可采用其自然树形，又可剪成球形、方形等。而萌芽能力、成枝力、伤口的愈合能力弱的树种，称为不耐修剪树种，如桂花、玉兰等，植物造型时应以维持其自然冠形为宜，只能采取轻剪，少疏枝或不疏枝。一般只是剪除过密枝条及干枯的老枝条等。

对于一些喜光树种，如梅、桃、樱、李等，如果为了多结果实，可采用自然开心形的修剪方式。而像龙爪槐等具有曲垂而开展习性的，则应采用盘扎主枝为水平圆盘状的方式，以使树冠呈开张的伞形。

整形修剪时还要考虑花芽着生的位置、花芽分化时期及花芽的性质。春季开花的树木，花芽通常在前一年的夏秋分化，着生在2年生枝上，因此在休眠期修剪时必须注意花芽着生的部位。花芽着生在枝头顶端的，花前绝不能短截。弱花芽着生在叶腋里，可根据需要在花前短截。具有腋生的纯花芽的树木在短截枝条时应注意剪口不能留花芽，因为纯花芽只能开花，不能抽生枝叶，花开后在此处会留下一段很短的干枝而影响观赏效果。如果是观果树木，花上面没有枝叶会影响坐果和果实的发育。夏秋开花的种类，花芽在当年抽生的新梢上形成，可在秋季落叶或早春萌芽前修剪。

(4) 依据树木年龄、树势

不同年龄的树木应采用不同的修剪造型方法。幼年期的植物处于营养生长的旺盛时期，植物的年生长量大，萌芽能力和成枝力强，整剪应以培养主干、迅速扩张树冠、形成良好的冠干比为目的。盛花期的壮龄树，是通过修剪来调节营养生长与生殖生长的关系，防止不必要的营养消耗，促使分化更多的花芽。而观叶类树木，在壮年期的修剪只是保持其树冠的丰满圆润，不使它们出现偏冠或空缺。生长逐渐衰老的老龄树，应通过更新修剪刺激休眠的隐芽，以促弱为强，恢复树势，延缓衰老进程。一般在同一植株进行分期轮换更新。

(5) 依据植物修剪反应

同一树种枝条着生的性质、长势和姿态不同，修剪程度不同，则反应也不同。修剪反应一看剪口下的枝条的长势、成花和结果情况，二看全树长势。修剪时应顺其自然，做到恰如其分。有的树种修剪反应比较强烈，造型时要注意考虑季节与修剪强度。在实际应用中，并非所有树种的整形修剪均要考虑上述因素，应根据不同树种、不同目的灵活把握侧重点。

0.6 园林树木修剪常用工具

树木修剪过程中要借助使用许多工具，常用工具及机械有修枝剪、修枝锯等。

0.6.1 修枝剪

修枝剪主要有普通修枝剪、圆口弹簧剪、小型直口弹簧剪、大平剪、高枝剪、残枝剪、长把修枝剪等(图0-41)。

①普通修枝剪　适用于木质坚硬粗壮的枝条，在切粗枝时应稍加回转。

②圆口弹簧剪　即普通修枝剪，适用于花木和观果树种枝条的修剪，一般用于剪截直径3cm以下的枝条。操作时，用右手握剪，左手将粗枝向剪刀小片方向猛推，即可剪掉枝条。

图 0-41　常用修剪工具（引自鲁平）

③小型直口弹簧剪　适用于夏季摘心、折枝及树桩盆景小枝的修剪。

④大平剪　又称绿篱剪、长刃剪，适用于绿篱、球形树和造型树木的修剪，它的条形刀片很长，刀面较薄，易形成平整的修剪面，但只能用来平剪嫩梢。

⑤高枝剪　用于剪截高处的细枝。它装有一根能够伸缩的金属长柄，可以随着修剪的高度来调整。在刀叶的尾部有一根尼龙绳，修剪时靠猛拉尼龙绳完成修剪。在刀叶和剪筒之间还装有一根钢丝弹簧，在放松尼龙绳的情况下，可以使刀叶和刀所固定剪片自动分离而张开。

⑥残枝剪　刀刃在外侧，可从枝条基部平整、完全地剪除残枝。使用时，刀间的螺丝钉不要旋得太紧或太松，否则影响工作。

⑦长把修剪枝　剪刀呈月牙形，没有弹簧，手柄很长，能轻快地修剪直径1cm以内的树枝，适用于高灌木丛的修剪。

0.6.2　修枝锯

适用于粗枝或树干的剪截，常用的有手锯、单面修枝锯、双面修枝锯、高枝锯和电动锯等（图0-41）。

①手锯　适用于花木、果木、幼树枝条的修剪。

②单面修枝锯　适用于截断树冠内中等粗度的枝条，弓形的单面细齿手锯锯片很窄，可以伸入到树丛当中去锯截，使用起来非常灵活。

③双面修枝锯　适用于锯除粗大的枝干，其锯片两侧都有锯齿。一边是细齿，另一边是由深浅两层锯齿组成的粗齿。在锯除枯死的大枝时用粗齿，锯截活枝时用细齿。另外锯把上有一个很大的椭圆形孔洞，可以用双手握住来增加锯的拉力。

④高枝锯　适用于修剪树冠上部大枝。

⑤电动锯　适用于大枝的快速锯截。

⑥油锯　适用于大枝或主干的截锯。

⑦割灌机　适用于绿篱的快速修剪。

0.6.3 辅助机械

应用传统的工具来修剪高大树木，费工、费时还常常无法完成作业任务，修剪高大的树木时，采用移动式的升降机辅助就能大大提高工作效率，在国外城市树木的管护中已大量应用，大多是从电力部门的作业机械引用的。

技能训练

技能0-1　树形与枝条类型识别

园林植物造型的主要技术手段是整形修剪，而要学会整形修剪必须能准确识别树的冠形和树体上各种枝条和芽的类型，才能做到科学修剪，合理造型。通过观察公园或行道树的各种树木，使学习者能正确判别当地常见园林树木的株形，认识与整形修剪密切相关的各种枝条及芽的名称、术语，会辨别叶芽、花芽。

1. 材料与用具

植物材料：雪松、圆柏、杨、鹅掌楸、丁香、柳、桂花、桃、悬铃木、梨、合欢、榉树、棕榈等(可根据当地植物种类按树形选择所观察的树种)。

观察用具与备品：普通枝剪、高枝剪、绘图纸、铅笔、橡皮等。

2. 方法步骤

1) 树木冠形观察

在街道上，观察行道树有哪些树种；到公园，观察孤植、丛植、列植的各种庭荫树和景观树，它们是自然式的树形、人工整形的树形还是自然与人工混合式的树形？要正确估测每株树的高度、冠幅宽度、树冠长轴和横轴的比例等，从而判定树冠的形状为哪一类型，并将观察的树冠形绘成草图进行各种冠形的比较。

2) 树体结构观察

观察单轴分枝型的中龄树种，根据枝条与主干的关系判断以下树体结构：

主干、树冠、中干、主枝、侧枝、骨干枝(组成树冠骨架永久性枝的统称，如主干、中干、主枝、侧枝等)、延长枝(各级骨干枝先端的延伸部分)、花枝组(由开花枝和生长枝组成的一组枝条)。

3) 枝的类型识别

(1) 依据枝条在树体上的态势识别直立枝、斜生枝、水平枝、下垂枝、内向枝、平行枝、轮生枝、交叉枝、并列枝等。

(2) 依据枝在生长季内抽生的时间及先后顺序判断春梢、夏梢、秋梢3种新梢。早春休眠芽萌发抽生的枝梢为春梢，7~8月抽生的枝梢称夏梢，秋季抽生的枝条为秋梢。

(3) 认识一次枝和二次枝，春季萌芽后第一次抽生的枝条为一次枝，当年在一次梢上抽生的枝条称二次枝。

(4) 依据枝龄认识一年生枝和二年生枝。一年生枝是当年抽生的枝自落叶以后至翌春萌芽以前的枝；二年生枝是一年生枝自萌芽后到第二年春为止的枝。

(5) 依据枝的功能识别营养枝和开花枝。营养枝中生长旺盛，将来能够开花结果的为发育枝；生长过旺，组织不充实的为徒长枝；生长不良，短而细弱的为纤弱枝；枝条节间短、叶片密集，常呈莲座状的短枝称为叶丛枝。能开花结果的枝条为开花枝。

4）芽的类型识别

(1) 根据芽在树体上的着生位置识别顶芽、侧芽、定芽、不定芽。

(2) 观赏不同树种，根据一节上新生芽的数量，识别单芽、复芽，后者除主芽以外的芽称为副芽，如桃在主芽两侧各生一个芽，桂花在主芽上方有副芽。

(3) 根据芽的性质识别叶芽、花芽、混合芽。观察花灌木，叶芽是萌发后仅抽生枝叶而不开花的芽；花芽是萌发后仅开花的芽，如桃、榆叶梅、连翘都为纯花芽；芽萌发后，即抽生枝叶又开花的芽为混合芽，如海棠、山楂、丁香等。

5）树木分枝方式观察

观察单轴分枝类型的树木，如雪松、龙柏、水杉、杨等；观察合轴分枝的树木，如悬铃木、柳、榉树；观察假二叉分枝的树木，如泡桐、丁香等。

3. 考核评价

每人将所观察的内容绘成草图并标注。能在短时间内正确识别判断每种园林树木的冠形、分枝方式；对每一株树，能迅速判断枝与芽的类型。绘制草图清晰，与实际相符，标注规范。

4. 巩固训练

(1) 调查当地每个园林树种的冠形和分枝方式，并进行比较。

(2) 在一株树上，绘出各种枝条的类型。

(3) 观察当地各类植物造型所体现的美学原理。

项目 1
园林植物自然式造型

学习目标
(1) 了解自然式造型适合的园林树木应用类型。
(2) 熟悉行道树自然式造型的种类。
(3) 熟悉花灌木修剪的依据。
(4) 掌握行道树、花灌木等不同用途的园林植物的自然式造型方法。
(5) 能根据园林树木的应用类型进行自然式造型。

自然式造型是以树木的自然形态为基础，保证其大自然的造化神韵。只是对植株本身不尽如人意之处稍加整理修饰，使其更加完美。总体上要保持它的自然风貌，不露人工做作的痕迹。

在园林绿地中，自然式整形最为普遍，施行起来最省工，最易获得良好的观赏效果。自然式整形的基本方法是利用各种修剪技术，按照树种本身的自然生长特性，对树冠的形状做辅助性的调整，使之早日形成自然树形，对扰乱生长平衡、破坏树形的徒长枝、内膛枝、病虫枝等，均应加以抑制或剪除。自然式整形符合苗木本身的生长发育习性，因此常有促进苗木良好生长、健壮发育的效果，并能充分发挥该树种的树形特点，提高观赏价值。

1.1 园林植物的自然式整形

1.1.1 行道树的修剪与整形

行道树是指在道路两旁整齐列植的树木。城市中，干道栽植的行道树，主要的作用是美化市容，改善城区的小气候，夏季增湿降温，滞尘和遮阴。行道树的冠形依栽植地的交通状况及架空线路决定。在架空线路多的主干道上及一般干道上，采用规则形树冠，修剪整形成杯状形、开心形等立体几何状。在无机动车辆通行的道路或狭窄的巷道内，可采用自然式树冠。

行道树通常采用乔木树种，主干高要求在 2.5～6m，行道树上方有架空线路通过的干道，其主干的分枝点高度，应在架空线路的下方，而为了车辆行人的交通方便，分枝

图 1-1　几种行道树整剪的树形（引自鲁平）

点不得低于 2~2.5m。城郊公路及街道、巷道的行道树，主干高可达 4~6m 或更高。行道树定干时，同一条干道上分枝点高度应一致，使其整齐划一，不可高低错落，影响美观与管理。行道树一般情况下以常规修剪为主，不做特殊的造型修剪。但是，随着城市绿化水平的不断提高，现在很多城市，将行道树的树冠修剪成圆球形、扁圆形、规则的几何体等多种造型，以提高其观赏性。

行道树的修剪受生长空间所限，在保证道路畅通安全的前提下，采用疏枝来改善光条件，避免供电、通信等线路与树木生长竞争空间，更重要的是通过短截来促进新枝生长，迅速扩大树冠，提高绿量，并利用剪口芽引导树姿，调节树势。根据在公路、游园、广场等不同地方的功能作用不同，行道树可修剪成规则式、绿篱式冠形等（图 1-1）。

（1）自然式行道树的修剪与整形

在不妨碍交通和其他公用设施的情况下，行道树多采用自然式冠形。这种树形是在树木本身特有的自然树形基础上，稍加人工调整即可。目的是充分发挥树种本身的观赏特性。如槐树、桃自然冠形为扁圆形，玉兰、海棠为长圆形，龙爪槐、垂枝桃为伞形，雪松为塔形等。

行道树自然式树形整剪中，有中央主干的如杨、水杉、侧柏、金钱松、雪松、枫杨等，分枝点的高度按树种特性及树木规格而定。中央主干培育选用速生树种，有些种类当年苗木即可达到需要的高度。如果达不到需要的高度可以采用平茬养干法，即在秋季或翌年早春移植时，修剪根系，并将树干距地面 3~5 cm 处剪断，使其重新萌发，由于是 2 年生根系，根幅大，根系强壮，当年萌发的新干就能达到要求的高度。选用慢生树种，可以采用渐次修剪的方法，即每年剪除不超过树高 1/3 的干茎下部的侧枝，使其逐渐达到造型所需要的高度。栽培中要保护顶芽向上生长，顶端如受损伤，应在顶端选择一直立向上生长的侧枝或在壮芽处短截，并把其下部的侧芽抹去，抽出直立

图 1-2　中央主干形行道树自然式整剪（引自鲁平）

枝条代替，避免形成多头现象。

此外，修剪主要是对枯病枝、过密枝的疏剪，一般修剪量不大(图1-2)。

阔叶类树种如毛白杨，不耐重抹头或重截，应以冬季疏剪为主。修剪时应保持冠与树干的适当比例，一般树冠高占3/5，树干(分枝点以下)高占2/5。在快车道旁的分枝点应在2.8m以上。注意最下方的三大主枝上下位置要错开，方向均称，角度适宜。要及时剪掉三大主枝上最基部贴近树干的侧枝，并选留好三大主枝以上的其他各级主枝，使呈螺旋形往上排列。再如银杏，每年枝条短截，下层枝应比上层枝留得长，萌生后形成圆锥状树冠。成形后，也仅对枯病枝、过密枝疏剪。

无中央主干的行道树，主干性不强的树种，如旱柳、榆树等，分枝点高度一般为2~3m，留5~6个主枝。修剪重点是调节冠内枝组的空间位置，如去除交叉枝、并生枝、重叠枝、逆行枝等，使整个树冠看起来清爽整洁，并能显现出本身的树冠(卵圆形或扁圆形等)。另外，就是进行常规性的修剪，包括去除密生枝、枯死枝、病虫枝和伤残枝等。

(2) 杯状形行道树的修剪与整形

杯状形修剪一般用于无主轴或顶芽能自剪的树种，如悬铃木、火炬树、榆树、槐树、白蜡等。杯状形修剪形成"三叉六股十二枝"的骨架。主干高在2.5~4m，整形工作在定植后的5~6年内完成。

骨架构成后，树冠扩大很快，疏去疏生枝、直立枝，促发侧生枝，内膛枝可适当保留，增加遮阴效果。上方有架空线路时，应按规定保持一定距离，勿使枝与线路触及，一般电话线为1m以上。靠近建筑物一侧的行道树，为防止枝条扫瓦、堵门、堵窗、影响室内采光和安全，应随时对过长枝条行短截修剪。

生长期内要经常进行抹芽，抹芽时不要扯伤树皮，不留残枝。冬季修剪时把交叉枝、并生枝、下垂枝、枯枝、伤残枝及背上直立枝等截除。

以悬铃木为例，春季定植时，于树干2.5~4m处截干，萌发后选3~5个方向不同、分布均匀、与主干呈45°夹角的枝条作为主枝，其余分期剥芽或疏枝，冬季对主枝留80~100cm短截，剪口芽留在侧面，并处于同一平面上，使其匀称生长；第二年夏季再剥芽疏枝，幼年悬铃木顶端优势较强，在主枝呈斜上生长时，其侧芽和背下芽易抽生直立向上生长的枝条，为抑制剪口处侧芽或下芽转上直立生长，抹芽时可暂时保留直立主枝，促使剪口芽侧向斜上生长；第三年冬季于主枝两侧发生的侧枝中，选1~2个作为延长枝，并在80~100cm处再短剪，剪口芽仍留在枝条侧面，疏除原暂时保留的直立枝、交叉枝等，如此反复修剪，经3~5年后即可形成杯状形树冠。

(3) 开心形行道树的修剪与整形

此树形为杯状形的改良与发展。主枝2个、3个或4个均可。主枝在主干上错落着生，不像杯状形要求那么严格。为了避免枝条的相互交叉，同级侧枝要留在同方向。采用此开心形树形的多为中干性弱、顶芽能自剪、枝展方向为斜上的树种。

定植时，主干保留3m或者截干，春季发芽后，选留3~5个位于不同方向、分布均匀的侧枝进行短剪，促进枝条生长成主枝，其余全部抹去。生长季注意将主枝上的芽抹去，只留3~5个方向合适、分布均匀的侧枝。来年萌发后选留侧枝，全部共留6~10个，使其向四方斜生，并进行短截，促发次级侧枝，使冠形丰满、匀称。

1.1.2 花灌木的修剪与整形

1.1.2.1 根据配置的环境要求

花灌木通过整形修剪可以形成丛状型、高灌丛型、独干型、篱架式等不同的造型(图1-3)。但不是所有树种都合适整成所有造型。必须根据植物的生长特征，以及在园林中的作用结合环境配置的要求进行设计，结合周围植物景观的整体效果来控制植株的高矮、疏密、刚柔造型。

图1-3 花灌木的几种整形形式(引自鲁平)

以独干型为例，灌木做独干树造型时，因其萌蘖力强，通常在根茎处萌生许多干茎，如果不进行修剪会呈多主干型，因此要在小苗期只选留一个较粗壮且长势好的干茎，其余全部从根部剪除。对选留的干茎采用渐次修剪法进行培育，使其达到要求的高度和粗度，并且要注意随时剪除根茎处的萌蘖枝条，以使养分集中供给保留的干茎。如果选用的植物干茎细弱无法支撑庞大的造型树冠，可采用立支柱的方法，将造型树的干茎绑缚到支柱上，能起到辅助支撑的作用，但是使用的支柱要进行适当的修饰，否则会影响观赏效果。

1.1.2.2 根据观赏部位

(1)观花类

以观花为主要目的的树种，首先要了解开花习性、着花部位及花芽的性质，然后采取相应的修剪措施，以促使花开繁茂。

(2)观果类

花灌木中有很大一部分既观花又观果的树种,如金银木、火棘、枸骨、铺地蜈蚣等。修剪时间及方法与早春开花的种类相似。不同之处在于,观果为主的树种要注意疏枝,以增强通风透光,这样果实着色较好,也不易产生病虫害,可提高观赏效果。花后一般不做短截,如为使果实大而多,可在夏季采用环剥或疏花疏果的措施调节。

(3)观枝类

观枝类的树种常见的有红瑞木、棣棠、金枝槐等。这类树种往往在早春芽萌动前进行修剪,在冬季不进行修剪。使其在冬季少花的季节里充分发挥观赏作用。该类树木的嫩枝一般较鲜艳,老干的颜色相对较暗淡。因此,最好年年重剪,促发更多的新枝,提高观赏价值。

(4)观形类

这类树木有龙爪槐、垂枝桃、垂枝梅、垂枝榆等。修剪时应根据不同的种类而采用不同的方法,如对龙爪槐、垂枝桃、垂枝梅短截时留上芽不留下芽,以诱发壮枝。

(5)观叶类

观叶类的树种较多,分春彩、秋彩、四季彩。春彩的有红叶石楠、海棠类等;秋彩的有鸡爪槭、枫香等;四季彩的有'紫叶'李、紫叶小檗、红枫等。在园林中,既观花又观叶的种类,往往按早春开花的类型进行修剪;其他观叶类一般进行常规修剪,有时为与周围搭配和谐,也可将其进行特殊的造型修剪。

1.1.2.3 根据花芽的生长规律

观花和观果的花灌木的修剪关键是使植株的花芽生长发育健壮,必须根据各种植物花芽生长的自然规律进行修剪。否则将花芽剪掉了,当年也就不可能开花了。花木的花芽生长方式大致有:长在当年生新枝顶部;长在二年生(即上一年生)新梢顶部;长在二年生短枝叶腋中;长在二年生短枝上;从二年生短枝上部长出混合芽,然后抽生新枝顶部开花等。

(1)春季开花、花芽(或混合芽)着生在二年生枝条上的花灌木

如连翘、榆叶梅、碧桃、迎春、牡丹等灌木是在上一年生的夏季高温时进行花芽分化,经过冬季低温阶段于翌春开花。因此,应在花残后叶芽开始膨大尚未萌发时进行修剪。修剪方法以短截和疏枝为主。修剪的部位依植物种类及纯花芽或混合芽的不同而有所不同。连翘、榆叶梅、碧桃、迎春等可在开花枝条基部留2~4个饱满芽进行短截。牡丹则仅将残花剪除即可。

对玉兰、丁香、春鹃等,在花后即进行修剪,因为此类花芽是着生在二年生新梢的顶部,来年春天就会长出花芽,开花。如果在夏季进行修剪,就不会再萌发长花芽的新枝了。

对于具有顶生花芽的,如茉莉、蔷薇、木槿等,花芽集中在枝条上部,在休眠期修剪时,不能对着生花芽的一年生枝进行短截,短截后就没有开花的部位了。对于腋生花芽的种类,如梅、桂花、桃等,在冬剪时,可以对着生花芽的枝条进行短截。

另外,对于具有拱形枝条的种类,如连翘、迎春等,虽然其花芽着生在叶腋,剪去枝梢并不影响开花,但为保持树形饱满美观,通常也不采取短截修剪,而采用疏剪并结合回缩,疏除过密枝、枯死枝、病虫枝及扰乱树形的交叉枝,回缩老枝,促发强壮的

新枝。

(2) 夏秋季开花、花芽(或混合芽)着生在当年生枝条上的花灌木

如紫薇、木槿、珍珠梅、绣球、六道木、夹竹桃、石榴、夏鹃等是在当年萌发枝上形成花芽，修剪时间通常在早春树液开始流动前进行，一般不在秋季修剪，以免枝条受刺激抽发新梢，遭受冻害，影响来年的开花。修剪方法也是以短截和疏剪相结合。将二年生枝基部留2~3个饱满芽或一对对生的芽进行重剪，剪后可萌发出一些茁壮的枝条，花枝会少些，但由于营养集中会产生较大的花朵。值得注意的是此类树种不要在开花前进行重短截，因为此类花芽大部分是着生在枝条上部和顶端。有些灌木如希望当年开两次花，可在花后将残花下的2~3个芽剪除，刺激二次枝条的发生，适当增加肥水则可二次开花。

(3) 花芽(或混合芽)着生在多年生枝上的花灌木

如紫荆、贴梗海棠等，虽然花芽大部分着生在二年生枝上，但当营养条件适合时多年生的老干亦可分化花芽。对于这类灌木中进入开花年龄的植株，修剪量应较小，在早春可将枝条先端枯干部分剪除，在生长季节，为防止当年生枝条过旺而影响花芽分化时可进行摘心，使营养集中于多年生枝干上。

(4) 花芽(或混合芽)着生在开花短枝上的花灌木

如西府海棠等，这类灌木早期生长势较强，但当植株进入开花年龄时，会形成多数的开花短枝，在短枝上连年开花，这类灌木一般不做较重的修剪，可在花后剪除残花，夏季生长旺盛时，将生长枝进行适当摘心，抑制其生长，并将过多的直立枝、徒长枝进行疏剪。

(5) 一年多次抽梢、多次开花的花灌木

如月季，可于休眠期对当年生枝条进行短剪或回缩强枝，同时剪除交叉枝、病虫枝、并生枝、弱枝及内膛过密枝。寒冷地区可进行强剪，必要时进行埋土防寒。生长期可多次修剪，可于花后在新梢饱满芽处短剪(通常在花梗下方第2~3芽处)，剪口芽很快萌发抽梢，形成花蕾，花谢后再剪，如此重复。

1.1.3 其他类型树木修剪与整形

(1) 庭荫树与孤植树的修剪与整形

庭荫树又称绿荫树，以遮阴为主要目的。常植于路边、广场、草坪、池旁、廊亭前后，或与山石、庭院相配。孤植树又称独赏树，常植于草坪、广场、道路交叉口等处。一般要求树木高大雄伟，枝叶量大，树形优美，生长茂盛。常见的阔叶类树种有白玉兰、马褂木、七叶树、桂花、合欢、槐树、白蜡、杨柳类；针叶类树种有雪松、圆柏、侧柏、铅笔柏、龙柏等。

庭荫树与孤植树一般树冠以尽可能大一些为宜，不仅能发挥其观赏效果还能使其充分达到遮阴的目的。庭荫树和孤植树的树冠一般不小于树高的一半，常以占树高的2/3以上为佳。这类树木整形时，首先要培养一段高矮适中、挺拔粗壮的树干。树木定植后，尽早疏除1.5m以下的侧枝。以后随着树体增加再逐个疏掉树冠下的分生侧枝。作为庭荫树，干高应在1.8~2.0m，栽在花坛中央的观赏树，主干大多不超过1m。庭荫树和孤植树的修剪一般以自然形为主，但有时为和周围环境的协调统一或其他特殊的要

求，亦可整剪成一定的几何造型、桩景造型等。

如果是观花果乔灌木用作庭荫树或孤植树，修剪时还要考虑促花促果，以充分发挥其观赏特性。

（2）片林的修剪与整形

有主轴的树种（如杨等）组成片林，修剪时注意保留顶梢，如出现竞争枝（双头现象），只留一个；如果领导枝枯死折断，应扶立一侧枝代替主干延长生长，培养成新的中央领导枝，适时修剪主干下部侧生枝，逐步提高分枝点。分枝点的高度应根据不同树种、树龄而定。对于一些主干很短，但树已长大，不能再培养成独干的树木，也可以把分生的主枝当作主干培养，逐年提高分枝，呈多干式。此外，还应保留林下的树木、地被和野生花草，增加野趣和幽深感。

（3）绿篱的自然式修剪与整形

绿篱是萌芽力、成枝力强、耐修剪的树种，密集呈带状栽植而成，起防范、美化、组织交通和分隔功能区的作用。适宜作绿篱的植物很多，如女贞、大叶黄杨、圆柏、侧柏、石楠、冬青、火棘、野蔷薇等。绿篱进行修剪，既使其整齐美观，增添园景，也使篱体生长茂盛，长久不衰。高度不同的绿篱，采用不同的整形方式。

绿墙（高度160 cm以上）、高篱和花篱常采用自然式修剪整形，要适当控制高度，并疏剪病虫枝、干枯枝，任枝条生长，使其枝叶相接、紧密成片，提高阻隔效果。用于防范的枸骨、火棘等绿篱和玫瑰、蔷薇、木香等花篱，也以自然式修剪为主。开花后略加修剪，使之继续开花，冬季修去枯枝、病虫枝。对蔷薇等萌发力强的树种，盛花后进行重剪，新枝粗壮，篱体高大美观。

1.2 常见园林乔木自然式整形修剪

1.2.1 常绿行道树、庭园树

（1）雪松 *Cedrus deodara*

雪松为松科雪松属常绿乔木，树高可达50m，有平枝、垂枝、翘枝三大品系。大枝平展，小枝下垂，树冠呈塔形。温带树种，是世界五大庭园树种之一，产于我国西藏南部喜马拉雅山，现在长江中下游生长良好。雪松幼小时耐阴，大时喜光；适应黏重黄土及其他酸性土、微碱土，浅根性，不耐煤烟，怕水湿；可插条、播种、嫁接繁殖，2～3月播种，春播为宜，40d生根；在雨水多的低凹处要抬高栽植；栽后要立防风支柱，注意浇水、施肥。

雪松一年有2次生长，4月中旬萌芽，5～6月新梢生长，7～8月停止生长，9～10月第二次生长，为秋梢，10～11月停止生长。

雪松幼苗具有主干顶端柔软而自然下垂的特点，可用竹竿缚扎顶梢。为了维护中心主枝顶端优势，幼时重剪顶梢附近粗壮的侧枝，促使顶梢旺盛生长。如原主干延长枝长势较弱，而其相邻的侧枝长势特别旺盛，则剪去原头，以侧代主，保持顶端优势。其干的上部枝要去弱留强，去下垂留平斜向上枝。回缩修剪下部的重叠枝、平行枝、过密枝。剪口处应留生长势弱的下侧枝、平斜侧枝做头。主枝数量不宜过多、过密，以免分散养分。在主干上间隔0.5m左右，组成一轮主枝。主干上的主枝条一般要缓放不短截，使树疏朗匀称，美观大方(图1-4)。

雪松是典型的单轴分枝树体，整形方式为低位分枝的中央领导干形。整形带需从低处第一分枝开始，需妥善保护下枝，损失则不能再生。修剪手法以疏剪为主，苗期要轻修勤剪，经常注意树形。修剪时间在晚秋或早春，一年一次。

图1-4　雪松修剪(引自田如男、祝遵凌)

(2) 圆柏 Sabina chinensis

圆柏为柏科圆柏属常绿乔木，株高 5~8m，干直立，树冠卵形或圆锥形。常见栽培及变种有龙柏、铺地柏、塔柏、球桧、金叶桧、银斑叶桧、鹿角桧、垂枝柏等。圆柏喜生于肥沃湿润的中性土及钙质土；抗污染性强，耐阴、耐湿、抗旱、耐寒、耐热；圆柏均可播种繁殖，龙柏、偃柏、球桧可扦插繁殖。可修剪成各种动物、建筑等造型。

幼树主干上距地面20cm范围内的枝应全部疏去，选好第一个主枝，剪除多余的枝条，每轮只保留一个枝条做主枝。要求各主枝错落分布，下长上短，呈螺旋式上升。如创造游龙形树冠，则可将各主枝短截，剪口处留向上的小侧枝，以便使主枝下部侧芽大量萌生，向里生长出紧抱主干的小枝。在生长期内，当新枝长到10~15cm时，修剪一次，全年修剪2~8次，抑制枝梢徒长，使枝叶稠密成为群龙抱柱形。同时应剪去主干顶端产生的竞争枝，以免造成分叉树形。主干上主枝间隔20~30cm，并疏剪主枝间的瘦弱枝，以利透光。对主枝上向外伸展的侧枝及时摘心、剪梢、短截，以改变侧枝生长方向，造成螺旋式上升的优美姿态(图1-5)。

图1-5　圆柏修剪(引自田如男、祝遵凌)

（3）樟树 *Cinnamomum camphora*

樟树为樟科樟树属常绿大乔木，高可达30m以上，冠幅庞大，树冠椭圆形。樟树喜温暖湿润气候，不耐寒；在深厚肥沃的黏质、砂质壤土及酸性、中性土中发育较好；耐水湿；对氯气、二氧化碳、氟、臭氧等具有抗性；3月播种繁殖为好，分根分蘖也可。樟树一年二次生长，3月上旬萌芽，3~4月开始生长并大量换叶，4~5月生长盛期，5~6月花期，花后即6月底停止生长。8~9月萌发秋梢和少量二次枝，10月果实停止生长。

一年生的播种苗要进行一次剪根移植，以促进侧根生长，提高大树移植时的成活率。樟树是典型的合轴分枝形式，萌芽力强，耐修剪，整形方式多为领导干形。要将顶芽下生长超过主枝的侧枝疏剪4~6个，剥去顶芽附近的侧芽，以保证顶芽的优势。如侧枝强、主枝弱，也可去主留侧，以侧代主，并剪去新主枝的竞争枝，修去主干上的重叠枝，保持2~3个为主枝，使其上下错落分布，从下而上渐短。在生长季节，要短截主枝延长枝附近的竞争枝，以保证主枝顶端优势。定植后，要注意修剪冠内轮生枝，尽量使上下两层枝条互相错落分布。粗大的主枝，可回缩修剪，以利扩大树冠（图1-6）。樟树苗期定型时间在春季，养护修剪一年1~2次，要春强夏弱。

果枝　　　　　　修剪前　　　　　　修剪后

图1-6　樟树修剪（引自田如男、祝遵凌）

（4）广玉兰 *Magnolia grandiflora*

广玉兰为木兰科木兰属常绿乔木，树冠为椭圆形。为亚热带树种，原产于北美；喜光，能耐半阴，喜温暖、湿润气候；较耐寒，适于深厚、肥沃、湿润的土壤；秋季采种后及时播种，春季用一年生嫩枝嫁接，也可用压条、扦插繁殖；抗风力强，栽植后须加防风支架。一年1~2次生长，4~5月新梢生长，5~6月开花，6~7月新梢停止生长，9~10月果熟，同时有少量秋梢发生，10月花芽分化。

幼时要及时剪除花蕾，使剪口下壮芽迅速形成优势，向上生长，并及时除去侧枝顶芽，保证中心主枝的优势。定植后回缩修剪过于水平或下垂的主枝，维持枝间的平衡关系，使每轮主枝相互错落，避免上下重叠生长，充分利用空间。夏季随时剪除根部萌蘖枝，各轮主枝数量减少1~2个；疏剪冠内过密枝、病虫枝。主干上，第一轮主枝剪去朝上枝，主枝顶端附近的新枝注意摘心，以降低该轮主枝及附近对中心主枝的竞争力（图1-7）。

图1-7 广玉兰修剪(引自田如男、祝遵凌)

广玉兰开始为单轴分枝,成熟时演变为合轴分枝。采用中央领导干或多领导干形的整枝方式。整形常为1~1.5m处。广玉兰愈合能力弱,修剪不宜过多。养护修剪以疏剪为主,修剪季节以秋季果后为主。

(5)枇杷 *Eriobotrya japonica*

枇杷为蔷薇科枇杷属常绿小乔木。高约10m,枝条广展,小枝粗壮,仅顶部数芽抽生长枝,故层性明显,树冠近圆形,可作庭院树;花期9月;喜光、耐阴、耐寒、怕强风、不耐旱;喜温暖湿润气候;对土壤适应性较广,在排水良好富有腐殖质的壤土上生长更佳;可播种、嫁接繁殖。一年有3~4次生长,3~4月为春梢,6~7月抽生夏梢,春夏梢常为结果母梢,8~9月抽生秋梢,多为春夏梢延伸枝,冬梢很少。

当顶芽发育成花房以后,花群集中开放,为了得到丰硕的果实,以供食用和观赏,一般是从圆形花房中疏除部分果实。因为分枝少,可将不美观的杂乱枝从基部剪去,也可从上至下剪去横向枝,以形成上升树冠(图1-8),枇杷整形多采用无领导干形,整形带高1.5~2m,选有3个以上角度好的主枝,把中干截去。成形后不必多进行养护修剪。

果枝：不伤果实修剪　　　　　花枝：自上而下剪去横向枝，可形成上升形的树冠

图1-8　枇杷修剪（引自田如男、祝遵凌）

1.2.2　落叶行道树、庭院树

（1）银杏 *Ginkgo biloba*

银杏为银杏科落叶大乔木，高可达40m。干性强，树干挺直，树冠广卵形，冠形如盖。单轴分枝，顶端优势强，萌芽力强，且潜伏芽多，雌雄异株，雄株的顶端优势比雌株更明显；雌株较大，枝条开展，雄株较小，枝条耸立。银杏为我国特产，寿命长。在气候温和、阳光充足、土层深厚、水分充足的条件下均能正常生长，尤其在经常潮湿而排水良好的砂质土壤中长势非常好，在干燥、盐碱、庇荫的条件下生长则会受阻。可用播种、扦插、分蘖和嫁接等法繁殖，但以播种及嫁接法最多。

银杏在花后为新梢生长期，7～8月停止生长，然后转为加粗生长。银杏的短枝为"矩形短枝"，与长枝区别明显。长枝的顶芽及近顶的数芽每年仍长成粗壮长枝，中部的芽长成细长枝或短枝；短枝的顶芽仍继续形成短枝或分化成花芽，其寿命可达10余年。

银杏作为行道树主要的整形方式是中央领导干形，由于其主枝开张角较小，在选骨架枝时要尽量选开张角度较大的。

（2）水杉 *Metasequoia glyptostroboides*

水杉为杉科水杉属落叶大乔木，树高可达30m以上。树干挺直，为单轴分枝式，中干明显，树形幼时呈圆锥形，老则枝条开展，呈广椭圆形。大枝不规则轮生，小枝对生下垂，下部无芽小枝在冬季与叶同落。水杉喜阳光，较耐寒，不耐阴，适应性强，在土层厚、肥沃、湿润的酸性土壤中生长最好，能耐46℃高温及-30℃严寒，不耐干旱瘠薄，也怕水涝。多用扦插繁殖。多做庭园观赏树或郊区行道树。

水杉的干性强，由于离心秃裸较强烈，处于竞争劣势的枝条自然枯萎，故其"自然整枝"良好，不必多修剪。整形方式为中央领导干形，极易成形。因其小枝对生，从苗期开始即需注意防止出现中干部分的双杆现象，以及尽量减少骨架枝的对生现象，可轮流疏去一侧。整形带控制在1m以上，及时疏剪过密枝、细弱枝及徒长枝，培养分布均衡的骨架枝。

(3) 悬铃木 Platanus acerifolia

悬铃木为悬铃木科悬铃木属落叶大乔木，干高达30m，合轴分枝，冠圆球形。为喜光树种，较耐寒，适应各种土壤；属浅根性树种，要控制树冠生长，以防风倒，悬铃木发枝快，分枝多，再生能力强，树冠大，枝叶浓，是良好的行道树和庭荫树树种，被誉为"世界行道树之王"。播种、扦插繁殖均可。

悬铃木常为杯状整形，养护修剪量很大，严格说应为人工整形方式。幼树时，根据功能环境需要，保留一定的高度截取主枝而定干。并在其上部选留3个不同方向的枝条进行短截，剪口下留侧方芽，在生长期内，及时剥芽，保证三大枝的旺盛生长。冬季可在每个主枝中选2个侧枝短截，以形成6个小枝。夏季摘心控制生长。来年冬季在6个小枝上各选2个枝条短截，则形成"三主六枝十二叉"的分枝造型。以后每年冬季可剪去主枝的1/3，保留弱小枝为辅养枝，剪去过密的侧枝，使其交互着生侧枝，但长度不应超过主枝；对强枝要及时回缩修剪，以防止树冠过大、叶幕过稀；及时剪去病虫枝、交叉枝、重叠枝、直立枝。大树形成后，每两年修剪一次，可避免种毛污染(图1-9)。

杯状树形修剪法

合轴主干修剪法

图1-9 悬铃木修剪(引自田如男、祝遵凌)

(4)'紫叶'李 Prunus cerasifera 'Atropurea'

'紫叶'李为蔷薇科梅属落叶小乔木,是樱李(P. cerasifera)的变种。球形树冠,叶色为紫红色,花期3~4月;喜光,喜温暖湿润气候,对土壤要求不严,庇荫条件下,叶色不鲜艳;不耐寒,较耐湿,萌芽力强;用压条、扦插、嫁接方法繁殖。

'紫叶'李的整形方式有3种:多枝闭心形、多领导干形和疏散分层形。以配置为主、树体不宜过高的采用多枝闭心形,可增加单株的枝叶量。丛植或片植的用多领导干形,以加强整体观赏效果。兼观花的用疏散分层形,使花叶俱旺。

多枝闭心形　通常在定植后的冬季于40cm以上留8~10个芽截干;第二年以60~100cm为整形带,选择5~6个强壮枝条做主枝,其余枝条随即疏去;第三年在各主枝上用短截手法培养侧枝,一般3年成形。

图1-10　'紫叶'李修剪(引自田如男、祝遵凌)

多领导干形 多领导干形的'紫叶'李树体较大，一般4年以上成形，其生长旺盛，但对体现绿地层次来说显得过大，所以应用不多。

疏散分层形 疏散分层形的'紫叶'李树姿较优美，开花也好，但由于其发枝力强，在培养树形时有一定难度。

当幼树长到一定高度时，选留3个不同方向的枝条作为主枝，并对其进行摘心，以促进主干延长枝直立生长。如果顶端主干延长枝弱，可剪去，由下面生长健壮的侧枝代替。每年冬季修剪各层主枝时，要注意配备适量枝，使其错落分布，以利通风透光。平时注意剪去枯死枝、病虫害枝、内向枝、重叠枝、交叉枝、过长的过密的细弱枝（图1-10）。

每年冬季结合整形进行养护修剪，除整理杂枝外，长枝短截或换头，弱枝疏剪，使树冠圆整。'紫叶'李是夏秋分化型，开花容易，修剪时不必考虑其开花问题。而要使叶色艳丽，则需其他栽培措施的配合，如不能太阴、不能大肥大水等。

(5) 鸡爪槭 *Acer palmatum*

鸡爪槭为槭树科槭树属落叶小乔木。树冠扁圆形或伞形；原产于我国温带，喜湿润、富有腐殖质、肥沃、排水良好的土壤，耐旱怕涝。

12月至翌年2月或5~6月进行修剪。幼树易产生徒长枝，易在生长期及时将徒长枝从基本剪去。5~6月短剪保留枝，调整新枝分布，使其长出新芽，创造优美的树形。成年树要注意在冬季修剪直立枝、重叠枝、徒长枝、枯枝、逆枝以及基部长出的无用枝。由于粗枝剪口不易愈合，木质部易受雨水侵蚀而腐烂成孔，所以应尽量避免对粗枝的大剪。10~11月剪去对生枝其中的一个，以形成相互错落的生长形式（图1-11）。

6月修剪过强分枝或摘心　　　　　　10~11月基本整形修剪

图1-11　鸡爪槭修剪（引自田如男、祝遵凌）

(6) 合欢 *Albizzia julibrissin*

合欢为含羞草科合欢属落叶中等乔木，高15m左右。树冠宽阔，呈扁圆形伞状或偏斜，枝条开展。合欢为温、暖、热三带树种，喜阳光，喜生于湿润、排水良好的肥沃土壤，也耐瘠薄，耐砂壤土及干旱气候，浅根性。花期6~7月，伞房状头状花序，粉红色，十分秀丽。

合欢为合轴分枝，干性弱，分枝低，主干易弯曲，但成枝力强，作行道树不十分适宜，或只应用于车辆稀少的道路上。花色秀丽，开花容易，不需要按照花木的特点来修剪。

整形方式为无领导干形。由于萌芽力弱，骨架枝少，苗期为使树干通直，要密植或间作。整形带一般为2~2.5m，苗期如果主干生长势不强，要及时短截，选择壮芽培养直立枝条代替主干延伸，并注意修剪过强侧枝、扶直主干延伸部分。弱苗可在第二年齐地截干（回头），促使发生通直主干。由于合欢的候选骨架枝不多，要注意选择3个以上方位角良好的骨架枝，并尽量放大枝距，主枝选定后截去中干部分，约4年方可成形。

合欢的养护修剪比较简单，通常以整理杂枝为主，枝条过长的用换头方法回缩，不宜短截。综合其生长迅速，萌芽力弱，萌蘖性较强，树皮流胶，伤口易引发腐朽病，不耐修剪，多修剪会扰乱树形等原因，合欢属于必须修剪又不宜多修剪，尤其不能重修剪的树种。

苗期定型和养护修剪时间均以春季萌芽前为宜。

(7) 榉树 *Zelkova serrata*

榉树为榆科榉属落叶大乔木，高可达25m。树干粗壮，树冠开张，常呈"V"字形。榉树喜光，喜温暖气候及肥沃湿润土壤，忌积水地，也不耐干旱，耐烟尘，深根性。幼年期生长较慢，6~7年后生长渐快，持续70~80年不衰，寿命长。

榉树属合轴分枝类型，干性中等，枝条开展，小枝较细。整形方式有两种：多领导干形和无领导干形。通常群植或作行道树的采用多领导干形，孤植或作庭园树的采用无领导干形，整形带2.5~3m。由于其干性与萌芽力均属中等，主要是在苗期注意培养端直主干，保留并逐步淘汰辅养枝，保持良好姿态。定型时虽然不能多修剪，但修剪手法却很多，放、疏、截、换均可结合进行，合理利用方位角、开张角好的枝条培养骨架枝，适当错开各主枝枝距，骨架枝4~5个，树冠内部不宜过密，培养过程需6~7年（图1-12）。

图1-12 多领导干形的榉树（引自王韬珺）

榉树的苗期定型和养护修剪在冬季进行，养护修剪一年一次，树形良好的榉树，只需酌情整理杂枝即可。

(8) 柳 *Salix* spp.

柳为杨柳科柳属落叶乔木。喜光不耐阴，耐寒，喜水湿。种类很多，最常见的庭园树是旱柳（*S. matsudana*）和垂柳（*S. babylonica*）。落叶大乔木，高可达 18m，生长迅速，寿命都不长，相比之下，垂柳比旱柳更易衰老（寿命 30 年）。萌芽力强，旱柳的树冠呈卵形或倒卵形，枝条很少下垂；垂柳的树冠呈广倒卵形，小枝纤细下垂。

旱柳和垂柳的年有叶期很长，在落叶树种中十分突出。旱柳可作为行道树，垂柳则常见于水边栽植，别有风致。

柳是典型的合轴分枝类型，整形方式用多领导干形。旱柳和垂柳的整形带基本在 2.5~3m，但由于垂柳枝条长而下垂，感觉上分枝较低，整形带可比旱柳适当高一些。柳的干性不强，苗期要注意养干，除保留树高 2/3 处的抚养枝外，还需及时剥芽和适当疏剪过强的侧枝。骨架枝分布要错落有致，中干不强势的可以保留，过强的截去。由于柳的萌芽力、成枝力都强，树形培养时间只需 2~3 年。

养护修剪一年一次，除整理杂枝外，在枝条过密处适当疏剪、枝条过长处适当回缩即可，由于一年生枝纤细，一般不用短截。柳的定型修剪和养护都在冬季进行。

（9）梧桐 *Firmiana simplex*

梧桐为梧桐科梧桐属落叶大乔木，高达 20m 左右。干性、层性均强，树干挺直，树冠圆形，绿荫浓密，为中国著名庭园树，也可作行道树。属于萌芽较迟、落叶较早的树种，生长迅速，寿命较长。喜光、喜温暖、不耐寒。

梧桐萌芽力弱，不耐修剪，属于单轴分枝，可以整成中央领导干形。但由于主根发达而侧根较少，用中央领导干形往往显得树体过高，形态不良，所以通常不进行整形，只采取在整形带（2.5~3m）以上截去中干的办法，成多领导干形。

梧桐的枝条常轮状着生，而上下轮之间，又往往没有枝条，出现很大的空当，这种现象如果不注意，就会导致"掐脖"的结果（图 1-13）。所以无论哪一种整形方式，在选留骨架枝时都有一定难度，一般采用疏剪同一轮中部分多余的枝条，使上下轮留下的枝条相互均衡的办法形成骨架。应随生长势和绿地应用的需要确定整形方式，不能强求。

图 1-13　梧桐树（引自王韬）

A. 多领导干形的梧桐　　B. "掐脖"的梧桐

梧桐的杂枝很少，养护修剪时一般只要剪去少量多余的枝条和枯萎的果穗即可。定型和养护修剪均宜在冬季进行。

(10) 白玉兰 *Magnolia denudata*

白玉兰为木兰科木兰属落叶乔木，高可达15m，树冠卵形或近球形，枝条疏落。夏秋分化型，花单生枝顶，花白色。喜光，稍耐阴，具较强抗寒性。喜氮肥，怕积水。

白玉兰生长较慢，合轴分枝，干性较强，分枝匀称，通常任其自然生长，或用多领导干形方式整形，整形带为1.5m左右。苗圃定植后维持主干生长，每年早春，若有影响主干生长的竞争枝发生，要及早剪去，尽量多留整形带以上的分枝，适当疏去整形带以下较强的分枝，其余枝条任其自然生长，只有多余的枝条才做少量疏剪。若有较严重的枝条空缺，则可用轻短截促发分枝，但由此发生的新枝一般都不长，所以对大枝的去留一定要慎重，一般情况下不需要控制各枝条的生长势。如有生长过旺的枝条，可适当回缩，培养过程需4~5年(图1-14)。

白玉兰的愈伤能力弱，不能多修剪，一般只要整理杂枝即可。枝条生长势过弱的，可选用较强的分枝进行换头，局部更新，尽量不用短截。养护修剪需在花后叶芽刚开始伸展时进行，不可在早春花前或秋季落叶后修剪，否则会留下枯桩。

图1-14 多领导干形——白玉兰(引自王韬)

1.2.3 常绿花灌木

(1) 桂花 *Osmanthus fragrans*

桂花为木犀科木犀属常绿小乔木或灌木，假二杈分枝，干性较强而层性弱，冠圆球形。金桂、银桂、丹桂花期9~10月，四季桂四季开花；喜光，能耐半阴；较耐寒，喜温暖湿润、通风良好的环境；好生于肥沃而排水良好的砂质壤土，对土壤要求较严；不耐积水、不耐烟、怕盐碱土壤；多用嫁接繁殖，压条、扦插也可。

桂花的整形方式通常采用多枝闭心形，幼年期及早确定树形，整形带一般在40~100cm。定植后早春在树干80~100cm壮芽外短截，抹去一个对生芽，形成直立延伸枝。待整形带以上有5~6个主枝可选留时，截去中干，再在各主枝上选留若干个侧枝，形成内部丰满、外部圆整的树冠。

自然的桂花枝条多为中短枝，每枝先端生有4~8枚叶片，在其下部则为花序。枝条先端往往集中生长4~6个中小枝，每年可剪去先端2~4个花枝，保留下面2个枝条，以利来年长4~12个中短枝，树冠仍向外延伸。每年对树冠内部的枯死枝、重叠枝、短枝等进行疏剪，以利通风透光。对过长的主枝或侧枝，要找其后部有较强分枝的进行缩剪，以利复壮。开花后一直到3月一般将拥挤的枝剪除即可，要避免在夏季修剪(图1-15、图1-16)。

图1-15 桂花的修剪(1)(引自田如男、祝遵凌)

图1-16 桂花修剪(2)(引自田如男、祝遵凌)

(2) 山茶 *Camellia japonica*

山茶为山茶科山茶属常绿灌木或小乔木，树冠椭圆形。花期1~4月；亚热带树种；喜温暖、湿润、疏松、肥沃、排水良好的酸性壤土；忌碱性土；不宜过寒、过热、怕风；扦插或嫁接播种繁殖。

山茶的整形方式为多枝闭心形。幼年顶端优势较明显，下部分枝少，故下部分枝比较宝贵，不宜把整形带定得过高，一般为40~60cm。

山茶的养护修剪通常一年2次，于花后和秋季进行。花生在当年枝的顶段，花后将前一年的枝剪去1/3~1/2，并整理树冠。成年树冠高比以2:3为宜。从最下方的主枝向上50cm处选留各个方向发展的枝条3~4个，作为主干上的主枝。缩剪较强壮的枝条，既可避免影响主干或邻近主枝生长，还可填补树冠空隙，以利增加花量。每年结合修剪残花，对一年生枝进行短截，以剪口下方保留外芽或斜生枝，促进下部侧芽萌发，发展侧枝，以降低下年开花部位。3~4月剪去细枝、无用枝、枯枝，保留原来叶片3~4枚，留下花旁的顶芽。因山茶在5月底停止新梢生长，7月开始夏梢生长，所以5~7月应将其半木质化的新生交叉枝、重叠枝、过密枝、杂乱枝、病虫枝、萌蘖枝、瘦弱枝等剪去（图1-17）。

图1-17　山茶修剪(引自田如男、祝遵凌)

(3) 含笑 *Michelia figo*

含笑为木兰科含笑属常绿灌木或小乔木。喜稍阴，不耐烈日暴晒，喜温暖湿润环境，不甚耐寒，生长期有些落叶现象。合轴分枝，分枝紧密，枝冠浑圆。花单生叶腋，淡黄色带紫晕，浓香。夏秋分化型。一年有2次生长，有并生复芽，萌芽力较强，成枝力较弱，花期4~5月，5~6月为生长盛期，炎夏季节生长停滞。

图1-18　含笑(引自王韫璆)
A. 二次枝及并生枝　B. 多枝闭心形的含笑

通常采用多枝闭心形方式整形,整形带低,50cm以下,随自然分枝而定。早春用摘心促使分枝,用短截加快成形,尽量少疏剪,保持树冠内部充实、丰满(图1-18)。

进入花龄的含笑在花后至初夏进行养护修剪,以整理杂枝为主。另外,对花后枝条修剪,宜短截和长放相结合,修剪量宜小,以避免抑制生长及影响花芽分化。

1.2.4 落叶花灌木

(1)牡丹 *Paeonia suffruticosa*

牡丹为毛茛科芍药属落叶灌木,丛生状。4~5月开花;性耐寒畏热,喜光照,耐干燥,也耐阴,夏季强光时要疏剪遮蔽;适于深厚、有腐殖质的黏质壤土,忌盐碱土,喜湿润、排水良好的土壤;嫁接、扦插、播种繁殖。

生长2~3年后定干3~5枚,其余的干全部剪除。5~6月开花后将残花剪除;6~9月花芽分化;10~11月缩剪枝条1/2左右;从枝条基部起留2~3枚花芽,可适时摘除1枚弱花芽,以保证来年1~2枚开花。每年冬季剪去枯枝、老枝、病枝、无用小枝等(图1-19)。

图1-19 牡丹修剪(引自田如男、祝遵凌)

(2)杜鹃花 *Rhododendron simsii*

杜鹃花为杜鹃花科杜鹃花属常绿或落叶灌木,丛生。春夏开花,生长旺盛,萌芽力强;我国长江流域至珠江普遍生长;喜酸性、肥沃、排水良好的壤土,忌碱性土;喜半阴,怕强光;繁殖方法较多,用播种、扦插、压条、嫁接、分蘖等均可繁殖。

杜鹃花生长旺盛,萌芽力强。2~3年生的幼苗应摘去花蕾,以利加速形成骨架;新梢短的品种不宜摘蕾,可适当疏枝。5~10年生苗应适当剪去部分花蕾,促使开花数适当减少。7~8月花芽分化成花苞,翌年4月开始伸展新芽,5~6月开花,花后立即修剪,秋冬时剪去冠内的徒长枝、拥挤枝和杂乱枝,使整体树形造型自然柔和。单株灌丛可修剪成圆球形或半圆形,丛植、片植的杜鹃花可根据地形、环境的特点修剪成起伏的波浪形(图1-20)。

图 1-20　杜鹃花修剪(引自田如男、祝遵凌)

（3）月季 *Rosa chinensis*

月季为蔷薇科蔷薇属常绿或落叶灌木，有古代月季和现代月季两大类。现代月季为高度杂交种，其主要类群有杂种香水月季、杂种长春月季、丰花月季、杂种藤本月季和微型月季。花以春秋为主，四季皆有。性喜温暖又喜光，好肥沃土壤，在中性、富含有机质、排水良好的壤土中生长较好。以扦插繁殖为主，也可播种繁殖。

一般修剪整形在冬季或早春进行。在夏秋生长期，也可经常进行摘蕾、剪梢、切花和剪去残花等。因类型不同，可分为重剪、适度修剪、轻剪(图 1-21)，因造型不同又可分为灌木状、树状、倒垂形等。

①灌木状月季修剪整形　当幼苗的新芽伸展到 4~6 片叶时，及时剪去梢头，积聚养分于枝干内，促进根系发达，使当年形成 2~3 个新分枝。冬季剪去残花，多留腋芽，以利早春多发新枝。主干上枝条长势较强，可多留芽；主干下部枝条长势较弱，可少留芽。夏季花后，扩展形品种应留里芽，直立形品种应留外芽。应在第二片叶上面剪花，保留其芽，以再抽新枝。

翌年冬季，灌木型姿态初步形成时，重剪上年连续开花的一年生枝条，更新老枝，剪口芽方向同上，注意侧枝的各个方面相互交错，使造型富有立体感。由于冬剪的刺激，春季会产生根蘖枝，如果是从砧木上长出的，应及时剪去；如果是扦插苗，则可填补空间，更新老枝，剪除树丛内的枯枝、病虫枝及弱枝(图 1-22)。

图1-21　月季修剪程度（引自田如男、祝遵凌）

图1-22　月季灌木状修剪（引自田如男、祝遵凌）

10年以上的树开始老化，枝干粗糙、灰褐色，老枝上不易生新枝。当根部的萌蘖枝长出5片复叶时，立即进行摘心，促使腋芽在下面形成，当长出2～4个新枝时，即可除去老枝。

②树状月季修剪整形　新主干高80～100cm时摘心，在主干上端剪口下依次选留3～4个腋芽，作为主枝培养，除去主干上其他腋芽。主枝长到10～15cm时即摘心，使腋芽分化，产生新枝，在生长期内对主枝进行摘心，到秋季即可形成主干。主枝的作用是形成骨架，支撑开花侧枝。冬季修剪时应选留一个健壮外向枝短截，使其扩大树冠，萌生新侧枝开花。如果主干上第三主枝优势强，适当轻短截保留7～8个芽，下面的主枝短截，保留36个芽，使主枝在各个方向错落分布。侧枝是开花枝的，保留主枝上两侧的分枝，剪除上下侧枝并留3～5个芽。主枝先端的侧枝多留芽，下面的少留芽，交错保留主枝上的侧枝。另外，还要剪除交叉枝、重叠枝、内向枝，以免影响通风、透光。花后修剪同灌木状月季。成形后的树状月季，因头重脚轻需设立支架绑缚（图1-23）。

图1-23　月季落叶后树状修剪（引自田如男、祝遵凌）

（4）梅 *Prunus mume*

梅为蔷薇科梅属落叶小乔木，树冠圆球形。合轴分枝，大枝横斜，小枝细长而挺直，通常一年一次生长，夏秋分化型。花于2～3月先叶开放；喜温暖稍湿润气候，适于阳光充足通风良好处生长；对土壤要求不严，性颇耐瘠薄，畏涝，耐旱，抗寒性好；繁殖以嫁接为主。

地栽的梅整形以开心形为主，但树冠内不宜太空，树形为半球形，整形带为30～50cm。苗期定植后留60～80cm截干，第二年选择3～5个开张角度较大（45°）的枝作为骨架枝，枝距15cm左右。侧枝选定后，将主枝延伸枝截去。

养护修剪，对发枝力强、枝多而细的，应强剪或疏剪部分枝条，增强树势；对发枝力弱、枝少而粗的，应轻剪长留，促使多萌发花枝；树冠不大者，短剪一年生主枝；枝冠较大者，在主枝中部选一方向合适的侧枝代替主枝；强枝重剪，可将两次枝缩剪，以侧代主，缓和树势；弱枝少剪，留30～60cm；主枝上如有二次枝，可短截，留2～3个芽。3～6月生长旺盛，所以开完花后，应将长枝剪去，促使叶芽生长。

冬天以整形为目的，处理一些密生枝、无用枝，保持生长空间，促使新枝发育。花芽7～8月在当年新枝上分化，为了保证来年花开满树，对只长叶不开花的发育枝、强枝轻剪，弱枝重剪，过密的枝叶全部剪除。疏剪过密的侧枝，短剪中花枝，短花枝只留2～3个芽。来年的中花枝发出短花枝，剪去前面两个短枝，再剪去下部的短枝，即可培养开花枝组。

图1-24 梅的修剪(1)(引自田如男、祝遵凌)　　图1-25 梅的修剪(2)(引自田如男、祝遵凌)

10年左右的老树，回缩修剪主枝前部，用剪口下的侧枝代主枝，剪去其先端。剪去枯死枝，利用徒长枝重新培养新主枝。夏季，将地面上长出的杂枝和基部无用枝剪掉，以保持光照及通风良好(图1-24、图1-25)。

(5)桃 *Prunus persica*

桃为蔷薇科李属落叶灌木或小乔木。合轴分枝，树姿开展、通透，萌芽力、成枝力均强；夏秋季由腋芽分化出花芽。花腋生，花期4月，一年有多次生长，新梢生长可达1m以上。桃的腋芽有单芽也有复芽，复芽为2~3个并生，其中往往有1~2个为花芽。桃的幼年期短，一般3年即可开花，但植株寿命也短。喜光、耐旱、不耐水湿。

观赏桃花的主要品种有'碧桃'(粉红色)、'白碧'桃(白色)、'日月'桃(红白两色)、'绛桃'(深红色)、'绯桃'(绯红色)，还有'垂枝'桃、'寿星'桃、'紫叶'桃等。

以冬季整形修剪为主，以防止流胶病。桃一般以开心形整形，树冠中心较空，主干不宜高，整形带一般为30~50cm。定植后留干50~70cm截去，并将30cm以下的枝除去。第二年冬季，选定开张角50°左右、方位角均匀、枝距错开的3~4个主枝，截去中干，并将各主枝留50~70cm短截。进入生长期后，抹去剪口并生芽，对主枝上的侧生梢留20cm摘心以培养枝组，弱枝则可留做抚养枝。剪口芽抽生的新梢特别旺盛，要避免主枝光秃或迅速扩大树冠，可利用二次枝，即在新梢长30cm时，在其上留3个二次枝换头。不需要迅速成形的，在第三年再选留侧枝，并培养较多的枝组。如果侧枝生长不平衡，可对强枝进行回缩，也可在生长前期对强枝早摘心，弱枝晚摘心，使其平衡。

桃的花芽分化属于夏秋分化型，花枝主要有长、中、短3种，长花枝常有中部复芽开花；中花枝单、复芽均有，开花良好；短花枝上的花均为单花。另外，有些徒长枝和很短的花束状枝也能开花，至夏秋季抽生的二次枝也能进行花芽分化，故幼年时枝条可留长些。

桃在冬季进行养护修剪时，直立枝留外向芽，横向枝留内侧芽，防止枝条下垂。主侧枝上枝组的带头枝避免过强，强的要翌年萌发新梢（俗称"一长一短"）；中花枝长放或留5~6个芽短截；短花枝及花束状枝则酌情长放或疏剪，不可短截。短截长中花枝时注意剪口不能留纯花芽，以免花后留下枯梢。由于徒长枝也能开花，所以如果徒长枝不是太强，可进行轻短截，强的徒长枝则需疏剪。另外，花桃修剪宜轻。修剪时尽量避免留下大的剪口。

(6) 紫荆 *Cercis chinensis*

紫荆为苏木科紫荆属落叶灌木或乔木，暖带树种。较耐寒，喜光，稍耐阴。合轴分枝，树姿不整齐，多丛生倾向，萌蘖性强，耐修剪。花期4月，叶前开花，紫红色，变种白色。一年生长1~2次，常有二次枝。夏秋分化型，潜伏芽很多，所以在老枝甚至老干上都能开花，荚果不易脱落。

紫荆通常采用骨架式灌丛形整形。苗期于冬季用回头方法促使分枝，翌年夏季对新生侧枝进行摘心，防止树冠中空，2年内可培养数个健壮骨干枝，迅速成形。骨架形成后，采用换头、短截等手法使枝条分布匀称、树冠圆整。生长期对根际滋生的蘖枝除保留少量以填补空当外，其余悉数剪除；同时对新梢进行摘心；适当疏剪密枝，保持适宜枝距（图1-26）。

图1-26 紫薇（引自王韬璆）

养护修剪在冬季进行，因其习性强健，故疏剪、短截、换头均可采用，修剪时结合整形。修剪对象以整理杂枝为主，老枝适当疏剪；此时花芽明显，修剪容易，枝条过长的可酌情短截，剪口下留1~2个方向合理的叶芽即可。但对开花、姿态均良好的紫荆，则不要轻易采用回缩或更新等方法。

(7) 紫薇 *Lagerstroemia indica*

紫薇为千屈菜科千屈菜属落叶小乔木。喜光，稍耐阴，喜温暖湿润的环境，不耐涝。树干光洁，合轴分枝，干性较弱，而萌芽力、萌蘖性均强，耐修剪。一年有2次生长，生长量大，当年分化型，圆锥花序顶生。6~9月开花，以30~50cm长、粗壮的枝条最易开花。

花淡红色、白色（银薇）、淡紫色（翠薇）等。单花寿命5~8d，整株花期可达100d左右。开花同时，夏梢与二次枝生长，由于花芽分化只需几天基部蓓蕾就能始花，故有时二次枝也能开花。

紫薇的整形方式有以下 3 种：

①多枝闭心形　小乔木、古树较多采用。可把观赏姿态和观花有机地结合起来，一般具 3~4 个主枝，小枝密而细，花序较少，花也小，但风韵独特，适宜在古典园林中配置。

②桩景形　利用紫薇枝间形成层较发达的特点造型，最简单的是把丛生状的主干 2~3 根扭在一起。如紫薇瓶（图 1-27A）、紫薇屏等。

③逐年更新的小乔木形　紫薇一般长而粗壮的枝条开花多，先把它培养成小乔木形，也可参照桩景形把 2~3 个主干绞扭造型，整形带 1~1.5m，主枝 4~5 个。主枝选好后，当年冬季即将所有主枝重短截，促使春季萌枝开花，萌发新枝的同时适当疏去一部分多余萌蘖。以后每年的养护修剪，都是在冬季将细弱的当年生枝疏去，粗壮的重短截，翌年再萌发新枝开花（图 1-27B）。这种修剪方法，树形不漂亮，也谈不上整形，但它充分利用了紫薇容易开花、在一年生壮枝上开花的特性，花多而大，所以一直沿用至今。

图 1-27　紫薇（引自王韫璆）
A. 紫薇瓶　B. 修剪后的紫薇

(8) **石榴** *Punica granatun*

石榴为石榴科石榴属落叶小乔木或灌木。喜光，不耐阴，阴处生长开花不良，怕水涝。树冠半圆形。假二杈分枝，干性、层性均弱，萌芽力、萌蘖性均强。一年有 2~3 次生长，属夏秋分化型，8~9 月由结果母枝近顶部的数芽分化成混合芽。

观赏性石榴有单纯观花的，如'重台'石榴；有以果取胜的，如'墨'石榴。大部分观赏石榴花果并荣，花色有白、黄、红、双色（玛瑙石榴）等，而且花期正逢盛夏少花季节，具有很高的观赏性。

石榴春梢的开花结实率最高，夏梢和二次枝能开花期结实，在生态条件较好时，甚至秋梢也可着花，使花期延长，但由于生长季节的限制而结实率低。每枝有花 1~5 朵，1 朵顶生，其余腋生。其中头花、钟状花最易结果，重瓣花型因雄蕊瓣化，结果较少。

石榴的整形方式有多枝闭心形或疏散分层形两种，以多枝闭心形为多，树冠呈倒卵形。

以多枝闭心形为例：苗期及早确定树形，乔木形的一般自然生长2年。在冬季对二年生苗木整形，整形带为1m左右，上留2～3个主枝，以培养层次分明的骨架枝，枝距适当拉开（20cm以上），如对生枝交错，则除去一侧以控制树形。翌年春季对生长过旺的新梢进行摘心，使其组织充实。冬季整形时保留主枝延长枝，并培养1～2个次级主枝和数个侧枝，树冠内部枝条可适当保留，形成内部较充实的卵形树冠，通常4年成形。灌木形的将整形带放低，甚至可利用萌蘖就地分枝，提早成形，整形方法相同。

石榴的枝条有以下类型：

有顶芽的营养枝：枝短缩，多为簇生叶，是重要的新的结果（开花）母枝后备枝。

无顶芽的营生枝：枝细长，顶端成刺，一般由秋梢或三次枝构成，不太可能萌发花枝。

徒长枝：生长旺，有的年生长可达1m，顶端也常成刺，同时常伴有二次枝、三次枝，一般没有用处。

开花（结果）母枝：常呈短枝状，较壮实，由当年早期停止生长的春梢及部分夏梢形成，有顶芽，同时上部的腋芽也较充实，这是萌发花枝的主要基础，能连续多年使用。

花（结果）枝：当年开花结果枝。

石榴的养护修剪在休眠期进行，修剪难度较高。其原因：一是混合芽小，不易辨别。二是修剪量较难掌控，修剪过轻，则花小；修剪过重，则花少。

修剪时先清理数量较大的各种杂枝，然后区别对待以上5种枝条。徒长枝、细长而顶端成刺的营养枝一般都在疏剪之列，只有在枝的数量过少时才选择一部分轻短截加以利用。有顶芽的营养枝本身很短，通常长放不剪，翌年如果营养条件不好，很有可能会形成新的开花（结果）母枝。现有的开花（结果）母枝是最重要的，长度在20cm左右，基本都保留长放，千万不能短截，因为此时顶芽及靠近顶端的几个腋芽已分化成混合芽，但需仔细分辨。花枝以疏剪为主，只在母枝近顶部保留2～3个，既能避免损伤母枝的混合芽，又能抑制母枝的生长势。

石榴需要修剪的枝条较多，但不能过重，一般中短截也不需要，尤其不能用重短截，否则会刺激隐芽萌发，影响树形和开花。

(9) 丁香 *Syringa oblata*

丁香为木犀科丁香属落叶小乔木或灌木。喜光树种，喜光，稍耐阴，耐寒，也耐旱，忌在低洼积水地栽植，对土壤要求不严。假二杈分枝，干性、层性均较强，萌蘖性强，树势强健。夏秋分化型。萌芽后随即抽梢开花，花紫色（变种白色），有香味，圆锥花序顶生，花后为生长盛期。

丁香的整形方式通常用多领导干形，整形带1m左右，整形在冬季进行。丁香的分枝形式决定其容易形成貌似"二杈式"树形，多对生枝，苗期在未到整形带时，要及时选择生长健壮、角度较小的枝条代替主干，并交替除去一侧对生枝，维持一侧对生芽，选留4～5个方位好、枝距错开的主枝，形成多领导干形。然后再用同样方法培养侧枝，逐步成形。

丁香也可以用多枝闭心形的方式整形，枝条适当多留，尽量除去对生枝即可。但多枝闭心形的高低相差幅度很大，在园林中不宜用于群植。

丁香的花芽是混合芽，由靠近枝条顶端的数节腋芽分化而成。养护修剪通常一年2次：一是花后，将花茎剪去，不使结果；新梢长放，以促使其花芽分化，确保翌年花量。二是冬季，以整理杂枝为主，并疏剪无花芽的枝条，尽量不用短截；为平衡树势，也可进行少量换头。

(10)迎春 *Jasminun nudiflorum*

迎春为木犀科茉莉属落叶灌木。喜光，稍耐阴，较耐寒，喜湿润，也耐干旱，怕涝，对土壤要求不严。枝条丛生，细长直出或拱形。萌芽力、成枝力、萌蘖性均强。夏秋分化型，花单生叶腋，黄色，花期2~3月，先叶开放或同时。花后至夏末为生长盛期，秋季还有一次生长，通常为较短的二次枝。

迎春是丛生性灌木，适宜用丛生式灌丛方式进行整形。苗期及早在离地20 cm以下截干，促使分枝，并尽量利用萌蘖枝长放，翌年若分枝不够，用摘心或短截尽快增加枝条数量，形成伞形树冠。迎春的枝条柔软，自然成拱形，通常2~3年后即可在绿地应用。经过整形的迎春树形矮小，枝条坠地，覆盖根际，很适合配置。

养护修剪在花后4~5月进行，5月以后要避免修剪。以整理杂枝为主，尤其在枝条过密时要疏剪老枝，局部更新。同时要将一部分过长的新梢轻短截，以调节第二次生长和花芽分化的关系。另外，由于其枝端着地极易生根，影响树形，可在生长盛期用竹竿拨动枝条，不使其生根。

 技能训练

技能1-1　树木造型修剪

植物造型修剪是在构图设计原理指导下并以园林植物生物学特性为基础的技术性较强的工作。必须掌握整形修剪的主要手法，熟悉使用工具，并具有一定的安全生产意识。本任务在公园绿地及街道选择待整形修剪的行道树、庭院树和花灌木，以训练修剪技法的综合运用、修剪工具的使用以及培养安全意识。

1. 材料及工具

植物材料：待整形修剪的冬季或生长季的中大型乔木、观花小乔木等，各地依具体情况选择树种。

造型用具与备品：普通修枝剪、高枝剪、高枝锯、单面修枝锯、双面修枝锯、刀锯、芽接刀、电工刀、斧头、木凳等。

2. 方法步骤

1) 冬季训练的修剪方法

在秋后至早春树液未流动前选择中大型乔木进行下列修剪技法训练。

(1) 截

选择一年生枝条做不同程度的短截，在春秋梢交并处(盲节)做轻短截；在春梢中上部做中短截；在春梢中下部做重短截；在春梢基部留1~2个瘪芽做极重短截。翌年秋季观察修剪反应。

（2）回缩

选择多年生枝条短剪，剪口下留弱枝，并保留较小剪口。

（3）疏剪

最好选择成年观赏性果树，认识并剪除下列忌避枝条（图1-28）。

①枯枝　枯死后仍残留在枝上。不但有碍美观，同时也是病虫害发生的原因。

②重叠枝　对主要枝而言，即平行伸展的枝为多余枝条。

③左右对称枝　由树干左右对称生出的枝。

④放射状枝　呈放射状，在拥挤时就剪去一部分。

⑤逆向枝　向树的内侧伸展的不正常枝。

⑥直立枝　枝上垂直生长的枝，不仅不正常，而且也是造成树势衰弱的原因。

图1-28　避忌枝条的种类

⑦下垂枝、交叉枝　与正常枝相反而向下伸展的为下垂枝，与其他枝纠缠的枝为交叉枝。

⑧内膛枝　靠近树干枝叶内膛而发出的枝。影响通风透光。

⑨干生弱枝　在干上发生的弱枝。

⑩萌蘖　由基部长出来的新枝，除丛生形造型外，不需要的枝。

⑪徒长枝　与其他枝缺乏平衡，随意长可继续伸长的枝，如放任不管可消耗养分。

⑫蛙股枝　分为两股的枝。由于难看，故剪去。

2）生长季训练的修剪方法

选择幼树或中龄树进行摘心、抹芽、摘叶、去蘖、摘蕾、枝条折裂、扭梢、环剥等措施训练，注意环剥宽度、深度，不伤木质部，不留韧皮部组织。

3）工具使用

普通修枝剪一般剪截3cm以下枝条，修剪时只要枝条能放入剪口内均能够剪断。操作时，如果用右手握剪，则用左手将粗枝向剪刀小片方向猛拉即可，不要左右扭动剪刀，否则剪刀易松口，刀刃也容易崩裂。

剪断高处细枝使用高枝剪；剪断中等枝条用单面修枝锯，锯除粗大枝采用双面修枝锯；枝冠上部大枝用高枝锯锯除。

4）安全措施

①修剪时使用的工具应当锋利，上树机械或折梯在使用前应检查各个部件是否灵活，有无松动，防止发生事故。

②上树操作必须系好安全带、安全绳，穿胶底鞋，手锯一定要拴绳套在手腕上，以保证安全。

③作业时严禁打闹，要思想集中，以免错剪。刮5级以上大风时，不宜在高大树木上

修剪。

④在高压线附近作业时,应特别注意安全,避免触电,必要时应请供电部门配合。

⑤在行道树修剪时,必须有专人维护现场,树上树下要互相联系配合,以防锯落大枝砸伤过往行人和车辆。

3. 考核评价

能较正确运用修剪方法,正确使用修剪工具。剪口向侧芽对面微倾斜,使斜面与芽尖基本齐平或略高于芽尖5~8mm,下端与芽的基部大致相平或稍高。能根据树木的具体情况选留不同位置和不同饱满程度的剪口芽。正确锯除大枝,不劈裂、不夹锯。

4. 巩固训练

每组选1株成年苹果树进行修剪方法综合训练。

技能1-2　花灌木的自然式造型

园林树木的自然式造型通过整形修剪来完成,整形修剪可分为苗木出圃前或定植后的定型修剪和生长过程中的养护修剪,为了使学习者掌握整形的方式的修剪的技法,本项目选了观花用途的桃和月季等常见树种,描述不同阶段的整形方法,供学习者根据实训季节选择,从而掌握花灌木的自然式造型技术。

1. 材料及工具

植物材料:在花圃或公园选取桃、月季等不同生长阶段的植株。

造型用具与备品:普通修枝剪、手锯等。

2. 方法步骤

以小组为单位,在教师指导下实施操作,首先要观察树木本身的情况,包括树体结构、树势是否平衡以及周围环境等,然后根据树形设计欲修剪的树形,明确修剪内容和操作方式,对于树势不平衡的,要分析产生的原因,制定出调整的修剪措施。操作时,本着因地制宜固树修剪的原则,先剪上部,后剪下部;先剪内膛枝,后剪外膛枝,这样可控制修剪器,按情况调整树势,避免将需要保留的枝条剪除,或使得树不成形。

1)桃的开心形整形修剪

选择从定植到成树不同阶段的株形进行修剪。

定植的桃将干留50~70cm后截去上部,并除去树干上30cm以下的枝条。

翌年冬季,选择开张角50°左右、方位角均匀、枝距错开的3~4个主枝,并截去中干,并将各主枝留50~70cm短截。

第三年生长季,抹去主枝剪口上的并生芽,对主枝上侧生出的新梢留20cm长摘心以培养枝组,弱枝则可留作抚养枝(协助树体制造营养而暂时保留的枝条)。为防止主枝光秃或迅速扩大树冠,在剪口芽抽生的新梢长30cm时,在其上留3个二次枝换头。

冬季养护修剪:为防枝条下垂,修剪时直立枝留外向芽,横向枝留内侧芽,对过强的主侧枝上枝组的带头枝要换头回缩。要轻短截长花枝。营养枝留3~4芽短截,以促使翌年萌发新梢。中花枝长放或留5~6芽短截。短花枝及花束状枝酌情长放或疏剪,不宜短截。疏除交叉枝、病枯枝、细弱枝、徒长枝。

2)月季整形修剪

选择栽植后的幼苗到成熟期不同阶段的月季植株。

采取骨架式灌丛形方式整形。在月季幼苗长出4~6片叶时,摘心或剪梢,当年可形成

2~3个互相错落分布的新分枝。

第一年冬季，位于上部长势强的枝条保留7~8个芽剪截；下部枝条角度大生长势差些可留3~5个芽。

第二年夏季花后，在第二片叶上面剪花，保留其芽，扩展形品种留里芽，直立形品种留外芽，以再抽新枝。

第二年冬季，灌木形姿态初步形成，成熟期修剪以休眠期为主，花后修剪为辅。冬季疏去需要更新的老枝，留新老结合的枝干3~5个，并重剪，每个枝条可留2~3个芽，选剪口芽方向同前。生长期在第一次花后，将花后新枝留3~4节（叶）短截；第二次花后，在残花下第二片5小叶的上方将枝条剪断。枝条更新期为3~5年。

3. 考核评价

每组成员修剪完毕后，根据树种和生长发育阶段的整形修剪要求进行评价，要求能因树做形，因形修剪。桃符合自然开心形的结构要求，月季符合骨架式灌丛形结构要求。剪口平滑，剪口芽位置合适，里外芽选择符合侧枝生长要求，该去除的新枝选择的剪口位置正确。对树冠内枯死枝及时给予清除。操作中没有安全事故发生。

4. 巩固训练

对榆叶梅（*Prunus triloba*）进行自然开心形和多枝闭心形（有主干而又形成圆头形树冠）修剪造型。

技能1-3　龙爪槐行道树自然式造型

龙爪槐自然造型，是采用嫁接方法培育观叶和观姿的造型树。这种造型是将不能直立生长的龙爪槐嫁接在直立生长的槐树上，使其具有了一定高度的直立主干，在这段主干上，龙爪槐枝条经过修剪整形呈弯曲状下垂，似龙爪一样虬曲美丽。通过本任务学习，使学习者掌握龙爪槐自然造型方法。

1. 材料及工具

植物材料：龙爪槐1~2年生休眠枝条；胸径4~6cm的槐树。

造型用具与备品：嫁接刀、塑料条、塑料袋、剪枝剪。

2. 方法步骤

1) 砧木的培育

龙爪槐的嫁接砧木通常选用3~4年生的槐树实生苗。培育方法如下：

(1) 播种

时间为4~5月（北方）。高床条播，行距15~20cm。

(2) 播后管理

播后覆盖草帘，浇水。苗高3~5cm时进行间苗，株距5cm。当年不修剪。6~7月追施2次化肥。当年苗留床，高可达80~100cm。

(3) 移植

翌春移植，株行距为65cm×50cm。6~7月进行修剪，上部剪去竞争枝，下部进行疏枝，高度为树高的1/3~1/2。

(4) 定植

移植后培育2~3年，树高约2m时进行定植，株行距为130cm×100cm。定植时进行整枝修剪，截去大枝。定植后培育2年，胸径达4cm时可以进行嫁接。

2)接穗的采集和贮藏

（1）采穗

2月中下旬，采当年生直径约为0.3~0.7cm芽饱满的壮枝。

（2）贮藏

低温层积沙藏或窖藏。也可制成接穗，将接穗两端封蜡后低温窖藏。

（3）随采随接

如果苗圃内有采穗母株，也可以随采随接，成活率很高。这是北方目前常采用的方便快捷的方法。

3）嫁接

时间：4月中下旬（北方）。

嫁接方法：采用插皮接。

（1）断砧

将槐树砧木自2.0~2.5m处锯断，剪去砧木锯口以下所有的枝条。选树皮光滑处从锯口向下纵切一刀至木质部，切口长度约3~4cm。

图1-29 龙爪槐嫁接

（2）削接穗

剪取10~15cm带有2~3个饱满芽的垂槐枝条做接穗，上剪口距上芽1cm，接穗下部削成3~4cm的长削面，削面的背面再削约1cm的小削面，将长削面两侧的周皮削去一些使之成黄绿色。

（3）结合

将削好的接穗插入切口内，使长削面朝向砧木的木质部，插深为长削面露白1~2mm。为保证嫁接成活后的树冠冠型丰满，每个砧木通常嫁接2~4个接穗（图1-29）。

（4）绑缚套袋

用塑料条将砧木的切口及接穗一圈圈缠绕绑缚起来，然后将接穗和锯口套上塑料袋保湿以利成活。

4）嫁接后管理

（1）抹芽

嫁接后半月抹去砧木上萌发的芽，7月中下旬再对砧木上的萌发枝进行修剪。

（2）去袋

约1个月接穗上芽长到2~3cm时，将塑料袋剪破，一周后去袋。

（3）松绑

约2个月砧穗结合处的愈伤组织受到抑制时松开绑缚的塑料条。

（4）接穗的修剪

接穗生长过于旺盛容易造成劈裂，要剪去生长过密的接穗枝条。

图1-30 垂榆独干造型

5) 树冠造型

嫁接成活后在当年的冬季或翌年的春季进行休眠枝修剪,修剪时留外芽,使树冠呈外延式生长扩大,同时,剪除过长的枝条,使树冠呈下垂的伞状。

3. 考核评价

经过嫁接的龙爪槐形成了具有主干的乔木状,枝条下垂,树冠呈伞形;在树冠的造型修剪时注意保留枝条的外芽,有利于树冠逐渐扩张外展;嫁接方法正确,操作熟练。

4. 巩固训练

用白榆作砧木培育垂榆自然造型(图1-30)。

 自测题

1. 行道树修剪的方法有哪些?
2. 开心形行道树怎样修剪?
3. 杯状形行道树怎样修剪?
4. 夏秋开花的花灌木怎样修剪?
5. 片林怎样进行修剪?

项目 2
园林植物几何造型

学习目标
(1) 了解园林植物几何体造型的概念和类型。
(2) 理解园林植物几何图案造型的概念和类型。
(3) 熟悉园林植物几何体造型的基本原则。
(4) 掌握园林植物几何体造型的程序和方法。
(5) 能够应用整形修剪法、搭架造型法、模具造型法、群植造型法，合理选择几何体造型植物实施几何体造型。
(6) 能从不同角度对植物几何图案造型进行分类，并能根据不同环境确定造型种类。
(7) 能够根据不同植物造型表现形式选择相应植物材料。
(8) 能根据设计原则和美学原理及花坛所处的环境，进行植物几何图案的纹样和色彩等方面的设计，并能编制设计书。
(9) 能够编制植物几何图案的施工程序，并能现场组织施工。
(10) 通过彩结花坛、独立花丛花坛和模纹花坛制作等项目的实践，学会常用植物几何图案造型的工作流程与技术方法。

2.1 园林植物几何体造型

2.1.1 园林植物几何体造型的概念

园林植物几何体造型是以几何形体的结构规律为依据，采用修剪、搭架、模具塑造、编织等造型手法，将单株或群植植物整形成各种几何形状的一种造型技术。它与其他植物造型一样，是构成整体园林植物景观的重要组成部分。

2.1.2 园林植物几何体造型的类型

根据造型的难度和几何体组合的复杂程度，可分简单几何体造型和复合几何体造型两类。

2.1.2.1 简单几何体造型

简单几何体造型基本为球体(图 2-1)、椭圆体(图 2-2)、柱体(图 2-3)、锥体(图 2-4)、尖塔体、立方体等，在园林植物造型中使用最广泛。这些用观叶观花的植物或修剪

图 2-1　球体造型

图 2-2　椭圆体造型

图 2-3　圆柱体造型

图 2-4　角锥体造型

或栽种成简单的几何形状的植物配置在庭院、道路和广场中，显得特别雅致、美观和靓丽。单株树可自成一体，几株树的组合修剪也能形成简单的几何形体。而对于盆栽植物，各种色彩鲜艳的花草拼组成各种几何形状的花卉组合造型（图 2-5），更是艳丽而光彩夺目，给人一种赏心悦目的美妙感觉。

2.1.2.2　复合几何体造型

复合几何体造型是指将两个或两个以上的几何体组合在一起的造型。常将一个简单几何体较强的造型作为另一个几何体造型的基座，采用层层上升或螺旋状构造，具有较好的透光性和动感，极大地拓展了植物的修剪空间。小型的复合体造型通常为单株树木，大型的复合体造型常需要两株或更多的植株栽植在一起来完成。

复合几何体造型需要图案设计、定点放线、种植植物、修剪整形 4 个步骤才能完成。在设计造型图案时要根据植物的生长习性以及美学的基本原理，并考虑环境的空间容量与特点，图案线条要清晰，图案要简洁，要利于造型施工。定点放线要求严格，按照规定的比例，准确定点、准确定线，如有偏差就会影响到复合几何体造型的组合，影响造型的实际效果；要根

图 2-5　圆锥体花卉盆栽造型

据造型设计的要求选择树种,严格把握苗木的规格与质量。然后根据定点放线的位置准确种植植物。种植完成后要进行初次造型,修剪强度不宜太大,应以凸现复合几何体造型的轮廓为度,以减少对植物的伤害,促进植物生长。待植物生长稳定、枝叶茂盛的时候再进行强度比较大的修剪整形,使复合几何体造型更丰满、逼真。

复合几何体造型常见有以下几种:

(1) 组合造型

通常是将两种或两种以上几何体组合在一起的造型方法。组合造型可以是一株树,也可以是多株树进行造型。例如,立方体或圆柱体配上锥体、圆球和金字塔形,比例适中的造型组合能传达出一种比简单造型更强的坚固感(图2-6、图2-7)。在多株植物进行组合造型时,一般采用群植,可以是同一种植物,也可以是不同的两种或多种植物。几种不同的植物组合造型时,要保证它们在生长速度、叶片大小和色彩上相协调,否则会影响整体效果。

图2-6 单一植物立方体与圆顶体的组合造型　　图2-7 不同植物立方体的组合造型

(2) 层状造型

通过对枝条和叶片的修剪使树冠形成层状结构的造型方法称为层状造型。用于层状造型的植株必须具有强壮、挺直的主干来支撑层状结构。层状结构通常由一系列圆盘或球体组成,从下往上,圆盘(或圆球)的厚度和直径逐渐变小,形成"蛋糕"或"糖葫芦"造型。适合层状造型的树种有黄杨、红豆杉、龙柏、圆柏、枸骨等。

层状造型时为了形成圆盘之间的立体空间,要按各个圆盘之间的间距将树冠上的枝叶全部剪掉,以便露出一截一截的树干。由于形成圆盘的枝叶是由树干下方的侧枝支撑,在最终确定某一枝条是否需要砍掉之前要顺着主干观察该枝条的顶端伸到什么地方。为完成水平圆盘的造型,有时需要用涂有柏油的绳子系在树干上,或用竹竿铁丝等做成骨架对一些枝条进行牵拉。通常绳子或骨架的使用期不能超过1年,而且要经常检查,如果发现其制约了枝条的生长,就要进行松绑或拆除。

设计层状造型时层数不宜过多,应简洁明朗,不宜烦琐,层与层之间的距离不宜过近,否则会互相遮阴,从而导致生长减弱,圆盘的下部也会因遮阴而导致叶片稀少。对造型植株的选择,树冠的生长不一定要求完全均衡,有缺陷、生长不规则的植株也可以选用,只要那些缺陷和不规则处是在两个圆盘之间的通透处即可。层状造型植物在园林景观中应用使环境有别具一格的美感(图2-8、图2-9)。

图2-8 层状独干造型群植　　图2-9 红豆杉层状独干造型

还有一种常见的层状造型是树干上的一串圆球。其造型的基座通常为一个大的圆球，其上是一连串越来越小的圆球，最顶端的最小。黄杨、红豆杉和冬青就常常修剪成这种造型。在进行圆球造型时，必须要选择生长强壮、树干挺直且结实的植株。整形修剪包括将枝条砍去露出树干，然后进行修剪。球形修剪比圆盘修剪力度更大，以便促进叶球生长得更加密实。对于所有的层状造型而言，除非顶枝的高度超过了预定的高度，否则不能将顶枝截掉。可以在离最上端球形中心点5～10cm处对顶枝进行截枝。

（3）螺旋体造型

螺旋体造型是在修剪成圆锥体的树木枝叶上进行螺旋式盘旋向上的修剪而成的造型，是给人一种充满柔情、动感的几何体。要求造型的树体有结实、挺拔的主干，枝叶浓密，萌芽能力强，耐修剪。

2.1.3　园林植物几何体造型设计的基本原则

（1）以植物自然形态为基础

不同的植物有其基本的自然形态，在几何造型时，要以树木基本的自然形态为基础，把几何造型设计的艺术性与植物造型的可能性有机结合起来。如偃松、偃桧等匍匐形植物要造型成塔形就很不现实，而龙爪槐、垂柳、垂枝榆、垂枝桃等垂枝形植物要造型成圆柱体也同样不现实。

（2）充分考虑植物造型的美学原理

植物几何体造型是在植物自然形态基础上的艺术再创造，要根据美学的原理进行造型设计与操作。特别要注重统一与变化、调和与对比、韵律与节奏、比例与尺度、均衡与稳定等基本原则。

①灵活把握统一与变化　一方面，植物几何造型要根据植物的生长特性采取不同的造型修剪方式，以满足植物个体的生长习性的需要，如在自然的山水中要采取自然式的修剪造型；而在规则的园地中采用规则式的修剪造型，如球体、锥体、圆柱体等。

另一方面，造型植物在应用中要根据地形、环境特点等，灵活掌握统一与变化。绿地构成的几何图案单元基本统一，但各个单元的布置可以有各种各样的变化。

②把握色彩及几何形态的调和与对比　对于几何模纹造型，如几何图案、文字等造型，要体现造型的艺术性，合理选择和搭配各种植物材料。

③充分运用韵律与节奏感　依据地形的特点，选择不同色彩的植物，营造带状的植物绿化形态，地形与色彩植物及其曲线表现形态有机融合在一起，充分体现出绿化的韵律与节奏美。造型植物上下球状枝的修剪就是具有简单韵律的表现，而大小不一、前后错落有致的球体着生在植物枝条上，则呈现出交替的韵律变化。如图 2-10 为圆柱体与螺旋体交替造型、圆盘与圆柱体及半球体交替造型，在单株植物体上体现出交替韵律的变化。此外，常见的"城垛式"、"波浪式"等绿篱造型形式就具有韵律感的外表美。

④合理控制比例与尺度　植物体本身的宽与高的比例不同，给人感受就不同，如图 2-11 所示，不同比例给人以不同的体验与感觉，如端正感、稳健感、豪华感、轻快感、俊俏感、向上感等。在树木造型时，可根据不同造型目的，以及环境的具体情况，采用相应的宽高比例，以达到与环境协调一致的目标。

⑤调节平衡与稳定性　无论规则还是不规则几何体，均衡与稳定都是几何造型的重要原则，一般通过中心点、中心轴线等来调节和控制平衡；通过上下枝体量的控制来体现稳定感。

图 2-10　交替韵律变化　　　图 2-11　修剪的尺度

（3）适时造型

园林树木几何造型一般周期比较长，造型要从两个方面把握时机：一是树木的生活周期，尽量在树木幼年期就有目的地开展几何造型；二是树木的年生长规律，尽可能在树木的休眠期修剪造型。花卉的几何造型要根据不同花卉的花期和花色选择适宜的花卉品种进行栽种或盆植造型。

（4）重视造型后的维护与管理

由于植物枝叶具有不断萌发与生长的自然特性，已经造型完毕的几何造型体，如果对新萌发枝叶不进行有序控制，很容易受到植物自身枝体发展的破坏，因此，对于几何造型植物要长期不断进行几何体原有形体的维护。此外，由于几何形体的特殊性，植物的光照等环境因子也发生一定变化，在植物造型后要正确处理造型几何体上下、内外光照等的协调工作。

2.1.4 几何体造型植物选择

2.1.4.1 选择原则

园林植物几何体造型对植物有特殊的要求，在实际运用中，要考虑以下几个方面因素。

(1) 根据几何体造型的目标要求

由于绿化目的、环境和植物配置不同，对园林植物的树形有着特殊的整形要求，所以首先应明确植物在园林绿化中的目的要求、景观配置要求，然后根据这些要求选择适宜的几何造型植物，以达到目标景观效果。如进行模纹几何造型，通常选择色彩丰富、枝叶生长旺盛、耐修剪的灌木为主；进行圆柱体几何造型，通常选择树体枝叶丰满、尖削度小、耐修剪的常绿植物为宜，而进行金属框架式的花柱或标牌式造型则选择色彩艳丽的草本花卉为宜。

(2) 根据树种的生长发育习性

圆柱体、圆锥体、球体、正方体等几何造型，需要对植物进行长期不断的修剪与维护，才能达到预期的造型效果。因此，要紧密结合树种的生长发育习性，幼年期的植物处于营养生长的旺盛时期，植物的年生长量大，萌芽能力和成枝力强，在几何体造型时应进行重剪，既可以刺激植物多发新枝，尽快形成丰满的树冠，有利于造型，又可以尽快形成几何形体骨架，为日后的进一步造型奠定良好的基础。成年期的树木，正处于旺盛开花结实时期，此时修剪整形的目的在于保持植株的健壮完美。尽量控制开花结实数量(观花、观果类植物造型除外)，综合运用各种修剪方法，并配合其他管理措施，以达到调节均衡的目的。此时应按设计要求控制植物的几何形体体量，以达到最佳的观赏效果。

(3) 根据植物生长地点的环境条件特点

一方面，植物的生长发育与环境条件间具有密切关系；另一方面，不同树木的几何造型方式对环境景观的影响作用也不一样。因此，即使具有相同的园林绿化目的要求，但由于条件不同，或者环境空间不同，在选择几何造型植物时也会有所不同。

2.1.4.2 常用几何体造型植物

根据造型植物的要求，结合几何体造型的特点，常用的几何体造型树种有：蜀桧、刺柏、侧柏、龙柏、真柏、千头柏、圆柏、红叶石楠、红豆杉、杜鹃花、正木、云杉、小叶黄杨、九里香、火棘、海桐、石楠、麻叶绣线菊、紫薇、女贞、小叶女贞、金叶女贞、金边女贞、紫叶小檗等；金属框架式栽种或盆植的造型植物通常用生长低矮的一、二年生草本花卉如垂吊牵牛、凤仙花、丽格海棠、彩叶草、角堇、美女樱、藿香蓟等。

2.1.5 几何体造型工具和设备

整形修剪工具是园林植物几何造型的必备要素，园林植物几何体造型的常用工具和设备包括：整枝剪、绿篱剪、电动绿篱剪、遥控剪刀、手锯、人字梯、绳子、铁丝、木桩、直尺、大型木制三角板、模板、模具、金属框架、拉直器、麻布以及园艺技术人员戴的护目镜、护耳和耐磨手套等，以减轻使用工具时所带来的不适，并减少危险性。

2.1.6 几何体造型常用手法

(1) 整形修剪法

对于萌芽能力强的园林植物，可以通过特殊的人工修剪手法，如摘心、牵引、缠绕、压附、编织等整枝技术，以达到几何造型的立体艺术效果。同时，还可以根据园林树木的生长特点，自然树形等不同，将树木修剪成球体、锥体、圆柱体、方柱体、金字塔形、尖塔形、螺旋体等各种简单的几何体造型和复合几何体造型（图2-12、图2-13）。

图2-12 修剪形成的球体和层状造型

图2-13 修剪形成的螺旋体造型

(2) 搭架造型法

利用枝条纤细柔软的植物，根据植物造型的创意，设计并制作一个金属（如铁丝、钢筋焊制等）几何体框架，然后将植物的枝条压附绑扎或缠绕在架子上生长，通过适当的整形修剪创造出有趣的几何造型。还可以利用各种色彩艳丽的花卉，摆放或栽种在制作好的金属或其他材质的几何框架上，形成各种美丽的几何体造型（图2-14）。

(3) 模具造型法

模具造型法是对经过2~3年轻度修剪，枝叶密集、匀称，根部需枝叶覆盖、生长旺盛的针叶树，套上几何形金属网，将以后长出的枝条沿金属网外缘修剪成与金属网模具形状一致的几何体树形的造型方法。金属网模具大小依造型要求制作，且底部和顶部为空。

图2-14 搭架圆环体造型

图2-15 富贵竹编织造型

(4) 编织造型法

编织造型法是利用细长柔软的树木，采用编织的手法进行造型。将植株沿花盆边等距离种植，然后将相邻的植株编织成各种几何体(图2-15)。也可以根据植物特点和环境需要进行个性化种植，然后进行编织造型。

(5) 群植造型法

群植造型法是利用同一种生长适中、枝叶密集、冠幅与高矮基本一致的多株低矮树木成行或几何形密集种植，修剪整形成绿篱或其他几何形状的造型方法。

群植造型法常见于绿篱。适于作绿篱的树种要求萌芽力强、成枝力弱、耐修剪。常见的有女贞、海桐、大叶黄杨、黄杨、圆柏、侧柏、冬青、水蜡等。绿篱根据高度可分为高篱(120～160cm)，中篱(50～120cm)和矮篱(50cm以下)。中、矮篱常用于几何图案式造型，中篱宽度不超过1m，矮篱宽度不超过0.4m。几何体绿篱在修剪中按形状不同有以下几种：一是修剪成同一高度的单层式(图2-16)；二是由不同高度的两层组合而成的二层式(图2-17)；三是二层以上的多层式，多层式在空间效果上富于变化。从防范和遮蔽效果来讲，以二层式及多层式为好。

图2-16　单层绿篱　　　　图2-17　二层绿篱

观赏绿篱的横断面可剪成长方形、正方形、梯形、三角形、球形、弧形，顶部纵断面可以是直线、波浪形或阶梯式等。通过刻意修剪，能使绿篱形体各异，图文美与线条形式美结合，高低起伏与艺术造型美结合。通过修剪使绿篱不断更新，长久地保持生命活力及艺术价值。

绿篱种植后剪去高度的1/3～1/2，修去平侧枝，同一高度和侧面，萌发枝条形成紧枝密叶的矮墙，显出立体美。绿篱每年最好修剪2～4次，使新枝不断发生，更新和替换老枝。整形绿篱修剪时，顶面与侧面兼顾，不应只修顶面不修侧面，否则会造成顶部枝条旺长，侧枝斜出生长。从篱体横断面来看，以矩形和基大上小的梯形较好，下面和侧面枝叶采光充足，通风良好，不能任枝条随意生长而破坏造型，应每年多次修剪。

2.2 园林植物几何图案造型

2.2.1 园林植物几何图案造型的概念及类型

2.2.1.1 园林植物几何图案造型的概念

图案是有装饰意味的花纹或图形,其特点是结构整齐、匀称、调和,常用在纺织品、工艺美术品和建筑物上。在园林植物造型上,人们利用低矮易修剪的小灌木或地被植物等色彩丰富的植物素材,在二维空间(水平或竖向空间),采取直接种植、种植体栽植、修剪等手法,有机结合成各种风格各异的植物几何图案,以提高园林植物的观赏效果或表达特定的寓意。

植物几何图案造型在某种程度上会代表一种文化,它的发展与特定的历史阶段、文化、地区相联系,不同的时期、文化背景、地区、造型环境和场景有着不同的欣赏角度,从而创造出不同风格的植物几何图案。

2.2.1.2 植物几何图案造型的类型

(1)根据形状分类

①点式植物几何图案造型 植物图案常常作为视线的焦点,面积一般较小,平面多呈圆形、椭圆形、扇形、梯形、正方形或三角形等,长宽比不超过4∶1,如布置在建筑广场中央、道路交叉口、公园进出口等处的植物几何形花坛(图2-18)。

②线式植物几何图案造型 植物几何图案的平面呈矩形,长宽比大于4∶1,以突出线的形态、长度和方向为主,体现一种线条美,如道路中间或两侧的带状绿化分隔带(图2-19)。

图2-18 点式植物图案造型

图2-19 线式植物图案造型

③面式植物几何图案造型 植物图案以大面积连续的绿地为基调,其上镶嵌大面积的植物勾勒造型图案。一般没有固定的形状和长宽比,实际上是点式和线式平面的扩大与延伸(图2-20)。如大面积绿地中的色块,多以不同种类的低矮小灌木与草花进行组合,搭配形成醒目而鲜亮的风景带。

(2)根据表现的主体内容分类

①花丛式植物几何图案 主要表现和欣赏观花的草本植物盛开时,群体的绚丽色彩

项目 2　园林植物几何造型

图 2-20　面式植物图案造型

图 2-21　独立式花丛植物图案造型

以及不同花色种类或品种组合搭配所表现出的华丽图案。根据平面的长宽比例不同，又可分为独立式花丛图案和带状花丛图案。

独立式花丛图案：图案平面纵轴和横轴长度之比为 1∶1～1∶3，为点式植物图案造型，主要作为主景（图 2-21、图 2-22）。

带状花丛图案：图案的宽度即短轴超过 1m，且长、短轴的比例超过 3～4 以上时称为带状花丛或花带，为线式植物图案造型。通常作为配景，设置于道路两侧、道路中央、建筑物墙基四周、广场内、岸边、草坪边缘。带状花丛图案有时也可作为连续风景中的独立构图。根据环境特点，其形状可以为规则式矩形栽植床，也可以是流线型，甚至两边不完全平行（图 2-23）。

另外，对于宽度不超过 1m，长轴与短轴之比在 4 以上的狭长带状花丛图案被称为花缘，通常不作为主景处理，内部没有图景纹样。

②模纹式植物几何图案　主要由低矮的观叶或花叶兼美的植物组成，表现和欣赏群体组成的精美图案或装饰纹样，因内部纹样及所使用的植物材料、景观不同，可分为以下几种：

图 2-22　独立式花丛图案（引自董丽等）
1. 小叶黄杨　2. 微型月季　3. 紫鸭趾草　4. 孔雀草　5. 丽格海棠

图 2-23　带状花丛图案（引自董丽等）

图 2-24　修剪整齐的植物图案宛如毛毯

毛毡图案：主要用低矮观叶植物组成精美复杂的装饰图案，图案表面修剪平整，呈细致的平面或缓曲面，整个图案宛如一块华丽的地毯（图2-24）。

彩结图案：是用黄杨、紫叶小檗等小灌木和多年生花卉，在花坛内模拟绸带编成的绳结式等纹样图案，图案线条粗细相等，条纹间以草坪或时令草本花卉为底色，或用砾石、卵石填铺（图2-25）。

图 2-25　色彩明快、立体感强的彩结花坛图案

浮雕图案：是依花坛纹样变化，植物高度有所不同，部分图案纹样凸出表面即阳纹，另一部分图案纹样凹陷即阴纹，表面形成凸凹分明的浮雕效果。凸出部分多由常绿小灌木组成，凹陷部分多由低矮的草本植物组成；也可通过修剪或施工处理形成（图2-26）。

文字图案：为了增强植物景观效果，在园林景观设计中常常利用植物色彩和高矮差异，将植物密集种植或摆放，并辅助以适当的修剪，组成各种政治标语、宣传口号、庆典祝词、厂名地名等文字图案。按造型表现形式又有平面与立体文字图案之分。如图2-27为"博鳌亚洲论坛"平面文字造型，图2-28为"05园艺技术"立体文字造型。

图 2-26　修剪细致、凹凸分明的浮雕花坛图案

2.2.2　园林植物几何图案造型植物材料选择

2.2.2.1　花丛式几何图案的主体植物材料

花丛式图案主要由观花的一、二年生花卉和球根花卉组成，开花繁茂的多年生花卉也可以使用。要求株丛紧密而整齐，开花繁茂，花色鲜明艳丽，花序呈平面展开，开花时应完全覆盖枝叶，花期长而一致，至少保持一个季节的观赏期；植株高矮应一致；以10～40cm为宜；移植容易，缓苗较快。

图 2-27　平面文字图案造型

一、二年生花卉中常用的种类有：三色堇、雏菊、百日草、万寿菊、金盏菊、翠菊、金鱼草、紫罗兰、一串红、鸡冠花、羽衣甘蓝、藿香蓟、桂竹香、彩叶草、石竹、霞草、银边翠、凤

图 2-28　立体文字图案造型

仙花、香雪球、矮牵牛、福禄考、半枝莲、孔雀草、高雪轮、美女樱等；多年生花卉常用有小菊类、荷兰菊、鸢尾类、天冬草、阔叶麦冬等；球根花卉常用的有郁金香、风信子、美人蕉、葱莲、韭莲、大丽花的小花品种等。

2.2.2.2 模纹式几何图案的主体植物材料

模纹式几何图案主要表现植物群体形成的华丽纹样，要求图案纹样精美细致，有长期的稳定性，因此植物的高度和形状是植物选择的重要依据。要选择生长缓慢的木本和多年生草本植物，植株低矮，最好高度低于10cm，分枝密、发枝强、耐修剪、枝叶细小。

常用的植物有：五色草、景天类、四季秋海棠、半枝莲、凤仙类、洒金变叶木、海南变叶木、小叶黄杨、雀舌黄杨、紫叶小檗、偃柏、六月雪、黄金叶、吊竹梅、黄金榕、小蚌兰、福建茶、九里香、花叶假连翘、红桑、鹅掌柴、水蜡、朱蕉类、金山绣线菊、红花檵木等。

2.2.3 植物几何图案的设计

2.2.3.1 植物几何图案设计的原则

（1）以植物为主

植物是构成植物几何图案的主体材料，尽管图案的形式多样，在景观设计上图案中使用其他非植物材料的构件越来越多，但任何时候都应以植物为主。

（2）立意为先

园林景观中的植物几何图案设计是一项艺术活动，要遵循相关的艺术规律，提高文化品位。确定植物图案的主题内容是设计的首要任务，即使是没有主题的纯观赏的植物图案也要确定欣赏什么，以哪一类花卉为主等。

（3）合理组织空间

植物几何图案因其设置的位置不同，常常具有组织交通、分隔空间等功能，尤其是交通环岛内的植物图案、道路分车带内的植物图案、出入口广场上的植物图案等，必须考虑车行及人流道，不能造成遮挡视线、影响分流、阻塞交通等问题。

（4）考虑植物的生物学特性，降低养护成本

不同的气候区有不同的季节和植物分布区，要选择与本地域相适应的植物材料，根据植物材料的生物生态学特性进行设计，在不影响表现主题的前提下，考虑尽量降低植物图案的养护成本。

2.2.3.2 植物几何图案设计的位置和形式

植物几何图案一般设置在主要交叉路口、公园出入口、主要建筑物前以及风景视线集中的重点美化地段。植物几何图案的大小、外形结构及种类的选择均与四周环境有密切关系。无论植物几何图案作为主景还是配景，与周围环境之间都存在着协调与对比、协调与统一的关系。

对比包括空间构图上的对比，如水平方向展开的植物几何图案与广场周围的建筑

物、装饰物、乔灌木等立面的和立体的构图之间的对比关系；色彩的对比，如周围建筑和铺装与植物几何图案在色相饱和度的对比，以及周围植物以绿色为主的单色与植物几何图案的多彩色的对比；质地的对比，如周围建筑物与道路广场以及雕塑及墙体等硬质景观与植物几何图案的植物材料的质地的对比等。

在协调与统一方面，作为主景的植物几何图案，其外形必然是规则式对称的，其本身的轴线应与构图整体的轴线一致。植物几何图案的平面轮廓应与广场的平面轮廓一致，但细节上可有一定变化以避免单调。如长方形的广场设置长方形的植物图案就比较协调，圆形的中心广场又以圆形的植物图案为好，3 条道路交叉口的植物图案可设置成马鞍形、三角形或圆形。植物图案的风格和装饰纹样应与周围建筑物的性质、风格、功能等相协调，在花园出入口应以设置规则整齐、精致华丽的模纹式植物几何图案为主；在主要交叉路口或广场上则以鲜艳的花丛式植物几何图案为主，配以绿色草坪效果较好；纪念馆、医院的植物几何图案则以严肃、安宁、沉静为宜；作为雕塑、纪念碑等基础装饰的配景，植物几何图案的风格应简约大方，不能喧宾夺主；动物园入口广场的植物几何图案以动物形象或童话故事中的形象为宜；民族风格的建筑广场的植物几何图案应具有民族特色。

作为配景处理的植物几何图案应配置在主景主轴的两侧，且至少是一对植物几何图案构成的图案群，如最常见的出入口两侧对称的一组植物几何图案；如果主景是有轴线的，也可以是分布于主景轴线两侧的一对植物几何图案；如果主景是多轴对称的，只有主景植物几何图案可以布置于主轴上，配景植物几何图案只能布置在轴线两侧；分布于主景主轴两侧的植物几何图案，其个体本身最好不对称，但必须与主景主轴另一侧的个体植物几何图案取得对称，这是群体对称，使主轴得以强调，也加强了构图不可分割的整体性。

植物几何图案大小一般不超过广场面积的 1/5~1/3。平地上植物几何造型的精细图案面积越大，观赏者欣赏到的图案变形也越大，因此短轴的长度最好在 8~10m。图案简单粗放的花坛直径可达 15~20m。草坪内的植物几何图案面积可以更大些。方形或圆形的大型独立花丛几何图案造型，中央图案可以简单些，边缘 4m 以内图案可以丰富些，对观赏效果影响不会很大。如广场很大，可设计为植物几何图案群的形式，交通岔道的转盘式植物几何图案是禁止入内的，且从交通安全出发，直径需大于 30m。为了使具有精致图案的模纹式植物图案不变形，常常将中央隆起，成为向四周倾斜的弧面或斜面，上部以其他花材点缀，精致的纹样布置于侧面。也可以将单面观的平面植物几何图案布置于斜面上。斜面与地面的成角越大，图案变形越小，与地面完全垂直时，在适当高度内图案可以不变形，但给施工增加难度，因此一般做成 60°。一般性的模纹式几何图案可以布置在斜度小于 30°的斜坡上，这样比较容易固定。

2.2.3.3 植物几何图案的竖向设计

植物几何图案表现的通常是平面图案，由于视角关系离地面不宜太高，一般情况下单体植物几何图案的主体高度不宜超过人的视平线，中央部分可以高一些。为了排水和突出主体，植物几何图案的种植床应稍高于地面 7~10cm，植物几何图案中央拱起，保持 4%~10% 的排水坡度。对于大型的花坛，如广场中心和植物几何图案的中心部分必须用土方填高，这样可减少透视变形的错觉和提高中心部分植物材料的高度。

利用土模设计，可以使同样高度的植株分出层次，提高或降低植株的高度。特别在模纹式植物几何图案设计方面，把土方预先做成凸起或凹下的浮雕状，种植五色草或低矮植物后，再配合修剪，可使花坛的图案更加清晰。

2.2.3.4 植物几何图案的境界设计

为了使植物几何图案的边缘有明显的轮廓，且使种植床内的泥土不致因水土流失而污染路面或广场，使游人不致因拥挤而踩踏植物几何图案，植物几何图案种植床周围常以边缘石保护，同时边缘石也具有一定的装饰作用。边缘石的高度通常为 10~15cm，大型植物几何图案造型，最高也不超过 30cm。种植床靠边缘石的土面须稍低于边缘石。边缘石的宽度应与花坛的面积相适应，一般为 10~30cm。边缘石有多种质地，但其色彩应该与道路和广场的铺装材料相协调，色彩要朴素，造型要简洁。

植物几何图案造型的境界除了边缘石外，常见的还有以下几种形式：

①竹片式　用竹子劈成一定长度和宽度竹片，两头削尖，以易于插入土壤中为度。再根据植物几何图案的形体插于外围形成境界，也可刷上清漆或绿漆。

图 2-29　用条石围筑的植物几何图案造型　　图 2-30　用木栅栏围隔的植物几何图案造型

②立牙式　用混凝土浇制或用砖砌筑后贴上面砖，也可用花岗石等按路牙形式围于植物几何图案周边（图 2-29）。

③活动单元花边　用各种纹样的陶瓷或混凝土铸铁预制成每个境界单元后，连续插埋在植物几何图案周围，这种境界可以根据需要拆装和变更植物几何图案的形状。

④矮栏杆　用钢材、铸铁、水泥或竹子、木片等制成各种花式的栏杆围在植物几何图案周边（图 2-30）。

⑤台座式　常附设在建筑物或台阶旁，台座可以用混凝土或者砖块、石块砌筑。台座的高度、形式、大小必须与建筑物和周围环境相称，台座中心放置培养土，用以栽植花卉植物（图 2-31）。

⑥盆景式　用混凝土或石料制成各类盆的式样，而大小体量应根据环境和地点的位置来确定，专供盆景造型植物栽植布置使用。

⑦假山石境界　指在植物几何图案周围用假山石自然砌筑，中心加土，配置植物，形成种植台的自然造型的境界（图 2-32）。

图 2-31 用混凝土砌筑的圆形图案造型台座　　　图 2-32 植物几何图案的假山石境界

2.2.3.5 植物几何图案的纹样设计

花丛式植物几何图案纹样应该主次分明、简洁、美观,忌在植物几何图案中布置复杂的图案和过多等面积分布的色彩。模纹式植物几何图案纹样应该丰富和精致,但外形轮廓应简单。由五色草类组成的植物几何图案纹样不可窄于5cm,其他花卉组成的纹样不窄于10cm,常绿灌木组成的纹样最窄为20cm,这样才能保证纹样清晰。同时要根据植株的高矮依次配置,高的栽在后面或在中心位置,矮的栽在前面或周边位置。

植物几何图案造型的内部图案可选择的内容很多,如仿照某些工艺品的花纹、卷云等,设计成毯状花纹;用文字或文字与纹样组合构成图案,如国旗、国徽、会徽等,设计要严格符合比例,不可改动,周边可用纹样装饰,用材也要整齐,使图案精细,多设置于庄严的场所;名人肖像的设计及施工均较严格,植物材料也要精选,从而真实体现名人形象,多布置在纪念性园地;也可选用花篮、花瓶、建筑小品、动物、花草、乐器、齿轮等图案;装饰物花坛可以时钟、日历等为纹样,但需精致准确(图2-33)。

图 2-33 几种植物几何图案造型的内部图案纹样(引自董丽等)

植物几何图案造型为了将五彩缤纷的图案统一起来,常常将低矮植株呈单一的边缘植物布置。常用绿色的观叶植物如垂盆草、天门冬、麦冬类或香雪球、荷兰菊等观花植物作单色配置。

花丛式植物几何图案造型还常用高大整齐、体形优美、轮廓清晰的植物作为中心材料点缀在图案中心,形成植物几何图案造型的构图中心。常用植物有龙舌兰、叶子花、苏铁、大叶黄杨、橡皮树、扫帚草、蒲葵、桂花、海桐、长叶刺葵、杜鹃花、凤尾兰等。

2.2.3.6 植物几何图案的色彩设计

植物几何图案的色彩设计要遵循色彩搭配规律,考虑环境和植物的生物学特性等因素。

(1) 根据色彩搭配规律

①对比色应用　这种配色较活泼而明快，深色调的对比较强烈，给人兴奋感，浅色调的对比配合效果较理想，对比不那么强烈，柔和而又鲜明。如堇紫色+浅黄色（堇紫色三色堇+黄色三色堇，藿香蓟+黄早菊，荷兰菊+黄早菊，紫鸡冠+黄早菊）、橙色+蓝紫色（金盏菊+雏菊，金盏菊+三色堇）、绿色+红色（扫帚草+星红鸡冠）等（图2-34）。

对比色的植物在同一植物几何图案造型内不宜数量均等，应有主次。通常以一种色彩作为植物几何图案造型的纹样，而以其对比色作为色块填充于纹样内，能收到较好的效果（图2-35）。

②暖色调应用　类似色或暖色调植物搭配，色彩不鲜明时可加白色花卉以调剂，并可提高植物几何图案造型的明亮度。这种配色鲜艳、热烈而庄重，在大型植物几何图案造型中常用。如红+黄或红+白+黄（黄早菊+白早菊+一串红或一品红，金盏菊或黄三色堇+白雏菊或白色三色堇+红色美女樱）。另外白色花卉也常用在植物几何图案造型内勾画出纹样鲜明的轮廓线。

③同色调应用　同一色调或近似色调的植物配置在一起，易给人以柔和愉快的感觉（图2-36）。例如，万寿菊和孔雀草配置在一起，给人以鲜明活泼的印象；荷兰菊、藿香蓟、蓝色的翠菊配置在一起，给人以舒适安静的感觉。这种配置方法强调整体上色彩的协调，而非明丽醒目的图案纹样。同一色调植物浓淡的比例对效果也有影响。如大面积的浅蓝色花卉，镶以深蓝色的边，则效果很好，但如浓淡两色面积相等则会显得呆板。

同色调配色适用于小面积植物图案及图案组，起装饰作用，不做主导。如白色建筑前用纯红色的花，或由单纯红色、黄色或紫红色和单色花组成的图案组。

④主色与配色的搭配　植物几何图案色彩中一般应有一个主调，其他颜色的植物起着勾画图案线条轮廓的作用。一般在一个植物几何图案造型中可选2～3种颜色作为主

图2-34　紫、黄、粉对比色植物几何图案造型给人醒目而深重的感觉

图2-35　红和黄组成的模纹图案造型给人鲜明而厚重的美感

图2-36　绿树下的黄色文字图案造型鲜明而愉悦

图2-37　红、黄、绿三色的图案造型简洁而醒目

色(图2-37)，大型的植物图案造型最多4~5种。忌在一个图案造型或一个图案群中花色繁多，没有主次，显得杂乱无章。

另外，色彩搭配中要注意颜色对人的视觉及心理的影响。如暖色调给人以面积上的扩张感，而冷色则有收缩感，因此设计各色彩的花纹宽窄、面积要有所考虑。为了达到视觉上的大小相等，冷色用的比例要相对大些。

⑤植物颜色的明度和饱和度　植物色彩不同于调色板上的色彩，需要在实践中对植物色彩仔细观察才能正确使用。同为红色的花卉，如天竺葵、一串红、一品红等，在明度上有差别，分别与黄早菊配用，效果不同。一品红红色较稳重，一串红较鲜明，而天竺葵较艳丽，后两种花卉直接与黄菊配合有明快的效果，而一品红与黄菊中加入白色的花卉才会有较好的效果。同样，紫、粉等各色花在不同花卉中明度、饱和度都不相同。

(2)根据四周环境

在公园、剧院、草地和节日广场上应选择暖色调植物为主体，使人感觉鲜明活跃、热烈欢乐，可采用一串红、鸡冠花、百日草等色彩浓艳的花卉，也可采用孔雀草、万寿菊等对比强烈的花卉加以渲染。而在办公楼、纪念馆、图书馆、医院等安静的地方宜采用质感轻柔、略带冷调色彩的植物，使人感到安静幽雅，如鸢尾、桔梗、宿根花亚麻、玉簪、紫萼、藿香蓟一类呈淡蓝、淡紫和白色的花卉。另外，需要考虑植物几何图案造型背景的颜色，如红色的墙前不宜布置以红色为主色调的图案造型，蓝色、紫色等深色调也不适宜，而应选择黄色、白色等较亮的颜色作为主色调；相反，在白色的背景前，宜布置饱和度高、鲜明艳丽的色彩作为主色，才能形成色彩对比的效果。

(3)根据植物的生物学特性

各种植物花与叶的质感不同，利用不同质感的植物来组织图案，能收到清晰醒目的效果。例如，用各种花色的美女樱、半枝莲来组织图案时，采用五色草栽成的线条作为纹样边缘，可以使图案清晰得多，否则会感到散乱模糊，不能充分展示图案线条及艺术效果。选配花卉也应注意到有些花卉，如半枝莲、紫茉莉、牵牛花、晚香玉等花卉定时开放或放香的特点。另外，要考虑不同土壤条件和气候对花色、花期和开花早晚的影响。

2.2.3.7　植物几何图案设计图

植物几何图案的设计图通常包括以下部分。

(1)环境总平面图

通常根据设置植物几何图案造型空间的大小确定平面图的比例，以1:1000~1:100的比例画出植物几何图案周围建筑物边界、道路分布、广场平面轮廓及植物几何图案造型的外形轮廓图(图2-38A)。

图 2-38 植物几何图案设计图
A. 环境总平面图　B. 植物几何图案平面图　C. 植物图案立面图
1. 五色草(红)　2. 黄小菊　3. 白草　4. 天门冬

(2) 植物几何图案平面图

较大的花丛式图案通常以 1∶50 的比例，精细模纹式图案以 1∶30~1∶2 的比例画出植物图案的平面布置图，包括内部图案纹样的设计及所用植物材料。如果用水彩或水粉表现，则按所设计的花色上色，或用写意手法渲染。绘出植物图案的平面图后，用阿拉伯数字或符号在图上依纹样使用的花卉，从平面图内部向外依次编号(图 2-38B)，并与图旁的植物材料表相对应，以便于阅图。在季节性植物图案设计中，还须标明植物图案在不同季节的轮替花卉。

(3) 植物图案立面图

单面观、规则式图形或几个方向对称的图案只需画出主立面图即可。如果为非对称式图案，需有不同立面的设计图。在整个植物图案绘制中，某些局部如造型物等细部必要时需绘出立面放大图，其比例及尺寸应准确(图 2-38C)。

(4) 植物材料统计表

植物材料统计表的项目包括所用植物的中文名、拉丁学名、规格(株高及冠幅)、花色、花期、用苗量及轮替花卉等。

用苗量计算如下：

A 种植物用株数 = 栽植面积/(株距 × 行距) = 1m²/(株距 × 行距) × 所占植物几何图案面积 = 1m² 所栽株数 × 植物几何图案占的总面积

公式中株行距确定以冠幅大小为依据，不露地面为准。实际用苗量算出后，要根据花圃及施工的条件留出 5%~15% 的耗损量。植物图案总用苗量计算为(A + A × 5%~15%) + (B + B × 5%~10%) + …

(5) 设计说明书

简述植物几何图案的主题、构思，并说明设计图中难以表现的内容，汉字宜简练，也可附在设计图纸内。对植物材料的要求，应包括育苗计划、用苗量计算、育苗方法、起苗、运苗及定植要求，以及植物几何图案造型建立后的一些养护管理要求。

2.2.4 园林植物几何图案造型施工流程

园林植物几何图案造型施工流程包括整地、放样、栽植和整形修剪4个步骤。

(1) 整地

首先要翻耕土壤，栽植一、二年生花卉及草坪需要20cm土壤厚度，多年生花卉及灌木需40cm土壤厚度。翻耕时要将石块、杂物拣除或过筛剔出，将土块砸碎，以防止土壤中形成空隙，花苗栽植后根系不能与土壤密接而影响根系吸水吸肥，使缓苗期延长。若土质过劣应换以好土，或加入适量腐叶土、泥炭土改良土质。有条件时最好进行土壤消毒。如果土壤贫瘠则需施足基肥。整地后的地面应疏松平整，中心地面应略高于四周地面，以避免渍水，要根据设计要求及现场地形，因地制宜地制造地形变化，达到最佳的视觉效果。平面式、龟背式和坡式是常见的3种基本地形(图2-39)。

图2-39 地形的3种基本形式

(2) 放样

放样是按施工图纸上的原点、曲线半径等，按放大的比例直接在施工地面定点放样，或通过方格网法，先在图纸上描好方格，然后按放大的比例放大方格，将原设计图纸上的图案描到放大的方格上，这样可在施工地面上按比例确定图案形状大小。放样时尺寸应准确(图2-40)。中小型平面式园林植物造型可用麻绳或铁丝按设计图纸摆好图案模纹，画上印痕，并沿痕撒上灰线；复杂纹样的平面式植物造型直接放线不便或不易准确，可直接在白报纸或纸板上放线，然后镂空一些花纹盖在地上，镂空部分可洒白沙等标明，也可勾画出图案轮廓。

图2-40 方格网法及曲线半径放样法示意(引自庄莉彬等)

(3) 栽植

放样完成后，在植物几何图案造型外形轮廓的边缘按设计的材料、质地、高低、宽窄砌上边，然后栽植苗木。要选择阴天或傍晚。栽植的苗木要求茎干粗壮，根系完好带小土团，无病虫害，花蕾露色，分蘖者必须有3~4个分叉。苗木在保管过程中，要防止日晒风吹失水。

栽植顺序一般由内向外、自上而下进行。模纹图案部分则应先栽种图案的轮廓，然后再栽空隙。浮雕花坛先栽植凸出的阳纹部分，然后栽阴纹部分，以使图案清晰。栽植距离应根据各种花卉植物的生长规律确定，以花卉在盛花期时的植株冠幅为依据，以使土面不裸露。栽植中需根据植株的高矮不断调整，一般中间高四周低，使其整齐有致。根据植株大小调整密度，切忌成行成排或规整梅花形栽植，那样不但耗时多，且不自然。较大面积施工时，为避免操作时人为踩实已经整平的土壤，可使用较长的跳板，操作者可踩在跳板上栽植。模纹式图案可用香雪球等镶边，栽植宽度为20～30cm。

植物栽植完毕后，用喷雾装置均匀浇透水，不能用皮管直冲，以后根据天气情况酌情浇水。

（4）整形修剪

栽植完经缓苗后，发现有个别枯萎的植株要随时更换，对扰乱图形的枝叶要及时修剪，以保证外表整齐，图案外形线条流畅。

技能训练

技能2-1　龟甲冬青球体造型

根据球体造型任务要求，首先，要选择适宜的造型植物，要求植物枝叶茂盛，叶片细小，萌发能力强，耐修剪性好。其次，根据龟甲冬青的习性，可以选择单株植物，也可以选择几株植物组合，具体根据植物形体是否能够达到造型任务的要求而定。本任务主要通过整形修剪来达到球体造型的目标。

1. 材料及工具

植物材料：1株生长健壮、枝叶繁茂、高约0.6m、冠幅约0.5m的盆栽龟甲冬青。如果没有合适的单株植物材料，事前可以用2～3株组合栽培。

造型用具和备品：修枝剪、老虎钳、小锄头、花盆及栽培基质、耐磨手套等。

2. 方法步骤

首先根据植株的大小，初步确定造型球体的大小，在此基础上，按照以下操作步骤依次进行：

①初夏，将盆栽园林植物放在光照充足的地方。

②仔细观察并估计需要修剪多少次才能达到设计要求（球径、高度）。

③徒手操作，均匀移动，先按周长修剪出一条水平带。注意在开始时不要剪得太深，如有必要，可进行再次修剪，以达到设计要求的球径尺寸为止（图2-41A）。

④将修剪刀翻转过来，利用修剪刀的反面，在植株上修剪出曲线。修剪植物的顶部，确定球形的上部曲线（图2-41B）。

⑤让修剪刀朝下，剪刀的正面靠向植株，将植株顶部和中部多余的枝叶剪去。

⑥顺着植株上半部的形状，将植株下半部的枝叶剪至土壤（图2-41C）。

图2-41　球形造型示意

⑦用手在球形的植株上来回扫动，将修剪下来的枝叶清除，同时可使被压的枝叶恢复原来状态。

⑧将经过修剪的球形植株来回转动，检查、审视修剪成的球形，并观察球形是否对称。如果需要修整，则稍稍修剪。经过反复的转动审视修剪，形成一株理想的球形龟甲冬青。球形表面的缺口，特别是上部，等待新的枝叶长出后进行填补。

⑨翌年的夏中或夏末再修剪 1~2 次，完善球体。

3. 考核评价

球径和高度设计合理；修剪细致，球体外表平滑，无深"坑"；造型美观匀称。

4. 巩固训练

用黄杨等树种修剪成球体造型。

技能 2-2 圆柏圆锥体造型

根据圆锥体造型任务要求，植物选择要考虑以下两方面条件：一是采用常绿木本植物，以自然树形是塔形（圆锥形）或圆柱形的为宜，如塔柏、杜松、龙柏、铅笔柏、蜀桧等；二是树体枝叶从基部到顶端都要繁茂、匀称，树干中部不能有枝条等明显的缺失。圆锥体从上到下比例比较难控制，在操作过程中尽量借助框架来把握整体形态，通过方锥体再过渡到圆锥体就比较容易。

1. 材料及工具

植物材料：一株生长健壮、枝叶繁茂、高 1.5~2m 的圆柏。

造型用具和备品：修枝剪、铁丝、木桩、竹竿、老虎钳、预制方锥体框架、耐磨手套等。

2. 方法步骤

首先根据框架的大小，选择与此规格基本适宜的圆柏（规格可以比框架略大，但不能过大或过小），然后利用框架把植株修剪成方锥体，在方锥体的基础上进一步修剪成圆锥体。技术熟练的情况下，也可以直接修剪成圆锥体。具体操作如下：

1）方锥体造型

①夏初，对造型树进行修剪整形，按模具的规格将造型树修剪成对称的圆锥体，并保留顶枝。

②在当年夏末，再一次对造型树进行轻度修剪，将模具套在造型树上，并确定恰当位置（图 2-42A）。

图 2-42 模具塑造方尖塔造型示意

③在翌年的初夏和夏末，将长出模具铁丝网的枝条剪掉，保留顶枝继续生长，直至植株的高度超过模具约 30cm 时才能将顶枝截掉（图 2-42B）。

④一旦顶枝被截掉，在初夏和夏末对造型植物进行修剪时，要保证植株顶部的中心点高出模具 25cm 左右，以满足修剪金字塔造型之所需。

⑤主体造型完成后，当植株长满模具

时，就要将模具移开(图2-42C)。

⑥以后每年夏天对造型树视其生长情况及时进行修剪，修剪时最好借助模具。

2) 圆锥体造型

① 初夏，将盆栽植物放在水平地面上。

② 站在盆栽植物的上方俯视，将视线固定在中央垂直线上，手握修剪刀，按圆锥体所要求的角度，从中心向下修剪出一道痕，确定圆锥体的边线(图2-43A)。

③ 重复上述操作(图2-43B)。

图2-43　圆锥体造型过程示意

④ 清扫剪下来的枝叶。

⑤ 检查并审视植物锥体，确定是否需要进一步修剪。如果需要可行再次修剪。

⑥ 在夏中或夏末各进行一次修剪。

⑦ 以后每年的夏季修剪1~2次，不断完善和维护圆锥体体形(图2-43C)。

3. 考核评价

模具金属网制作边角规范，符合制作形体要求；圆锥体边线确定准确；圆锥体造型美观规范。

4. 巩固训练

选择当地适宜的树体做单体棱锥体造型。

技能2-3　红豆杉层状圆盘造型

根据层状圆盘植物造型工作任务目标，首先，在造型植物选择上要考虑常绿、枝条在节部相对密集生长、具有一定节间距离、枝叶茂盛、耐修剪的植物。其次，对所选择的植株现状及今后的生长势有充分的认识，统筹设计层及层间距离、圆盘直径大小及递减比例。

1. 材料及工具

植物材料：一棵生长健壮、顶枝挺直、高约2m、枝叶繁茂、在庭园中生长至少一年以上的红豆杉。

造型用具和备品：整枝剪、电动绿篱剪、手锯、人字梯、绳子、铁丝、木桩、竹竿、拉直器、老虎钳、麻布、耐磨手套等。

2. 方法步骤

首先根据红豆杉植株自然形态以及造型目标，初步设计首层起点位置及各层间距。在此基础上，按照以下操作步骤依次进行：

①在第一年春，准备第一层和第二层圆盘的整形。将主干上预期第一层圆盘之下侧枝全部剪除，在预期第一层圆盘高度的上方，将枝条截去，让主干露出25cm。在预期的第一层和第二层圆盘之间，将枝条截去，露出主干20cm。每层之间的距离要大于露出主干的长度，因为每层圆盘的一部分是由其下面的枝叶生长而成的(图2-44A)。

②同时，将涂有柏油的绳子系在主干或下部的枝条上，把向上生长的枝条拉到水平位置(图2-44B)。

图 2-44 层状造型

③将一段绳子系在主干上,然后绕植株水平拉直作为半径(第一层为 50cm、第二层为 40cm),并据此对圆盘的外围进行修剪。

④在两根柱子之间拉直绳子作为水平引导,对第一层和第二层圆盘的上表面进行修剪以保证水平性。不要将顶枝砍去,留下顶枝可继续形成第三层圆盘和顶层(图 2-44C)。

⑤之后,按要求的半径每年对第一层、第二层圆盘的四周和表面进行修剪。

⑥当植株又长高 40cm 时,在第三层圆盘的上方露出主干 15cm。将第三层向上生长的枝条拉至水平位置。

⑦按步骤 4 的方法修剪第三层圆盘。

⑧随着植株的长大,当圆盘定型后,去掉绳子。

⑨当顶枝超过预期高度 5cm 时,将其截短并修剪成半圆球形的顶层(图 2-44D)。

提示:做这种层状造型的红豆杉植株,在幼苗时就要做层状结构的初期整形,即每年的夏天对红豆杉进行轻度修剪以刺激圆锥体的形成,使枝叶生长密实。通常要在红豆杉高 2m 左右时才进行圆盘的造型。为了节省时间,可以在植株不到 2m 高时就开始整形。但在进行圆盘造型时植株必须在原地生长至少一年以上。即使是这样,也需要 6~10 年的时间才能完成整体造型。造型时要保证树干在圆盘的中心。一个简单的检验方法是将绳子松松地系在树干上,然后在水平面上绕一个圈。可以在适合的半径长度处打一个结作为记号,据此用整枝剪剪出一道痕,再用修枝剪进行相应的修剪。将两根木桩之间的绳子拉直并用酒精水准仪校准,然后据此修剪圆盘的水平面。整个植株的造型定型后,每年只需修剪老枝和纠正旁逸斜出的枝条即可。

3. 考核评价

用这种造型方法形成的造型规格应符合下列要求:株高 2.7m,圆盘距地面 1m;第一层圆盘厚 30cm,直径 1m;第二层圆盘距第一层圆盘 25cm,厚度 25cm,直径 80cm;第三层圆盘距第二层圆盘 25cm,厚度 20cm,直径 70cm;半圆球形的最高层距第三层 20cm,高度 25cm。不同树高的规格可以参照评价。

4. 巩固训练

利用圆柏等植物制作串状球体造型。

技能 2-4 龙柏螺旋体造型

根据螺旋体造型任务要求，植物选择要考虑以下几个方面条件：一是采用常绿木本植物，以自然树形是塔形(圆锥形)或圆柱形的为宜，如塔柏、杜松、龙柏、铅笔柏、蜀桧等，以利于螺旋体体形艺术感的显现；二是树干要通直；三是树体枝叶从基部到顶端都要繁茂、匀称，树干中部枝条等不能有明显的缺失，叶片以细小为宜；四是萌芽能力强，耐修剪。根据树体大小，首先初步确定螺旋的圈数，并用皮尺或麻绳等在树体上模拟螺旋形态，在此基础上再实施操作。

1. 材料及工具

植物材料：1株生长健壮、枝叶繁茂、生长均匀、高1.5~2m的龙柏。

造型用具和备品：修枝剪、铁丝、麻绳、皮尺、竹竿、老虎钳、小锄头、梯子(高2m)、耐磨手套等。

2. 方法步骤

首先根据龙柏树木的大小、枝条的分布状况，用皮尺在树体上初步调整并确定螺旋的适宜层数(人体不够高的时候，可借用梯子，注意安全)。在此基础上，按照以下操作步骤依次进行：

①早春或夏初，在开始整形前，仔细观察龙柏树形，用皮尺在造型树上呈螺旋状调试合适的螺旋圈数，如图2-45A中绕4圈。

②利用修枝剪在造型树的锥体上沿着皮尺绕行轨迹，剪出一条标志线。

③拿走皮尺，用修枝剪沿着已剪出的标志线将枝叶剪掉，露出树干。同时为了防止树木的高生长，可将树干的顶枝剪去，以利于保持造型。

图2-45 螺旋体造型示意

④再一次用皮尺在造型树的锥体上呈螺旋状绕4圈，并剪出标志线。

⑤拿走皮尺，沿着标志线将枝叶剪掉，露出树干(图2-45B)。

⑥利用修枝剪将螺旋转弯处的上下表面修剪平整(图2-45C)。

⑦以后要保持对造型植株进行修剪与维护，以保持造型。

提示：在造型时，螺旋转弯处不能挨得太近，否则会影响枝叶的生长。在幼树尚未达到预期高度时就可以对其进行造型，但必须留下顶枝让其继续生长，一旦植株达到预期高度，就应该剪去主顶。

3. 考核评价

能根据植株大小设计螺旋圈数；植株造型轮廓修剪清晰；造型整体规范、美观；花盆与植株匹配。

4. 巩固训练

选择当地适宜的树种做螺旋体造型。

技能 2-5　绿篱的几何体造型

将绿篱修剪整形为几何形体，在树种选择上应选择萌芽力强、耐修剪、枝叶稠密、基部不空、生长迅速、适应性强、病虫害少的常绿灌木。应根据立地条件和其他园林景观确定线条变化、断面形状及几何形状，栽植时把握好株行距，为修剪造型打好基础。在修剪时要控制好线条，才能获得需要的几何形状。

1. 材料及工具

植物材料：南方地区可使用瓜子黄杨、雀舌黄杨、小叶女贞等，北方可使用侧柏、圆柏、刺柏、花柏、龙柏等。以达到出圃要求的二年生以上苗木为佳。

造型用具与备品：普通修枝剪、绿篱剪、铁锹、水管、绳子、腐熟的有机肥等。

2. 方法步骤

1）设计造型

根据实训地点的绿化景观或绿化点、面的要求，考虑绿篱的开放性、线形变化，设计出高度、宽度、断面形式、顶端造型、层数、走向，还要考虑所采用树种的生物学特性。

2）选择苗木

种植苗木要求根系发达，枝条健壮，芽体饱满，无病虫害，规格及形态应符合设计要求。裸根苗首先要看苗木根系是否新鲜、发达。其次看植株高度、粗度、节间长度。节间太长，是徒长苗，不宜选择。再者看芽体是否饱满、紧实。带土球苗要选择土球稍大、土球不散的苗木。然后看土球周围根系是否发达。其他条件同裸根苗。

3）栽前准备

将苗木的病残枝、细弱枝、过密枝及无效萌蘖剪除，减少苗木水分蒸腾，保持苗木体内水分平衡。将新植苗木的病残根、细弱根剪除，有利于苗木栽植后重发新根。对于一些不易成活的苗木，可浸入生根粉配成的溶液中，促进苗木生根，提高成活率。

4）挖穴

确定好株行距放线挖穴。穴的大小视苗木根系体积而定。一般穴的大小应是苗木根系体积的 2~3 倍。挖穴时表层土与下层土（生土层）分开放置，清除杂草、石块、垃圾、藤蔓植物的根等。

5）栽植

首先在穴底部放些腐熟的有机肥，如牛马粪、猪粪等，然后与土壤混合均匀，再洒一层 5~8cm 厚的表层土，使粪肥与苗木根系隔离开。将苗木放置在穴的中央，使根系自然合理分布。若为带土球苗木，先将草绳解掉，放于穴中，打散土球，以免土球土与穴土之间形成隔离，但土球不宜打得太碎。接着培土，先放表层土，再放下层土（生土层）。培土时将苗扶正，培好土后将苗木轻轻提起 1~2cm，使根系自然舒展，与土壤紧密结合。

6）浇水

回填土壤后应立即浇透水。在种植带外侧打围，围的高度以 20cm 左右为宜，拍实围的外围泥土，以防漏水，然后灌水。水要浇足、浇透。可用河水、地下水、自来水，不能用被污染的水源。

7）铺地膜

对不宜成活的苗木，可在其树干周围铺地膜，以减少地面水分蒸发，防止土壤板结，提高地温，促使苗木生根发芽。

8）栽后管理

苗木栽植后及时查苗、补苗，发现栽植时漏浇或浇水不足的植株，及时补浇，适时松土、培土，培土高度以盖住树干下部的根颈为宜。

9）造型修剪

种植绿篱后，直接拉一根绳子，沿绿篱与地面平行，高度在最高与最矮的植株中间。将较高植株上的直立枝条剪至靠近绳面的下端，切口要干净利落，正好剪在侧枝接合部上面，或明显的休眠芽之上。剪口切面稍斜，离保留着的枝节或芽约 0.5cm。对低于绳面的植株让其先直立生长，与其他植株一样，未达到绳高度之前不要进行顶端修剪。修完植株上高于绳的上部枝条，然后修剪植株的所有侧枝，剪去的枝条长度不得超过原长的一半，以初步形成梯形。

初期绿篱修剪旨在限制植株的顶端生长而激发基部侧枝的发育，叶片需要足够的光照才能健康发育。若修剪不适或未经修剪，上部枝条将下部枝条的光照遮住，会导致"头重脚轻"的现象。为了避免这点，应做到修剪时下部比上部宽一些，使光能充分照到所有枝叶上，利于全体枝叶发育，甚至在地面部位都能见到叶片。

无论是常绿还是落叶植物，第二年及以后的修剪，以保持基本高度为准，修剪是定期的、循序渐进的。每一次整形剪去的枝条不得超过新生长量的一半。大多数常绿绿篱，每年夏季修剪一次即可。落叶绿篱尤其是生长迅速树种，每月可修剪一次，以保持较高的萌发密度。在寒冷地区，8月中旬后不要进行修剪，修剪过迟会使萌发的新枝组织太软而不能抵抗冬季的严寒。

规则式绿篱一旦达到了理想的形态和大小，养护期的修剪就应依植物种类的特性和造型目标而定，一般绿篱每年最好修剪 2~4 次，使新枝不断发生，更新和替换老枝。整形绿篱修剪时，顶面与侧面兼顾，不应只修顶面不修侧面，这样会造成顶部枝条旺长，侧枝斜出生长。从篱体横断来看，以矩形和下大上小的梯形较好，下面和侧面枝叶采光充足，通风良好，不能任枝条随意生长而破坏造型，应每年多次修剪。

3. 考核评价

修剪绿篱时要高度一致，两侧与上平面垂直，棱角分明。修完后绿篱具有规整的轮廓线。栽植绿篱时要求深浅一致、宽度一致、行距一致。

4. 巩固训练

将圆柏等栽植树木或现有绿篱造型成如图 2-46 所示的多种几何形状组合的绿篱。

图 2-46　多种几何体组合造型绿篱（引自鲁平）

技能 2-6 制作彩结花坛图案

以黄杨为主的植物彩结花坛图案曾在16世纪的西方国家广为流行,将绿篱组成不同的文字和图案、整洁、美观又庄重,提升了绿篱的观赏价值,本任务旨在让学习者熟悉绿篱造型的基本方法。

选择3种以上本地区常用的不同颜色的适于做绿篱的花灌木,在庭院内建造边长为3.6m的正方形彩结图案花坛(图2-47)。要求图案造型由3种不同颜色的绿篱构成,正方形边框和中心为一种灌木,边框内正方形为一种灌木,弧形线为一种灌木,3种颜色搭配协调。在图案空隙覆盖一层沙砾。

图 2-47 植物彩结花坛图案示意

1. 材料及工具

植物材料:女贞、三角枫、红花檵木、珊瑚树、黄杨、雀舌黄杨、茶梅、正木、狭叶十大功劳、紫叶小檗、雪柳、小叶女贞、桧柏、侧柏等。苗木高度以0.5m为宜,要求根系发达、冠幅完整、无病虫害。

造型用具与备品:手推车、铁锹、镐头、修枝剪、手铲、灌水用具、细绳、卷尺、45cm长木桩、沙砾等。

2. 方法步骤

1) 整地

将欲建彩结图案的地块用锹或镐翻耕,深约40cm,拣除石砾,砸碎土块,整平。有条件可施适量基肥。

2) 苗木选择

(1) 选择本地区常用的绿篱树种

根据颜色搭配规律挑选3种不同颜色的树种甲、乙、丙,分别设计在外框、正方形内和弧形线中。花坛中心的树种应与外框的树种相同,但在株高和冠幅上应占优势。

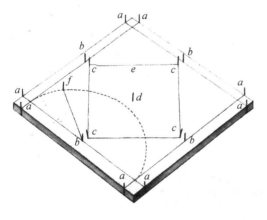

图 2-48 植物彩结花坛图案放线图

(2) 计算甲、乙、丙3个树种的用苗量

株距可根据土壤条件和植株生长状态而定,一般为15~30cm,单株单行栽植。

3) 放线(图2-48)

① 在地块上量出边长3.4m的正方形,作为花坛的外沿线,用石灰标记,为了标记种植甲树种的界限内沿,在外沿线上,距离转角30cm处,放置木桩a然后在相对的木桩间拉绳。

② 测量中点距离,用木桩标记出甲树种排列的4条边界的内沿的中点b。

③ 在相对的中点之间暂时交叉拉两条线,

在线上距离中点 b 15cm 处,插木桩标记 c。

④用一根木桩 d 标记图案的中心,然后移开中点间的连线。在上一步骤中所设的 4 根木桩间拉线,以标记里面的正方形的乙树种的位置 e。

⑤为了标记第一条圆弧的丙树种种植路线 f(4 条圆弧中的一条,它们交错穿过种植乙树种的正方形),将 1.4m 长的绳的一端固定在中点木桩 b 上,另一端连接一根木桩 f,将绳拉紧,以固定点为圆心,在地上画出一个半圆,按相同的步骤标记出其余 3 条圆弧的丙树种的种植路线。

4)栽植(图 2-49)

①移开用来标记结状图案中心的木桩,栽上甲树种。

②在第一条圆弧上种植丙树种,要从左边开始,按一定株距有规则地沿线栽植,然后在圆弧的右半边,当乙树种和丙树种的种植路线交叉时,在离乙树种种植路线 25cm(应与株距一致)处种植丙树种(图 2-49 中 g)。植物长大以后,这个位置的丙树种就像长在乙树种的下面一样。以同样的方法在其余 3 条圆弧上种植丙树种。

③种植乙树种前,用一根木桩沿所拉的绳在里面的正方形种植路线上画出标记,然后移去绳子,由转弯处开始栽植,按株距规则式栽植。将乙树种种在离丙树种种植路径 25cm(与株距一致)的地方。

④由转弯处开始种植甲树种,按株距规则式种植。

⑤移去所有的绳子和木桩,在植物周围以及整个种植床覆盖洁净的沙砾,厚度约为 5~8cm,然后浇透水。

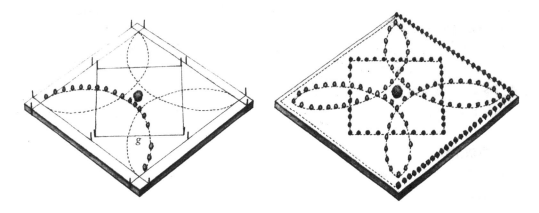

图 2-49　彩结图案栽植示意

5)修剪

栽植后可任其生长,第二年早春开始按矩形断面形状修剪,高度控制在 30~40cm,中心甲树种可修剪成球形,高度约 60cm,直径 50cm。修剪时在绿篱带的两头各插一根木桩,在绿篱上口和下口拉绳子,作为修剪的准绳,使绿篱修得平整、笔直划一、高度和宽度一致。

3. 考核评价

任务完成后,可在施工现场和形成效果后进行两次评价。第一次评价应从整地、苗木量计算、放线、栽植、场地清理、安全生产、工具使用、操作程序方法等施工质量方面进行量化评价。第二次评价要侧重栽植效果评价,对是否体现了设计要求、修剪质量、苗木长势等方面给予评价。

图 2-50　交错窝卷式彩结花坛图案栽植示意

4. 巩固训练

以本地区常见绿篱树种为纹样,以草花为背景,用方格网法放样,将下图制作成一个 6m×4m 的植物彩结花坛(图 2-50)。

技能 2-7　制作独立花丛式花坛

花丛式花坛几何图案是最常见的表现花卉盛花期群体色彩美的形式,本训练旨在让学习者掌握群体花卉造型的常用方法和造型程序。用小叶黄杨(或其他灌木)、一串红、矮牵牛、丽格海棠、三色堇等在宾馆门前制作直径为 8m 的独立花丛式植物图案(见图 2-22)。

1. 材料及工具

植物材料:小叶黄杨(或其他灌木),株高不超过 1m,冠幅较大;"五一"开花的一串红、雏菊、金盏菊、三色堇等草本花卉。也可选用长春花、半枝莲、秋小菊、银边翠、鸢尾、孔雀草、矮牵牛、羽衣甘蓝等花卉。

造型用具与备品:铁锹、镐、铁耙、花铲、卷尺、木圆规、喷壶、木桩、竹片、石灰等。

2. 方法步骤

1)配花,计算花卉用量

根据图案进行配花设计,并计算各种花卉用量。

2)整地

将花坛土壤翻耕 20cm 深,过筛,加入适量腐熟的粪肥,掺匀,将地整平,中央略高。

3)放样

用方格网法将设计图案放大,然后按图示步骤放样于整平的土地上。

(1)在地块上量出半径依次为 30cm、37cm、65cm、160cm、185cm、200cm 的一组同心圆,用石灰标记,同心圆的圆心放置一木桩作为标记,并在最大圆上每隔 15°角放置一木桩,然后在圆心与每一个木桩间拉绳(图 2-51A)。

(2)如图所示,每隔 3 条线,在距圆心 125cm 的位置上,绘半径为 10cm 的圆,用石灰标记;依次完成弧线(图 2-51B)。

(3)按各线条间的对应关系,进行放线(图 2-51C)。

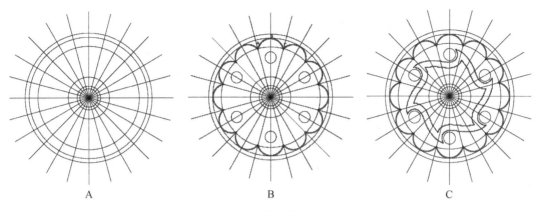

图 2-51 独立花丛花坛放样示意

4) 砌边

将花坛四周用竹片或砖块圈好。

5) 栽植

花卉与图案位置的对应关系如图 2-52 所示,由中央至四周按图案中的配花要求将花卉栽于相应的图案位置中,先将红色鸡冠花栽至中央;鸡冠花土坨之间距离以 10~15cm 为宜,土坨用土埋严;孔雀草、丽格海棠、矮牵牛、地被菊的株行距均为 10cm。各部分栽植结束后,移去所有的绳子和木桩,在植物周围以及整个种植床覆盖洁净的沙砾,厚度约为 5~8cm,然后浇透水,以后视天气和土壤干湿情况适时浇水。

3. 考核评价

花丛式花坛主要看不同种类花卉组合搭配所表现出来的华丽的图案和优美的外貌,因此,除评价整地质量、栽植质量之外,应侧重考察放样是否准确表达设计意图,放样方法是否科学、误差小。不同花卉之间的界限是否清晰、花卉色泽搭配是否符合颜色搭配的规律,体现较好的观赏效果。

4. 巩固训练

用郁金香、风信子(蓝)、水仙(黄)、花毛茛(白)按图 2-53 制作花坛。

图 2-52 独立花丛花坛栽植示意

1. 红色鸡冠花 2. 孔雀草 3. 黄色地被菊 4. 粉色矮牵牛
5. 红色丽格海棠

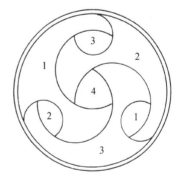

图 2-53 独立花丛式花坛图案平面示意

1. 风信子 2. 水仙 3. 花毛茛 4. 郁金香

技能2-8 制作五色草平面模纹花坛

模纹花坛是在大型广场绿地应用广泛、气势恢宏、图案清晰明快的花卉群体造型。本任务以五色草模纹花坛为例,让学习者熟悉花卉组成图案与文字的造型方法。

五色草又名锦绣苋、红绿草、模样苋、五色苋等,属苋科虾钳菜属。该属常见的栽培品种、变种有小叶绿、大叶绿、微叶绿、小叶黑、微叶黑、小叶红等。还有血苋属的尖叶红叶苋,景天科景天属的白草。以上种类习惯上统称为五色草,均为多年生草本。繁殖简单,易于扦插成活,用于花坛造型,色彩华丽鲜艳,又造价低廉。本任务采用小叶红、小叶绿和白草制作毛毡式模纹花坛,直径为8m,图案如图2-54所示。

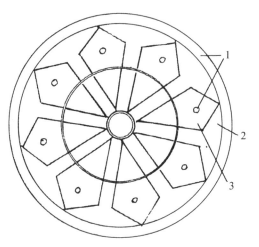

图2-54 五色草平面模纹花坛图案
1. 小叶红 2. 小叶绿 3. 白草

1. 材料及工具

植物材料:小叶红、小叶绿、白草、苏铁或龙舌兰等盆栽植物。

造型用品与备品:铁锹、铁耙、抹子、筛子、夯实工具、木桩、工程线、绳、大平剪、喷雾设施、卷尺、水泥、细沙、砖等。

2. 方法步骤

1) 整地

地栽五色草的土壤要求疏松、肥沃、排水性能好、土壤深厚、疏松土层达20～30cm。土壤太差应换通透性能好的砂壤土。翻地前先施腐熟的有机肥做基肥,然后深翻、细耙、耧平。如果气候干旱,要提前浇水,适期翻地,翻深25cm左右。翻后按设计高度、坡度耙平,必要时可稍加镇压。花坛的床面可高于地面10cm。

2) 砌边缘

花坛边缘应形式简单,色彩朴素,以浅黄、浅绿、白色为宜。花坛边缘高和宽各约12cm。从花坛中心点插一木桩为圆心,用图案半径长的绳绕圆心画出花坛轮廓,作为花坛内墙。然后沿轮廓线挖32cm宽、约15cm深的沟槽,沟槽宽度从内墙向内10cm、向外22cm,沟槽底部夯实。再按1:3配制砌筑砂浆,按1:2配制抹灰砂浆,采用一顺一丁形式砌筑花墙边缘墙体。抹完墙面后可将墙面用涂料等涂成浅黄色。

3) 计算五色草用量

根据花坛制作实际面积按比例将尺寸落实到图案上,并按株距3cm计算出各种植物的用量。

4) 放样

用绳以花坛中心为圆心,以图案中各圆不同半径画出各圆形,然后通过圆心画十字线,再将每个不规则的四边形用铅丝做成图案轮廓(也可用纸模剪成图案模型),以十字线为参照,在花坛地面轻轻压出图案。图案线条可用石灰标记。

5) 栽植

在花坛中央放置一盆苏铁或龙舌兰等盆栽植物,称为"上顶子",然后将图案的轮廓线栽好,再由花坛中心向外栽植。栽种时可用木槌子插眼,再将草插入眼内,用手按实。要求苗齐、地平,达到横看一平面、纵看一条线。最窄的纹样栽白草不少于3行,小叶绿、小叶红不少于2行。栽植株行距视草大小而定,一般白草行距为3~4cm,小叶红、小叶绿为4~5cm,平均250~280株/m^2。

6) 浇水和修剪

栽植完毕后浇一次透水。以后每天浇2次水,保持各部分湿润。浇水不能在中午高温时进行,宜在10:00前和16:00后进行。

栽植后用大平剪进行平面整体轻剪,修平即可,以后每10~15d剪一次,要注意不要剪到分枝以下,各色草之间分界线不交叉,使之线条明显、图案清晰。

3. 考核评价

整地细致,坛体砌筑施工方法、尺寸符合要求,放样与图案一致,五色草栽植的疏浅稀密合适,外观整齐,界线清晰,栽后修剪面平、线直、图案不走样,修剪高矮适度。

4. 巩固训练

用小叶红、小叶绿和白草制作动物图案的模纹花坛(图2-55)。

图2-55 动物纹样的模纹花坛平面示意
1. 小叶红 2. 小叶绿 3. 白草

技能2-9 花柱组合造型

在一些隆重的庆典场合和大型的广场、公园,常见到一些花柱、花墙、花拱门、巨形花球等花卉几何体造型,这是搭架造型的一种形式,是由花卉组合栽植在几何体框架上的立体花坛。花卉栽植在卡盆里。卡盆里没有土壤,是用撒施缓释肥料的海绵包裹着花卉根系,利用自来水水压通过分水器连接的微管进入生长基质供给植物吸收,这种给水方式避免了直接浇水给植株带来的伤害,能延长开花期限,肥料也可以溶解到水里输送给植物。卡盆中的不同种类或色泽的花卉,可拼构成不同的图形。这些植物生长到一定高度,可通过掐尖来控制植株高度,维持原来的造型和图案。本任务以花柱组合造型为例,使学习者熟悉其安装过程。

1. 材料及工具

植物材料:四季秋海棠、小菊、凤仙花、长寿花、彩叶草、三色堇、羽衣甘蓝等。植株高度15~25cm。

造型用具及备品:钢管、角钢、钵床、卡盆图(图2-56)、分水器图(图2-57)、铅丝、海绵、缓释颗粒肥料、焊机、膨胀螺栓等。

图 2-56 卡盆(引自朱仁元等)

图 2-57 分水器(引自朱仁元等)

2. 方法步骤

1)制作花柱骨架

根据所在环境设计形体适中的钢骨架(图2-58)。若在广场上造型,花柱直径可为1.2m,高5m;若在宾馆,直径可为0.8~1.0m,高3~4m。并根据花柱表面积计算卡盆数量。

2)安装供水系统与钵床

在骨架内安装供水主管,依据卡盆数确定分水器(由一根进水管和24根出水微管组成)的密度(图2-59)。为使花柱上下供水均衡,顶部3~5圈可安装双根滴管,基部3~5圈省去滴管。用膨胀螺栓将骨架支架固定在水泥地面上,然后将钵床连接到骨架上(图2-60),再将分水器的微管从钵床的卡孔中拉出来(图2-61),对分水器试水,以确保微管畅通。

图 2-58 花柱骨架

图 2-59 安装供水主管及分水器

图 2-60 钵床与骨架连接

图 2-61 从钵床卡孔中拉出分水器微管

图 2-62 卡盆栽植与安装

3) 卡盆栽植与安装

卡盆是栽花的容器,卡盆上的弹性结构可以固定到钵床上,卡盆顶部的卡扣可以固定卡盆内的花苗,即使卡盆倒置,花苗也不会掉落。按钵床孔数准备好卡盆及衬垫海绵(图2-62A),并用水将海绵浸湿;先垫上卡盆底部海绵(图2-62B);再在包裹花苗的长方形海绵上撒一些缓释性颗粒肥(图2-62C);用包含颗粒肥的长方形海绵包裹花苗(图2-62D);将包裹好花苗的海绵插入卡盆中(图2-62E),卡扣安装到卡盆顶部,固定住花苗(图2-62F),将分水器微管通过固定钩连接在卡盆侧面,将卡盆推回卡孔(图2-62G);启动供水阀门,浇足水(图2-62H)。

4) 养护

养护中灌溉用水电导率(EC)应在 $0.1 \sim 0.5 ds/m^3$,否则基质中积累的盐离子无法得到自然淋溶。浇水间隔以植物不出现缺水症状为宜。为保持花柱的形体,要适当修剪和摘心。

3. 考核评价

花柱为组合式立体花坛的一种,要求形体大小与所处环境协调;钢结构强度要与承重相匹配，尤其要考虑花苗浇水后的重量，否则花柱易倾斜变形；花卉材料要求选择生长速度和生态习性接近的种类，以利维护造型，供水系统畅通，上下供水均衡，养护要及时，措施要得当，适时适度采取摘心方式控制株高，对因光照不同导致花柱一面粗一面细的情况，应能采取区别施肥、供水、修剪等措施，予以控制。会计算花柱造型的成本。

4. 巩固训练

用卡盆组合制作长约 6m、高约 2m 的带有文字的花墙，植物材料可用四季秋海棠、小菊、长寿花、彩叶草等。要求图案平整，字体规范，植物材料配置有利于养护，色彩醒目，骨架坚固，供水系统畅通。

技能 2-10　标牌式植物图案造型

标牌式植物图案是采用搭架造型的手法，用观叶观花植物组成各种字体或纹样用于宣传的一种立体花坛形式。造型方法有两种，一是用五色草等观叶植物作为表现文字或纹样的材料，栽种在营养钵内，组合拼装放在斜立架上形成立面景观（图 2-63）。二是以盛花花坛的材料为主表现字体或色彩，多为盆栽或直接种在架子内形成一面或四面景观（图 2-64）。在设置方向上，以东、西两向观赏效果好，南向光照，影响视觉，北向逆光，纹样暗淡，装饰效果差。也可设在道路转角处，以观赏角度适宜为度。对于组字花坛，可根据营养钵盘规格设计每个字大小，若每个长度为 59.5cm×27cm 的营养钵盘，用 6 个盘的宽边（27cm）为字牌底边，底边长度为 1.62m，依次排列 3 层，高度则为 1.78m。字牌牌面倾斜度以 45°~50° 为宜。

图 2-63　五色草拼装的立面文字图案造型　　图 2-64　用盛花拼装的广场标牌式图案造型

图 2-65　字牌造型图案示意　　　　　图 2-66　塑料营养钵盘示意（引自俞善金等）
1. 鲜红色　2. 绿色　3. 茶褐色　4. 紫红色

本任务用五色草制作牌面为 6m×2.7m 的字牌造型（图 2-65）。

1. 材料及工具

植物材料：鲜红色、绿色、茶褐色、紫红色的五色草扦插苗；一串红、一品红、菊花

(黄色)、天门冬、鸡冠花、美人蕉、小丽花等盆花若干。

造型用具与备品：52cm×27cm 的营养钵盘 10 个(图2-66)，培养土(过筛的园土占50%、草炭土占25%、过筛腐熟粪肥占25%)、钢管、三角钢、木板、绘图用具等。

2. 方法步骤

1) 设计图案

采用 52cm×27cm 的营养钵盘，以钵盘长边为底，宽边为高，每行 10 个，共 10 行，总计 100 个，则图案面积底边长为 520cm，高为 270cm。按 1∶100 的比例设计好图纸及所用五色草的颜色。

2) 五色草扦插组字

提前 20d 将五色草运至施工现场，按设计要求把营养钵盘摆成一个平面，装满配好的培养土，并将每个盘编上坐标，用方格网法将图案放大并落实到每个盘。先将五色草按对应颜色扦插出文字和图案的轮廓线，再扦插内部，株行距为 3cm×3cm，扦插结束后，每天喷水 2~3 次，以保持土壤湿润为准。2 周后，扦插苗长出新根，1 个月后，把字盘搬至光线充足地方。每天控制浇水量，以五色草不出现萎蔫为度。对五色草要进行轻度的修剪，使株高保持一致。

3) 制作支架安装

用角钢制作支架(图2-67)。支架的纵向两侧各留出 50~60cm 摆放盆花梯形台阶。斜面倾斜度为 45°。字牌底边距地面 60cm。钢架顶面上端要设计一个平台，用于摆放盆花，钢架上下前后左右每个部位都要用接头牢牢固定。上下左右要有角钢做沿以固定字盘。斜面底部要铺放平整木板，以支撑字盘平整摆放。

图 2-67　钢支架侧视图

1. 木板斜面　2. 钢铁框架　3. 斜面框架前方(可摆放盆花装饰花坛)　4. 框架上方平台(可摆放盆花)　5. 角钢(固定营养钵盘)

4) 摆放组字花坛

把准备好的支架放在指定位置，用平板拖车把字盘运到现场后，按坐标顺序从左至右，自下而上摆放到斜面木板上面，调整好之后，对五色草进行轻剪。以后每天喷水 2~3 次，每次喷水以湿润表土 1~2mm 为准。严格控制喷水是为了保持字盘内土壤的硬度，促使五色草大量生根，防止大雨将其淋坏。

5) 装饰盆花

为使五色草组字花坛更美观，在花坛前方和左右平台两侧摆放一品红、一串红、鸡冠花、菊花、天门冬等盆花。在花坛上方平台上摆放矮化美人蕉、小丽花等。最后在花坛左右两侧和后面摆放一些高大的桂花、石榴、散尾葵、鱼尾葵等以遮挡钢铁框架。每天对盆花也要喷水数次。

3. 考核评价

组字花坛的字体笔画要直，结构规范，笔画粗细美观；五色草扦插时不同颜色要清晰；字盘之间布局规整紧密、表面平整；钢架受力科学、不变形。最后要计算制作成本。

4. 巩固训练

用五色草和黄色菊花制成奥运会五环标志的标牌式花坛。用钢架结构、营养钵盘拼装，图案长为 5.2m，高为 2.7m，斜立式。

自测题

1. 植物几何体造型与几何图案造型在造型手法上有哪些异同点？
2. 植物几何图案造型在植物色彩应用上应该考虑哪些因素？
3. 植物几何体造型有哪些方法？各有什么特点和要求？
4. 植物几何图案造型在植物选择上有什么要求？
5. 如何开发具有市场前景的几何体造型？

项目 3
园林植物象形造型

学习目标
(1) 了解园林树木和草木花卉象形造型的概念和常见类别。
(2) 能根据不同树种和植株形态确定造型题材。
(3) 掌握牵引绑扎法造型的整个工艺流程。
(4) 会用修剪法和绑扎法利用黄杨制作巢中鸟象形造型。
(5) 会用绑扎法利用圆柏制作海豚戏球的象形造型。
(6) 会用桂花等植物制作花瓶象形造型。
(7) 会用多株圆柏制作六角亭象形造型。
(8) 会用苹果树等制作象形树篱。
(9) 能施工、养护、管理和欣赏园林树木象形造型。

3.1 园林植物象形造型的概念及类别

园林树木象形造型是植物立体造型的一类，是应用单株或多株的乔木、灌木或藤本采用搭架、牵引、绑扎、编结、修剪等手法，模仿制作各种动物、人物、卡通、建筑小品、奇特物品、运输工具等艺术造型，以供游人欣赏。

树木象形造型在法国、荷兰等国的古典园林中比较常见，在新加坡、泰国、中国香港等东南亚地区也常有应用。我国的象形造型目前主要集中在河南鄢陵、浙江萧山、四川温江和山东等地。河南树木造型起源于淮阳县，古称陈州。在被称为陈州园林的太昊陵园中，满园皆造型，处处有芳菲，四季常青的圆柏被修剪成屋宇、松亭、松塔、飞机、火车、坦克、孔雀、青龙、大象、骏马，还有熊猫滚球、卧龙、青蛇、仙鹤、和平鸽、金鸡报晓、长颈鹿、虎、羊、狗、猫等。开封龙亭公园，也有很大面积的圆柏造型，与太昊陵园有异曲同工之妙，并且造型品种更多。

树木象形造型按题材常见有以下几类：

(1) 动物造型

动物造型是将树体绑扎修剪成各种常见动物的雏形，以鸟兽最为普遍。鸟类造型常见有天鹅、公鸡、凤凰、孔雀、鹤、鹰等；兽类有狮子、鼠、牛、虎、兔、马、羊、猴、狗、骆驼、长颈鹿、狮子、袋鼠、大象、海豚等；其他动物有龙、蛇等。

(2) 建筑小品造型

建筑小品造型具有精美、灵巧和多样化的特点，可供观赏、休息、装饰、展示。常见有月牙门、围墙、长廊、坛塔、亭阁、大殿、伞、罩、椅、凳等。

(3) 人物及卡通人物造型

人物造型一般常见于神话传说中的人物形象和体育健儿及儿童喜闻乐见的各种卡通形象。常见的有孙悟空、猪八戒、沙僧、唐僧的组合造型，脚踩风火轮的哪吒等。一般常用多株树木组合而成。

(4) 其他造型

园林树木造型除上述几类题材外，还有火车、轮船、飞机、花篮、花瓶等，它们多数是用多株树木组合造型的。

3.2 象形造型常用植物种类

要塑造出栩栩如生的树木象型造型作品，选择树种和符合造型要求的植株是基础，一般以生长缓慢、树冠密实、侧枝茂盛、枝条柔软耐修剪的小叶常绿或落叶阔叶树或针叶树为佳。主要为柏科、松科、黄杨科、海桐科、紫草科、木犀科、桑科榕属植物等，常用的有圆柏、龙柏、紫杉、小叶黄杨、小叶女贞以及侧柏、铺地柏、罗汉松、日本五针松、雪松、大叶黄杨、云杉、海桐、海棠、小叶榕、金叶垂榕、花叶垂榕、福建茶、石楠、麻叶绣线菊、紫薇、大叶女贞、金叶女贞、金边女贞、紫叶小檗、桂花、杜鹃花等。对于生长快速的树种，为了保持其造型，必须在生长季节进行多次修剪。

草木花卉象形造型通常要选择色彩鲜明、花期长、多花、株形整齐、高矮适中、抗性较强（如抗寒、抗热、抗病虫等）的种类。但是，集众多优点于一身的种类并不是很多，实际应用中，常选择优点较多或具有一定特色的品种，集中栽种，取长补短，方能达到最好的观赏效果。观花植物应选择花期长、冠形整齐、色彩鲜艳的多年生宿根草本与部分一年生草本及矮小灌木，以忍冬科、茜草科、凤仙花科、秋海棠科、景天科、锦葵科、百合科、马齿苋科及菊科等植物为主，常用的有荷兰菊、银叶菊、雏菊、鸡冠花、矮牵牛、绣球花、龙船花、凤仙花、半枝莲、长寿花、扶桑、百合、郁金香、风信子、翠菊、大波斯菊、孔雀草、一串红等。观叶植物应选择萌蘖性强、生长旺盛、分枝多、四季彩叶或四季绿叶的多年生草本，以苋科为主，常用的有紫绢苋、紫杯草、白苋草、红苋草、绿苋草以及三色堇、白鹤芋、彩叶芋、绿巨人、蔓绿绒、万年青、黛粉叶、粗肋草、蕨类植物等。

3.3 树木象形造型常用方法与工艺流程

树木象形造型是选择单株或多株树木，常采用牵引绑扎法，通过扭曲、盘扎、编结、修剪等手段，将树体修整成动物、亭台、楼阁、鸟兽、人物、器皿等各种造型。

由于植物具有向上生长的自然趋势，要使植物向不同方向生长，需要在生长初期按照造型设计有目的地进行培育。首先，培养主枝及大侧枝构成骨架，然后将细小的侧枝进行牵引、编结、绑扎，使它们紧密抱合生长，按照仿造的物体形状进行细致修剪，直至形成各种绿色雕塑的雏形。在以后的培育过程中，不能让枝条随意生长而扰乱造型，每年都要进行多次修剪，对造型物体表面进行反复短截，以促进侧枝大量密生，最终使各种造型丰满逼真、栩栩如生。树木象形造型的工艺流程如下。

3.3.1 造型树的选择与树体整理

在确定造型树种后，选择生长健壮、枝叶繁茂、树高和冠幅与所选造型要求相适应的骨架树栽植于规划好的地点。如为多株树组成的造型，对预植点要进行微地形处理，使其比四周地面高 20～50cm，以免造型完成后积水，管理困难。再根据不同造型的设计按各植株间距离放线定点后栽植。栽植前或栽植后要去掉病虫枝、干枯枝和树杈上的干桩等。待成活后翌年秋天或春天开始造型。

3.3.2 树体观察与设计造型

先仔细观察树体情况，结合造型的形体特征，考虑在树体上如何布置造型的各个部位。根据树冠，先算出造型的各部位数据，如造型动物的头部体积、身长、腿高、腰围等。结构设计要准确，造型要简单。鸟类可简化为两个球体的结合，大球代表身体，小球代表头，一个短的延伸代表喙，另一个较长的延伸代表尾巴。如体型较小的鸟类，可以把树体上半部较好的枝条作为头部、腿、身体等，下半部可作为底盘。而体型较大的鸟类，如孔雀，可将树体上半部作为头部、身体、翅膀，下半部作为尾部和腿。然后用铁丝将树体拉成造型所需要的角度。兽类的腿部造型不易处理，可设计为处于休息状态的造型，将四肢屈于体下，使其具有较宽的基座，或动物坐在后腿之上，前腿收起，以回避腿部造型难题。

对于人物和卡通人物造型，用常绿树塑造一个生动或复杂的人物形象难度很大，特别是四肢的造型不好掌握，在造型中常用有特色的服饰如裙子、披风等来加以掩饰。面部的造型可以通过镶嵌装饰材料来加以弥补。蹲坐和俯身的造型可以利用基座，同样可以避开腿部造型，基座上的上半身仅有头和肩，相对来说则更加简单。也可以采用抽象、滑稽的造型手法，取神似而非形似，如人物的下身塑造为身穿短裙，圆柱形的身体上为圆形的头，手臂上举。另外还要考虑植物造型是否与周围的园林景致相协调，不要破坏园林景观的和谐，造型的体量要与景观场地的大小相适应，而且还要便于造型施工。

对于建筑小品植物造型，要考虑造型体的长度、宽度和高度，顶部的形式不宜太复杂，可设计成拱形或半圆，廊檐平伸或上翘。造型不仅要满足观赏要求，还要能使游人既安全又方便地进去参观和休憩。

3.3.3 骨架制作与固定

每尊植物造型的重要部位都离不开骨架，骨架制作应以设计图为依据，如兔的骨架(图 3-1)。结构简单

图 3-1 兔的骨架图(引自曹敬先)
1. 头 2. 脖子 3. 前腿 4. 腰
5. 后腿 6. 尾巴

的造型，可以不要骨架，或只做关键部位的骨架。结构复杂的造型，通身都需要骨架，如塔、楼阁等，可预先编制制作程序，按程序逐步进行。骨架材料可用钢材、竹材、木材等，一般以竹材、木材为多。结构衔接固定有焊接、螺栓固定、铅丝绑扎等方式。也可采用细长柔韧性好的植物枝条，除去叶片后，弯扎成大小适当的环，再配以细竹条，用细铁丝把它们捆扎连接，做成造型的结构支架。

建筑小品的骨架，可用不同规格的竹竿、竹劈、木材等，用铁结构绑扎固定。有些造型要用通体骨架，如坛塔造型等；有些造型需要局部骨架，如亭、长廊的造型，可由造型树木的树干构成廊柱和亭柱，只需制作顶部的骨架。骨架制作好后，根据需要进行固定。如果有造型基座，按要求将骨架固定在基座上，无造型的基座，可按造型要求将骨架固定在相应位置的中心干上。对于较粗的枝干，为了增加植株柔软性，可先行用铁丝固定，将铁丝缠绕在枝条上，任意扭曲，利用园艺铁丝的力量改变枝条的生长方向和曲线，然后把它固定住，不同粗度的枝条使用相匹配粗细的园艺铁丝，以防止枝条弹回复原。如枝较粗，则需包裹竹片或麻布片，弯曲后用园艺铁丝或铁钩固定。如果让枝条向右下方扭曲，铁丝沿顺时针方向缠绕；如果让枝条向左下方扭曲，铁丝沿逆时针方向缠绕。用园艺铁丝整形容易损伤树皮，长时间使用园艺铁丝可能长到树枝里面，影响树木的生长和发育，甚至发生死枝现象，造型固定后要及时松绑或去掉铁丝(图3-2)。

图3-2 4株圆柏拉弯造型(引自曹敬先)

3.3.4 造型的顺序及手法

3.3.4.1 造型顺序

树木造型根据造型内容不同，有先首后尾、先尾后首、先上后下、先下后上4种顺序。

①先首后尾 制作中从头开始，而后制作身部，最后完成尾部。主要用于动物造型等。

②先尾后首 制作尾部，而后逐渐推进，直至首部。如狮、虎、象、熊等。

③先上后下 从顶部开始制作，而后到下部完成造型。如人物造型等。

④先下后上 先从底部开始，逐渐向上制作。如塔、亭、蟠龙柱等。

3.3.4.2 造型手法

在绑扎成型中，可使用绑、扎、扭、捏、拉、疏、剪等手法。

①绑 用麻绳、尼龙绳或铁丝将分散的枝集中绑在一处，突出造型部位。

②扎 用细扎丝(22#～24#)将细枝依序排列扎住，显示造型丰满圆润，也称作连枝。

③扭 枝身偏向，扭转使用。

④捏 按需要弯枝捏直、直枝捏弯。

⑤拉 把一处的枝拉到另一处使用。

⑥疏　把多余和无用的枝疏掉。

⑦剪　造型初步绑扎好后，可进行初步修剪，剪出造型的轮廓。精细修剪要等到植物基本恢复生长后进行。

绑扎时要准备好各种型号的铁丝，绑扎粗枝时用粗园艺铁丝，绑扎细枝时用细园艺铁丝，铁丝的粗度以能把扭曲的枝条固定住为准。大枝固定后理顺小枝，然后用细铁丝固定在骨架上，绑扎要美观而不露架。过细的枝条使用细铁丝进行编结绑扎，然后固定在树干的适当位置。所有的枝条要分配均匀，再做进一步细致的绑扎。绑扎时枝条分布要均匀合理，注意整体协调，在绑扎每一部位时要与四周的比例相协调、呼应。另外，在绑扎造型过程中，边缘线要圆滑平整，使造型轮廓分明、线条清晰。

3.3.5　造型后的维护

树木造型养护管理的水平，直接影响到造型的观赏效果，要精心管理。根据造型种类的不同采取相应的维护方法，使造型逐渐丰满成形，圆润敦实。夏季需及时浇水和排水，清洗叶片，采取措施防止病虫害的发生。经常修剪可防止枝条密生、交叉、徒长、下垂、比例失调，保持造型完好。造型绑扎好后的第一次修剪可刺激枝条萌发，让其自然生长。翌年可以松绑修剪。

3.4　草木花卉象形造型常用方法与工艺流程

3.4.1　草木花卉象形造型概念及类型

草木花卉象形造型是以草木花卉为主要素材，通过适当的载体有机组合、镶嵌，形成具有多维观赏延伸性的各种艺术造型。具有充分利用空间，展示植物材料的绿化美感，置景方式具有更大自由度，能迅速形成景观等特点。

草木花卉象形造型是以不同色彩、质地的植物材料之花、叶来构成半立体或立体的艺术造型，是最复杂、最能体现设计者神思妙想的一种表现手法。通常以造型花坛形式出现。

草木花卉象形造型多是用模纹花坛的手法，使用五色草或小菊等草本植物做成各种造型，如人物、亭、动物、花篮、塔等，前面或四周可以采用平面式装饰。

3.4.2　草木花卉象形造型造型方法

3.4.2.1　植物栽植修剪法

此法是用较低矮致密、不同色彩的植物如黄金叶、五色草、秋海棠、佛甲草、仙人荷花、三色堇、雏菊、马蹄筋、早熟禾等栽植修剪组成各种图案、纹样。这种方法常用钢材按造型轮廓形成骨架固定在基础上，再用铅丝网扎成内网和外网，两层网之间距离为8~12cm，内网孔为5~7cm。为防止漏土，可用麻袋片贴附内网上，外网孔为2~3cm，两网之间再填入腐殖质土，然后用竹签(长15~20cm，直径约3cm)戳孔均匀栽植植物，栽后及时浇水和修剪。

3.4.2.2　胶贴造型法

此法通常先用钢材制作骨架，将骨架与基础焊接牢固，按造型搭建框架并蒙上铅丝网,然后在网上抹粉水泥、石灰,再将塑料花、绢花、干花、干果及种子等材料用胶粘贴,最后根据设计要求喷漆着色。质感强烈,具有突出的雕塑效果。

3.4.2.3 绑扎造型法

以小型盆花为基础单位,以搭建框架及扎花两大工序来完成独具一格的植物圆雕或浮雕的造型效果。框架由模型框架、装盆框架和扎花篾网三部分组成。模型框架是设计形象的主体,为竹、木或钢架结构;装盆框架是衬在模型框架内侧的框架,用于放置盆花,可用竹、木或钢架搭建;扎花篾网是模型框架的附属物,用竹篾按照模型框架编制成方格网,或用铁丝网格扎缚在框架表面,用以固定植物的茎叶,保持编织图案的稳定。

3.4.3 草木花卉象形造型设计

3.4.3.1 设计原则

(1) 因地、因时、因材制宜原则

草木花卉象形造型设计首要考虑植物的适应性和环境特点。不同地区、不同季节有各自独特的生态条件,适合不同植物材料的生长。即使同一地区在小环境要素之间也有差别。如地面铺装的形式和色彩、已有的绿化形式与规模、地形的高低变化以及所在地点所应具有的功能等。所以要根据各自的特点去选择适当的造型类别、主题及植物材料,做到将配置的艺术性、功能的综合性、生态的科学性、经济的合理性、风格的地方性等完美地结合起来,切不可盲目抄袭、生搬硬套。

(2) 经济美观、适用与环境相协调的原则

设计草木花卉象形造型时,应结合环境的空间特点和建筑物的风格充分发挥其本身所特有的画龙点睛之功效,突出其与环境相协调、丰富多变的艺术特征,还要考虑景观的稳定性及持续性,做到近处着手远处着眼,既经济适用又美观,不能求大求全。

(3) 个性、特色、多样性原则

草木花卉象形造型更加强调人与环境的自然和谐、地方文化韵味及艺术创意的独到性,也更强调造型效果,整体效果的个性特征。设计时不仅要强调丰富的花卉品种的展示与环境的美化,更多的是表现一种个性与地方特色。

3.4.3.2 形体设计

草木花卉象形造型和雕塑一样,是有主题的,主题通过外在形象来表达,草木花卉象形造型的设计应该紧紧围绕形象与主题进行构思和创作,做到塑造一个形象、营造一种气氛、表达一个主题。

形象要依环境和主题来设计,可为人物、动物、花篮、花瓶图徽及建筑小品等。整个草木花卉象形造型的大小,由环境空间的大小来决定。根据视觉规律,人们所选择的舒适观赏位置多数处于观赏对象高度2倍以上的距离,而且在3倍高度的距离左右为多。以高度为主的对象,在3倍高度以上的距离去观赏时,可以看到一个群体效果,不仅能看到陪衬立体的环境,而且立体在环境中也处于突出的地位;如果在立体2~3倍高度的距离观赏,这时立体非常突出,环境退居第二位,实际上主要在欣赏立体自身。以宽度为主的对象,比较集中有效和突出的视距范围,一般是在视距等于宽度的范围,即54°视角,在此范围内观赏者无须转动头部即能清楚地看到对象的全貌。在造型体量确定时,可参考视觉规律,结合造型物的大小,以能给观赏者最佳观赏视点(高2~3倍的

视距或 54°视角)的体量尺寸最佳。在可见空间大于允许造型用地空间时,最佳视点可能落在允许用地范围之外,这也是允许的。在体量确定时,还应考虑造型的题材,一些在人们心目中较小的形体,如小的动物等,不宜用太大的体量表现。所以,在大空间里,应确定用大体量表现的题材,再参考视觉规律确定具体体量。

对于形体本身而言,应遵循艺术构图的基本原则。即在统一的基础上寻求灵活的变化,在协调的基础上创造对比的动感,使用正确的比例、尺度,讲究造景的均衡与稳定。

3.4.3.3 色调设计

色调设计与平面造型花坛相同,但在色彩配置上应强调以下几点:

①同一色调或近似色调植物搭配易给人柔和愉快的感觉。

②对比色调,如蓝与橙、黄与紫,会形成极其鲜明的对比,应用于造型的轮廓线上能起到良好的作用。但两种对比色调的植物在同一造型中体量不宜均等。

③灰白色的植物可以衬托其他颜色植物,在造型中勾画出鲜明的轮廓线,但不能对两种不同色调的植物起调和作用。

④同一色调的植物,其浓淡两色面积比例对效果也有影响,如大面积的浅蓝色,镶以深蓝色的边,则效果很好。但浓淡两色面积相等则感到呆板。

⑤选择植物时应有一个主调色彩,其他颜色的植物为陪衬,在色彩上要主次分明。

另外,草木花卉象形造型应与配套的平面图案形成表达主题的完美结合体,也要处理好色彩的对比与调和问题。如用盆花组合图案,摆放盆花一般原则是内高外低或中心高四周低。同一种类花卉易摆成平整的水平面或坡度较小的平整坡面,不同种类花卉多摆成平整的台阶形。

3.4.3.4 骨架设计

植物造型的骨架必须考虑外观形象、力学结构、外被附着方式、骨架安装固定及便于施工等方面。有了结构合理的骨架才能制作出好的植物造型,可以说骨架是植物造型的基础。骨架外形设计应当符合造型的外观形象要求,即要按植物造型的尺寸来确定骨架轮廓,而植物造型的尺寸又包括骨架尺寸和外被厚度两部分。

骨架外被厚度是由草绳、泥层、根坨及植物材料枝长构成的。设计骨架时应同时确定外被的附着方式,如骨架外抹泥、骨架外缝制麻袋布后内装蛭石或珍珠岩,根坨直接绑扎在骨架上,带盆植物直接安放在骨架上等。同一造型,外被附着方式不同,其骨架结构也不同。制好的骨架一定要便于施工,特别是对于有预制组装要求的造型设计,要留有便于枯木吊运、组装、衔接的结构。另外在骨架设计时,还必须进行承重与受力分析。所受的外力主要是其所承受的外被重量及骨架材料自身的重量。受力分析应根据力学原理,考虑骨架所受外力在骨架中的合成、分解和传递等问题。分析结果用于指导骨架材料及其型号的选择和各部位具体结构的设计,目的在于找出既满足外观造型要求又符合力学原理的最简明的骨架结构,以便做到既安全可靠又省材料。

草木花卉象形造型原则上不允许有影响造型外观形象完美的暴露在造型外的辅助支撑物。对于植物材料不易表现的局部,如动物造型的头部、眼神、尾部等,可事先用塑料泡沫、石膏、木料等制成装饰性材料,然后安装到造型上,起到画龙点睛的作用。也可用彩灯镶出立体外形轮廓以增强夜间观赏效果。

3.4.3.5 基础设计

基础设计应充分考虑地基承载的允许值,以及造型体荷载支撑构件的合理布置。基础是承受上部荷载、稳定造型形体的重要结构,它不仅要有足够的强度,不能因受重荷而变形、破坏;而且与它接触的土层(地基)也要有足够的承载强度,这种强度依土质而定。当植物造型荷载不大时,只要不是腐殖土或回填土,就只需进行地基土层夯实,使之达到一定承载强度即可(一般黏土可达到 $4 \sim 8 t/m^2$ 的承载力)。若上部荷载较重,造型形体所占面积较大,则需进行地基土质的钻探,并进行地基承载力的验算。当植物造型底面积较小时,可采用整体基础;当植物造型底面积较大或较长时,可采用条形或独立基础。上部荷载不大时,可采用毛石、砖基础,亦可采用毛石混凝土或素混凝土基础;当上部荷载较大时,则采用钢筋混凝土基础。基础施工图一般应绘出平面图、剖面图,标明尺寸、材料,并做相应的施工说明。

3.4.3.6 设计书编制

设计书包括总平面图、造型效果图、造型平面图、造型剖立面图、骨架结构图、基础图、重要节点图、植物材料和建筑材料种类及用量、施工方法等必要的说明。

3.4.4 草木花卉象形造型工作流程

3.4.4.1 施工准备

(1)材料准备

根据设计图纸计算工程量清单,购买工程材料,准备好施工用的水、电、路等设施。

(2)施工程序编制

施工程序编排应考虑施工中的可行性和操作方便。其内容涉及骨架吊运、组装、外被上架、平面花卉的布置等环节,有了编排合理的程序,草木花卉象形造型的施工即可有条不紊地顺利进行。外形及结构比较复杂的造型,也可以编制一个骨架制作程序。按程序逐步放样、下料、焊接、绑扎,不仅能减少失误,也可以省去许多剖面图。

3.4.4.2 骨架制作

骨架制作以骨架设计图为依据。结构复杂的骨架按预先编制施工程序逐步进行。骨架材料可用钢材、竹材、木材等,结构衔接固定有焊接、螺栓紧固、铅丝绑扎等方式。焊接骨架不能有砂眼。大型花坛也可分部件烧焊,然后到现场拼接。预制组装式骨架部分要设有专门的吊环,且吊环应该能够隐藏在外被中,必要时还要制作专门的钩,以便在吊装时连接吊环和吊车钩,吊钩设计要方便装钩与卸钩。骨架用带根坨植物材料的,应置根坨架。可用两道细钢筋或稍粗铅丝用焊接或绑扎方式固定到短钢筋上,一般呈环形布置。根坨架层间距由选用植物的冠幅及放置方式决定,以放置植物后不留间隙为基本原则,一般在 15~30cm 之间。在麻袋布上扦插的,要将麻袋布缝制在骨架上,用蛭石填充在缝制麻袋布的骨架内。骨架基础实稳固,必要时可在骨架基部填充土石等,以防倾斜。多数骨架可以直接放置到地面较平的展点,靠骨架支撑脚起稳固作用。当需要特别固定时,较厚水泥地面可用膨胀螺栓固定,裸土地面可将基部入土固定,或者是预先进入专设的基座,安装时再将骨架用焊接或膨胀螺栓固定到基座上。

3.4.4.3 植物栽植上架

(1) 五色草扦插

①在麻袋布上绘出图案线,标出各部分草色。

②根据造型需要采集各种颜色的五色草枝条做插穗,将采下的五色草枝条剪成6~10cm长,下端削成整齐斜口,去掉基部叶片,并将过于膨大的节在对称两面稍削去一部分,以利插穗能顺利插入洞孔。

③用直径6mm的钢筋打尖磨圆,另一头做成握把的扎锥,在泥层上稍向上斜插孔。

④将剪削好的五色草插穗插入孔中,并用手封按孔口,以插穗不易拔出为度,插草深度为枝长的1/3~1/2,且应保证有1节入泥孔(利于生根)。密度以插穗不拥挤又基本不露麻袋布为准,株行距3cm。

⑤扦插时,可先将图案轮廓线插出,再于其内填插,使图案线更整齐分明。

(2) 根坨上架

①把植物材料去盆,根坨上沿抹圆滑。根坨不宜损伤过大,否则花易衰败。

②用麻袋布紧密包裹根坨,同时,用细铁丝在根坨上沿内,穿引麻袋布环绕,两端对接后拧牢,包好的根坨只允许在上沿花卉基部有少部分裸露。

③将包好的根坨放在根坨架上(一般稍倾斜放置),用细铁丝固定。操作中应从上到下逐层放置。

若植物材料种植在圃地中,可在上架前1~2d起出上盆,浇透水阴干后,使之成坨,再按前述程序上架。

3.4.4.4 给水管放置

骨架外被为扦插的五色草,可用喷雾器具直接喷水;骨架里用带根坨植物材料的,就要设置给水管,用建筑用的普通塑料水管,在根坨上架的同时,从最高处开始,沿所有根坨逐层盘浇,并用细铁丝紧贴麻袋布固定,一边上管一边在管朝向根坨一面的每个根坨处用尖利的孔锥扎3~5个小孔,作为出水孔,给水管末端用铁丝扎紧,不要漏水。给水管的进水口设在最高处,通过一个特别的变口径接头与一根直径较大(可为给水管直径的2倍以上)的上水管相连,此上水管不能暴露在造型外,应预伏在骨架内,其下部一般用直径2cm的铁管,经弯头变向从骨架基部引出,再用一根黑胶管引至平面花卉图案的外缘。供水时,可将自来水直接引入黑胶管,水在自来水自身的压力下经给水系统,从出水孔喷射到根坨麻布上湿润根坨,达到给立体花坛供水目的。

栽植完成后,要浇足水,保证成活。

3.4.5 草木花卉象形造型养护管理

3.4.5.1 灌溉

(1) 灌溉水质

由于草木花卉象形造型多采用容器栽植,基质中积累的盐离子无法得到自然淋溶,因此,灌溉用水的电导率要低,可介于0.1~0.5ds/m²。过高时须采取过滤系统对水进行处理。

（2）灌溉时间

灌溉的时机要综合考虑造型所处的位置、容器的结构和规格、基质的组成、季节以及最近的雨量、温度、风力等综合因素。夏季高温时期，如处于太阳直射的位置，浇水间隔不能太长，较小的容器每天可能需要浇两次水；基质持水能力强的浇水次数相对较少，而含泥炭藓较多的生长基质持水能力差，且干透后不易再次湿润，更需要把握好浇水间隔；降雨也会影响浇水，但如果容器中植物丰满，会影响雨水进入容器。两次浇水的间隔应掌握在生长基质已干但植株尚未出现缺水症状。

（3）灌溉形式

①传统灌溉　利用附近的水源及配套的水管系统进行灌溉；也可以采用水车对一些离水源较远的立体花坛进行灌溉。这种方式的优点是操作起来简单易行，但水的冲刷会对植株造成一定的伤害，影响开花质量和花期。

②滴灌　通过分水器将水从主管系统分流到微管，然后经过微管传送到卡盆等立体容器中。微管端部由一根插杆将微管固定于容器中，灌溉水直接进入生长基质。这是大部分立体花坛最适宜的灌溉形式。滴灌系统的优点是浇水均匀，不会导致土壤板结及土壤溅出容器，减少因此而导致的病原传播；水直接进入生长基质，避免冲击花卉，可延长花卉展出期。采用滴灌系统必须考虑生长基质的选择，即基质中水流侧向传输性能好，否则微管中出来的水分会直接与容器壁分离，再灌溉时水分容易顺缝隙流失。采用滴灌时，也可以将电磁阀等控制装置接入灌溉系统，对植物进行定时自动灌溉。

3.4.5.2　施肥

草木花卉象形造型如果预计展示时间超过一个月，都应该制订合理的施肥计划，保证植物得到足够的营养。根据植物种类选用适宜的肥料类型。施肥方法通常采用基肥和追肥两种，追肥可以采用施肥泵使肥料随灌溉水进入基质，也可以采用叶面追肥的方法。

3.4.5.3　植株的去残及修剪

草木花卉象形造型植物的养护包括以下环节：定期清理残花、种子及枯叶，以维持较好的观赏价值并减少病虫害的滋生；对于生长过快或同一个立体造型上如花柱、花球、立体造型花坛等生长速度过快的植物需适时修剪或摘心，以保证良好的造型或图案。

 技能训练

技能3-1　黄杨巢中鸟象形造型

鸟类造型是应用最广泛的象形造型，因其腿可以缩拢于身体之下，因而造型比较简单。巢中鸟象形造型可以通过修剪及绑扎方法进行，是象形造型中最基本、最简单的造型。通过本任务学习，使学习者掌握修剪和绑扎法制作鸟类象形造型的基本方法，为学习鸟类复杂造型奠定基础。

1. 材料及工具

植物材料：黄杨1株，要求枝叶繁茂。高50cm，冠幅40cm。

造型用具与备品：长20cm的细木棒4根，长75cm的细木棒2根；10#、21#铁丝若干；手工剪子、剪枝剪、修枝剪各一把。

2. 方法步骤

1）清理树体

去除植株基部的枯枝，理顺内堂枝。

2）观察树体设计造型

观察树体，根据植株树冠的饱满情况和枝条的长势，设计确定鸟巢的高度和直径、鸟头的朝向、鸟尾的位置。

3）修剪制作鸟巢及鸟体雏形

夏初季节，用10#铁丝弯成2个直径30cm的圆环，将2个圆环用4根细木棒固定，制成20cm高的圆柱体框架，将其罩住河南桧柏的基部，以此为骨架将黄杨基部修剪成圆柱形的鸟巢（图3-3A）。

在圆柱形鸟巢上修剪鸟体部分。首先确定可以形成头和尾的枝条，然后剪除多余部分。为了使选定的枝条能按照预定的头和尾的方向和角度伸展，插入2根细木棒，将木棒固定在树体上，然后将枝条用21#铁丝绑扎固定在细木棒上，形成鸟体的雏形（图3-3B）。

4）修剪定型及养护

在同年的夏末，对鸟巢和鸟体雏形进行修剪，将鸟头部分修剪成圆顶的鸟头雏形，注意要留有一些向上的斜枝，作为鸟喙的预留枝条。同时沿细木棒修剪成鸟尾（图3-3C）。以后随着枝条的生长会使鸟巢和鸟体部分逐渐丰满，待枝条达到预定的鸟喙和鸟尾的造型要求即可将小棒取出，形成漂亮可爱的巢中鸟造型（图3-3D）。以后按照造型每年修剪2～3次以保持造型的完好。

3. 考核评价

本训练是采用以修剪为主结合绑扎牵引的象形造型方法，简便易行，成本低，对枝条的绑扎牵引程度低，基本保持枝条的生长方向。但是不能马上成型，成果的评价主要看最后造型效果，如鸟巢的高度和直径，鸟头的朝向，鸟尾的位置，各部分比例，是否符合实际。

4. 巩固训练

用圆柏制作兽类象形造型（图3-4）。

图3-3 黄杨巢中鸟象形造型步骤　　　　图3-4 兽类象形造型图

技能 3-2 圆柏海豚戏球象形造型

象形造型的基本手法是通过修剪和绑扎塑造出姿态各异、栩栩如生的各种可爱造型，海豚顶球是动物象形造型中比较简单的造型。通过以绑扎为主结合修剪便能在几个小时内完成造型，是一种能够快速生产的造型方法(图3-5)。通过训练学习，使学习者掌握绑扎法制作兽类动物象形造型的基本方法，为学习动物复杂造型奠定基础。

1. 材料及工具

植物材料：河南桧柏一株，要求枝叶繁茂。高 2.5m，冠幅 1.5m。

造型用具与备品：10#、16#、21#铁丝若干；40cm竹竿2根；手工剪、剪枝剪各1把。

2. 方法步骤

1）清理树体，捆拢基部枝条

剪除树干50cm以下的枝条，清理树体，去除树冠内的枯枝，理顺内膛枝。用16#铁丝将树干下部50cm处的侧枝与主干捆拢扎紧。

2）观察树体设计造型

图 3-5 圆柏海豚象形造型图（引自曹敬先）

观察树体，根据植株的生长势和树冠的饱满情况，设计确定球体的造型高度、球体的直径及海豚的身体长度、粗度和腹鳍、尾鳍的高度和位置等。

3）制作与固定骨架

（1）制作与固定海豚的骨架

①尾部 用2m的10#铁丝弯曲制作分开上翘的海豚尾部骨架，拉出较大枝条绑扎固定在尾部骨架上（图3-6A）。

②身体 牵引较大枝条绑扎制作流线型的海豚腹部和背部造型，海豚身体最粗处的周长为150cm，身长80cm（图3-6B）。

③海豚鳍 用10#铁丝弯曲成鱼鳍的形状，固定在从海豚脖子向下略粗，约距离脖子25cm处的主干上。鳍突出海豚身体约12cm，牵引鳍骨架周围的枝条，用21#铁丝绑扎固定在鳍骨架上（图3-6C）。

A　　　　　　　　B　　　　　　　C　　　　　　　D

图 3-6 海豚象形造型步骤

④额头和脖子 拉出较大的枝条,用21#铁丝绑扎固定出额头和脖子的形状。额头周长为1m(图3-6D)。

⑤嘴 用1m的10#铁丝弯曲制作海豚嘴的骨架,固定在距离球体底部30cm处的树干上,因为树干正好从海豚嘴中通过。用21#铁丝将嘴侧面的枝条绑扎固定在嘴部的骨架上(图3-6D)。

⑥眼睛 用10#铁丝弯曲出眼睛的骨架,眼睛8cm,眼间距弧长40cm,固定在距离嘴唇先端14cm的嘴丫上侧呈对称状。将眼中的枝条拉向眼周,用21#铁丝绑扎固定。

(2)制作与固定球体的骨架

将2根40cm长的竹竿水平十字交叉固定在距离海豚嘴25cm处的树干上,以树干和竹竿为球体轴线,用16#铁丝做出球体骨架,将树头拉下,用21#铁丝均匀固定于球体上半部,将球体底部以下的粗枝剪去一些,然后用16#铁丝将球体底部的枝条均匀分布于树干周围后与树干绑扎在一起,这些枝条用于牵引绑扎装饰球体下半部的表面(图3-5)。

4)细部造型

用绑、扎、扭、捏、拉、疏等基本造型手法对球体和海豚的头部、身体、鳍等各个部位进行细致造型,要求枝条在整个造型上分布均匀,各种造型手法运用得体,造型匀称美观。

5)修剪定型及养护

用手工剪对绑扎好的球体和海豚各个部位进行细部修剪,修剪时剪口略高于绑扎的铁丝,以避免铁丝外漏而影响观赏效果。

以后定期修剪,如果发现铁丝松或断了,要及时补绑以保持造型的完好。如果造型时有些部位因为树冠不饱满或枝条稀疏而不够完美,在以后的生长发育过程中,抽发出新枝条时要适时进行补偿绑扎和修剪,不但能补偿造型时的不足,还会使造型更加丰满美观。

3. 考核评价

本任务是采用以绑扎结合修剪进行象形造型的方法,主要评价树体的选择是否符合该造型,骨架制作规范,与造型图相符,海豚身体各部位比例适宜美观。

4. 巩固训练

用河南桧柏制作孔雀象形造型(图3-7)。

图3-7 河南桧柏孔雀象形造型

技能3-3 桂花花瓶象形造型

花瓶象形造型传统的方法是用圆柏、黄杨、小叶女贞等通过修剪结合绑扎进行造型,造型方法与其他的修剪绑扎造型方法基本相同。

本项目介绍利用30株桂花小苗编结绑扎制作高2m,瓶身最大处直径60cm的花瓶(图3-8)。花瓶的设计高度及瓶身粗度根据实际造型可有所变化。通过本训练的学习,使学习者掌握用多株植物编结绑扎进行象形造型的基本方法,并以此为基本造型方法能制作其他形状如花篮、花球、花门等艺术造型。

图3-8 海棠花瓶象形造型

1. 材料及工具

植物材料：地径2cm、苗高2.5m的3年生桂花扦插苗30株。

造型用具与备品：竹竿、棕丝、8#或10#、16#铁丝、塑料薄膜带、铁锹、手钳、枝剪等。

2. 方法步骤

1）设立花瓶支架

（1）在每年的春秋季适宜苗木栽植季节，在花瓶的种植点上，埋设4根高2m的细竹竿，按照间距20cm呈正方形排列，作为花瓶支架（图3-9）。

（2）用8#或10#铁丝弯制成编号为1~7的7个金属圆环作为托圈，它们的直径依次为30、40、60、25、20、20、40cm。外面再用塑料薄膜带逐一包装成一个个精致的花瓶内部托圈备用。包扎塑料薄膜带能够起到花瓶托圈耐碰撞、不变形、不生锈、不磨损苗干树皮等综合效果。

（3）将直径为30、40、60、25、20、20cm的6个托圈，按照距离地面10、50、100、150、175、200cm的距离，每个圆环截取4根短些的竹棒，分别用16#细铁丝将6个托圈水平固定在已经立好的竹竿支架的不同高度处，再将剩余的直径40cm托圈固定在最上面的直径20cm托圈的外侧水平面上，作为瓶口的编结支架。固定方法如图3-9所示。这7个固定在支架上的金属托圈将成为今后造型花瓶各高度层次苗干的依附绑扎点。

（4）剪取30根3.5~4m的8#铁丝按照60°角两两交叉的方式，编结成均匀的网格固定在已经埋设好的支架上，这些编结均匀的网格将作为造型苗木的枝条固定绑缚骨架（图3-10）。

图3-9 花瓶支架

图3-10 花瓶骨架图

2)选苗

花瓶造型苗的用苗标准要求很高,苗木高度和粗度要相对一致,苗干要求十分通直。选购地径2cm、苗高2.5m的3年生桂花扦插苗30株,选择'堰虹桂'、'快熟金桂'等主干通直、枝叶完好且根系生长发育良好的桂花品种苗。

3)植苗及编结绑扎造型

(1)围绕支架最下面的托圈挖一个20cm×20cm的环形栽植沟,然后将15株品种苗木按顺时针方向,等距摆放在栽植沟里面,用棕丝绑扎在花瓶底部的金属托圈外的8#铁丝骨架上;再把另外15株品种苗木按逆时针方向,等距摆放在栽植沟里面,用棕丝连绑在第一批苗干上面。两批苗干的交叉点要与已经固定好的网格骨架的8#铁丝的交叉点对齐,随即培土种好这些苗木,构成造型花瓶的起步基础。

(2)花瓶底部基础做好以后,两名工人相互配合开始编结花瓶的瓶身。按照固定好的瓶身网格骨架将苗干用棕丝绑扎固定苗干的交会点。由下而上连续工作,把一定高度范围内的交叉苗干全部编

图3-11 花瓶口留梢处理

结成一个个大小相当的菱形网眼,直到瓶口封结时为止。工作进行中,各网眼的条线都要相互对齐,不可忽高忽低,以保证造型花瓶网眼群的整齐和美观。对于妨碍造型花瓶网眼编结工作的苗干上的多余枝叶,可以淘汰剪除;但对影响不大的苗干枝叶(特别是瓶身中部的枝叶),则尽可能予以保留。这对今后促进苗干愈合,加快造型花瓶的投产,十分有利。

(3)在花瓶的整个编结过程中,两名工人要对编结整个花瓶的枝条,运用"放"与"缩"的编结技术,进行精心的编结和绑扎,使花瓶造型具有流畅的曲线美。

(4)瓶口及苗梢的处理

方法1:根据花瓶设计要求,苗木编结绑扎固定在瓶口处的托圈上面后,苗梢可以不剪除,并对其进行修剪养护,待保留在花瓶造型上面的桂花枝条盛开时,就宛如插在花瓶中的鲜花一般争妍斗艳、花香四溢、美不胜收(图3-11)。

方法2:根据设计要求,将桂花苗木绑扎固定在瓶口处直径20cm托圈上面后,再将高出瓶口托圈的苗梢向外弯曲编结绑扎在瓶口外缘直径40cm托圈上,然后将多余的苗梢剪除,形成宽于瓶口的外展瓶沿,这样处理瓶口要比与瓶颈粗细一致的瓶口更美观漂亮。

4)养护管理

造型花瓶工艺要求十分精湛,供造型苗木必须土球小、枝叶少、枝条能随意扭曲造型,对苗木伤害较大,因而在养护管理要把以下几点:

(1)安排在每年9~10月或春季枝叶萌发前制作造型花瓶。此时气候适宜,地下根系还在生长活动,恢复生长容易。

(2)种植点覆盖地膜,种植区加盖大棚。努力控温保湿,创造有利于造型花瓶愈合生长的小气候环境条件。

(3)假植养根,用生根粉护根,并在定植后做好水肥的科学管理工作,早期满足水分需求,后期薄肥勤施。

(4)力求造型好,不变形。金属托圈用比较美观的塑料带包扎,能够使托圈在日晒雨淋的环境下不生锈,也不损伤苗干。在花瓶造型的苗木生长固定成型后可以剪除8#铁丝网格骨

图 3-12 花篮象形造型

架,使造型更加自然美观。在运销造型花瓶时要整齐竖放;瓶与瓶之间要有衬托物,避免瓶身挤压变形或干皮磨损等。

3. 考核评价

本任务是采用多株桂花苗木按照设计的花瓶规格定点栽植后,通过编结、绑扎进行象形造型的方法,该造型应达到冬观枝干编结的艺术美,春夏观赏绿叶的葱茏美,秋赏桂花嗅花香的效果。重点考查学生造型的设计要求,花瓶比例恰当,绑扎结实,与设计造型一致。

4. 巩固练习

采用编结绑扎法用桂花制作如图 3-12 所示的海棠花篮象形造型。

技能 3-4　圆柏六角亭象形造型

简单的及小的象形造型可以用单株树木通过修剪和绑扎塑造而成,大型的复杂象形造型需要用一株大树通过搭架后绑扎造型,或将几株大树按照设计方案定点放线栽植成活后再通过搭架绑扎造型。本任务用 6 株圆柏经过定点栽植成活后进行搭架、牵引、绑扎、修剪等手法制作成六角亭。通过本任务学习,使学习者掌握大型的复杂象形造型的基本造型方法,能够为园林绿地设计制作大型植物象形造型。

1. 材料及工具

植物材料:枝条柔韧、多分枝的圆柏或蜀桧 6 株,树高 4m,树冠丰满,冠幅 1.6 ~ 1.8m。

造型用具与备品:3 ~ 5cm 粗、长 1.8m 的竹竿 12 根,长 2m、2.5m 的竹竿各 6 根,长 4m 的竹竿 1 根、长 3.5m 的竹竿 3 根、长 2 ~ 2.5m 的竹劈若干根;10#、16#、21#铁丝若干米;手工剪、剪枝剪、钳子各 1 ~ 2 把;2.5m 高的活动梯子 2 个。

2. 方法步骤

1) 处理地形

在栽植造型骨架树之前,应对预植点的地形做微地形处理,使其比四周地面高 20 ~ 50 cm(图 3-13),以免造型完成后亭内积水。

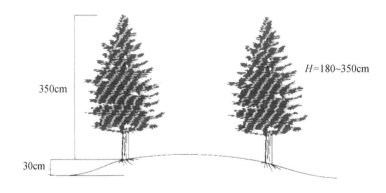

图 3-13　地形处理平面示意

2）定点、选苗、栽树

在处理好的微地形上面按照株间距 1.6m 的正六边形进行放线，确定圆柏栽植点，挖好栽植穴。选株高 4 m、生长健壮、多分枝、树冠丰满、冠幅在 1.6～1.8m 的无病虫害、茎无伤、枝条柔韧的圆柏 6 株，栽种在栽植穴内（图 3-14）。栽植好后，根据造型的需要，将距离地面 160cm 以下的圆柏枝条全部剪除，这样处理同时还能减少圆柏地上部分蒸发，提高栽植成活率（图 3-15）。

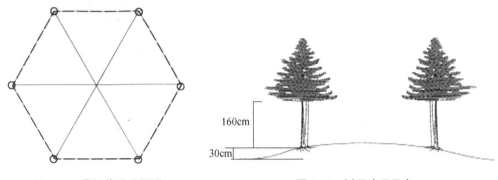

图 3-14　圆柏栽植平面图　　　　　　　　　图 3-15　树干清理示意

3）搭架造型

在圆柏栽植成活后的翌年春天至秋天进行搭架造型。

（1）搭架

①搭立亭中心骨架　在圆柏距地面 180cm 的树干上，用 16#铁丝，对角绑 3 根 5cm 粗、3.5m 长的竹竿。凡绑铁丝的地方用木片或破布包好，不伤树皮。在 3 根竹竿的相交点即 6 棵树的正中间 P 点，用 16#铁丝，绑 6～8cm 粗、400cm 长的竹竿，作为亭盖的中间柱，便于亭的顶部施工。

②搭制亭沿板骨架　在圆柏距地面 1.6m 和 1.8m 的树干上，分别用 16#铁丝及约 5cm 粗、180cm 长的竹竿，将相邻的两棵树连起来，12 根竹竿将 6 棵树在 1.6m 和 1.8m 高处围成一个间距 20cm 宽的六边体，在围成的 20cm 宽的 2 层竹竿间，用 16#铁丝，每隔 20cm，绑宽 3cm、长 25cm 的竹劈，在 1.6～1.8m 树高处成为一个围绕 6 棵树一周的 25cm 宽的正六边形平面（图 3-16），此为制作亭的沿板骨架。

正立投影图　　　　　　透视图

图 3-16　亭骨架做法详图　　　　　　图 3-17　亭顶骨架水平投影

图3-18　亭盖做法透视图　　　　　　图3-19　亭建成效果图

③搭建亭盖骨架　用6根长2m的竹竿在6棵树的树干上和亭中心的竹竿间搭建亭盖骨架。先用16#铁丝将竹竿的一端绑扎在每棵圆柏树干高1.8m处，再将竹竿另一端绑在亭中心的竹竿距离地面3.2m高处，形成一个六边形伞状骨架。然后将每棵树干顺着与它绑好的竹竿斜面拉弯，用10#铁丝把树干固定在竹竿上。再用竹劈在相邻2棵树中间的坡面上，横竖绑成网架，网格为30cm×20cm，绑网架时要注意坡度（图3-17）。

④做亭外缘及翘角骨架　用50cm长的10#铁丝固定在每棵树1.8m高的树干上，让远离树干一端的铁丝斜上弯曲成30°的翘角，再将1.8m长的16#铁丝与10#铁丝在距离树干30cm处绑扎，在6棵树间拉设出一个延伸出树干30cm、在亭沿板上方的亭外缘骨架，延伸出翘缘外20cm上翘的10#铁丝作为翘角骨架（图3-18）。

（2）绑扎捏形

六角亭的骨架绑成后，用16#铁丝绑大枝条于骨架上，注意骨架边沿和枝条的分布，做到均匀、没有空缺或凹陷。大枝固定后理顺小枝，使其分布均匀，然后用21#细铁丝仔细绑扎固定在骨架上，绑扎时要注意枝条的拉和扭，使其造型美观而不露骨架。

图3-20　牌坊象形造型

（3）制作亭顶尖

搭梯子在亭正中间，距地面3.4m处，用16#铁丝将6棵树的先端部分绑扎在一起，如果枝条多可以剪去一些，使绑扎部位上部的枝条平面直径为30cm，在往上20cm处用16#铁丝绑扎后用手工剪进行修剪，使其形成直径20cm的圆柱体和30cm的圆柱体相叠加的双层宝鼎。

绑扎完成的圆柏六角亭植物造型，每年都要对其进行精细的养护与管理，适时进行修剪，经过一个生长期后会形成十分逼真的六角亭植物造型效果（图3-19）。

3. 考核评价

本任务是利用多株植物按照造型设计，通过放线定点栽植造型植物，对造型植物养护管理待其成活后再对其进行搭架绑扎制作建筑物象形造型的方法，工序烦琐，费工费时，

项目 3 园林植物象形造型

需要梯子在高空作业有一定的危险。重点考察造型苗木选择、树木定点、搭架造型等几个环节，另外要注意评价学生的安全生产意识。

4. 巩固训练

用 2 株圆柏制作牌坊象形造型(图 3-20)。

技能 3-5　苹果树篱象形造型

树篱状的独干果树造型最适合苹果和梨，可通过整形抑制其生长，且适宜修剪的时间长。由主茎组成的支撑树篱，层数不宜太多，一般不超过 5 层。本造型要设计好永久的支柱和等距离的金属线以支撑层面上的枝条，其次是枝条绑扎和修剪。

1. 材料及工具

植物材料：用矮化或半矮化砧木嫁接的尚未成形的苹果幼树。

造型用具与备品：锹、钳子、锯、普通修枝剪、8#金属线、细铁线、支柱等。

2. 方法步骤

①在早春按一定的间距将苹果幼树栽植成一行。在苹果幼树行中隔一定距离埋直立支柱，在支柱上距地面约 45cm 等距离固定 3～5 根平行的金属线。在每株幼树主干处插一根竹竿，将竹竿固定在金属线上，再将苹果幼树绑在竹竿上(图 3-21A)。

②对长出侧枝的苹果幼树在主干的两侧进行对称修剪，在最低的金属线的下方，与金属线平行方向选留 2 个侧枝以形成底部的横臂。

③先将 2 根竹竿以 45°方向固定在金属线上，再将两条嫩枝固定在竹竿上长放不剪(图 3-21B)。

④秋季，尽量压低新生的枝条，以使它们能在水平方向上延伸，并将它们固定到最低的金属线上，移走竹竿。

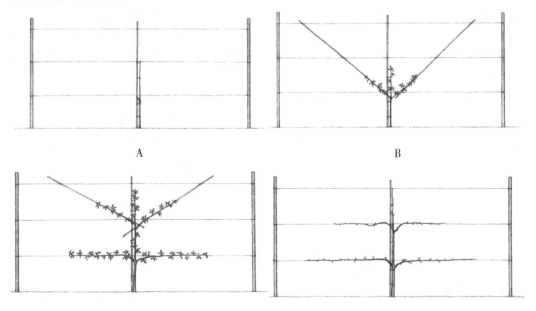

图 3-21　苹果树篱造型步骤

⑤翌年早春芽萌发前，剪短主枝，刚刚剪到第二根金属线的高度，确保此处有3个饱满的侧芽，其中两个芽形成侧枝，另一个芽则延伸成主干。

⑥新枝萌发后，按步骤3绑缚第二层的两个侧枝。同时修剪底层拱臂上的侧枝，剪掉任何生长旺盛的直立嫩枝和主干上两层侧枝之间的枝条(图3.21C)。

⑦秋季，降低第二层拱臂并固定到金属线上，移走竹竿(图3-21D)。

⑧如果树篱是4或5层，第三、四层的整枝方法同第一、二层。

⑨顶层的整枝同下面的各层一样，所不同的是只留2个侧芽，不让其再进行高生长。顶层侧枝开始的固定，使用在主框架上延伸的竹竿，以后再使其降到水平位置，并固定到金属线上。移去支撑主干的竹竿。

⑩树篱在春季需要修剪以抑制它的生长，并促进将会产生花芽的小枝发育。初夏在水平线上的侧枝花芽开始分化，3年后发育成为果实。仲夏之后才进行叶片的修剪，剪断长的侧枝，在基部丛生枝上留3个叶片，也可留很短的侧枝。不修剪短于20cm的枝条，这些侧枝可能会形成花芽，剪掉从小枝中长出的侧枝，只留一片叶。冬季除了剪去夏季修剪后形成的徒长枝外，不必再进行其他形式的修剪。

3. 考核评价

要求各支柱的间距、几条金属线的间距及果树的间距相等，金属线要绷紧；金属线和支柱之间固定结实；枝条分布要求对称；修剪留芽合理。

4. 巩固训练

制作多花紫藤篱笆造型。

技能3-6 五色草永久性宝瓶式花坛制作

砖骨架宝瓶式花坛是传统、最简单的立式花坛造型方法，造型方法简单，成本低，通过本任务学习，使学习者熟悉立体花坛造型的方法，为学习复杂造型奠定基础。

在街道的某一区域设立一个砖结构的永久性五色草宝瓶式花坛(图3-22)，其大小根据具体位置确定。要求南方四季、北方春夏秋季可供欣赏。

1. 材料及工具

植物材料：茶褐色、紫红色、绿色和鲜红色等五色草品种。在宝瓶上能摆放的应季的各种观花、观叶、观果植物，如碧桃、连翘、榆叶梅、竹类、云杉、蒲葵以及苹果、石榴等盆景。

造型用具与备品：铁锹、抹子、钢管脚手架、工程线、铁钉或木楔、细铁丝、剪刀、刷子、草包片、园田土、腐熟粪肥、麦秸、墨汁、砖、石灰、沙子等。

2. 方法步骤

1) 材料计算

根据施工场地确定宝瓶式花坛的大小，计算图案与实物的比例，计算砖和各类五色草的用量。

2) 砌骨架

根据宝瓶大小和当地的冻层和地质情况确定地基深度，并开挖基

图3-22 宝瓶图案

(引自俞善金等)

1. 茶褐色 2. 紫红色
3. 绿色 4. 鲜红色

图 3-23 钉木楔示意

础、夯实,用砖、沙、白灰,以单层砖砌宝瓶式雏形,要求砌筑端正、得体。

3) 钉木楔

根据砖缝横向 24cm、竖向 12cm,在砖缝中钉入木楔。木楔要露出 5cm 左右,用长铁钉代替木楔也可(图 3-23)。

4) 贴肥泥

将肥土(园田土 80%、腐熟粪肥 20%)掺入同等体积的麦秸(或长约 10cm 稻草)和成泥。泥要硬一些,不可软。麦秸(或稻草)和肥土要掺和均匀。用水将砖墙喷湿,用手将泥贴在墙上,肥泥厚度为 4cm 左右,薄厚要均匀,贴完泥后要把泥表面抹平整、光滑。

5) 铺草包片

将稻草编织的草包片平整贴在泥上,把草包片固定在木楔或钉子上,并将钉在墙上的木楔(或钉子)暴露出来,使木楔起到固定草包片的作用。同时将有些部位多余的草包片剪除。然后用细铁丝拴紧木楔(或钉子),如图 3-23 所示,成为若干个"井"字形,再用较软的肥泥贴在草包片上,将稻草包片盖严抹平即可,不必太厚。

6) 画图案

用刷子将设计好的图案放大画在宝瓶上。

7) 栽植五色草

在肥泥没干之前栽植五色草。用直径 1.5cm 左右、先端尖的木棍在草包片上扎洞,按照设计图案要求的颜色自上而下先栽植花边和蝙蝠图案,随后栽植底色,逐一将五色草植入扎好孔洞的草包片下肥泥中,用手将肥泥把孔洞封严。五色草的间隔要均匀,以不露出肥泥为准。

8) 整理及养护

五色草栽好之后,在干旱无雨时每天喷水 3~4 次。每月对五色草图案进行一次修整,使图案更清晰、更美观。每年春季重新栽植一次,变换一次图案。

9) 花卉装饰

五色草宝瓶花坛制作成功之后,还要对宝瓶进行花卉装饰,在不同季节进行不同的花卉装饰。如春季可在宝瓶上摆放盛开的碧桃、连翘、榆叶梅等春季开花的植物;夏季可摆放竹类、云杉、蒲葵、棕榈、鱼尾葵等植物;秋季可摆放苹果、梨、石榴等观果类树桩盆景;冬季南方可摆放观叶类植物,北方可摆放塑料制成的各种蜡果、绢花等。

五色草花坛下面春季可摆放一串红、天门冬、彩叶草等,摆成一定图案,装饰花坛的下方。夏秋季可采用一品红、一串红、鸡冠花、菊花等摆放成优美的图案,装饰美化五色草宝瓶式花坛。

图 3-24 五色草花瓶造型效果图

3. 考核评价

本训练是以砖为骨架的外抹泥层栽植五色草的传统造

型手法，简便易行，成本低。在骨架砌筑上，要求基础深浅适度，砌砖质量符合建筑施工规范，宝瓶锥形与图纸设计形体一致；肥泥制作软硬适度，贴抹薄厚均匀光滑；用方格网转绘无误差；五色草栽植间隙均匀，不露泥，深浅适度，图样边缘界限清楚。

4. 巩固训练

用五色草制作如图3-24所示的砖骨架的花坛。

技能3-7 五色草海豚顶球造型花坛制作

立体造型花坛常应用在园林景观视线的中轴线部位，是工艺较复杂的造型种类，本任务旨在让学习者熟悉以钢为骨架的简单动物造型的技艺和步骤。

在动物园入口处制作两个大小与所在场地相适应的钢架结构、五色草组成的海豹顶球造型花坛。造型设置在盆花组成的平面花坛之中（图3-25）。

1. 材料及工具

植物材料：各种颜色的五色草、瓜叶菊、万寿菊、一串红等盆花。

图3-25 海豚顶球立体花坛造型效果图

造型用具与备品：电焊机、切割机、铁锹、钳、麻袋布、细铅线、4cm×4cm角铁、直径6mm和直径8mm钢筋等。

2. 方法步骤

1）制作骨架

用4cm×4cm角铁按骨架图（图3-26），依比例焊出骨架，然后用直径6mm和直径8mm的钢筋焊出海豚的外部轮廓网状结构，网眼大小15cm×15cm。

2）安装固定骨架

将骨架安放在预先设计的平面位置上，用骨架支撑脚起稳固作用。若为水泥地可用膨胀螺栓固定。

3）包麻袋布和填基质

在骨架外表层密包一层麻袋布，用细铅丝将麻袋布固缚在钢筋上，然后在骨架内填蛭石或配比土壤。配比土壤可用腐熟饼肥20%、砂壤土60%、蛭石20%，三者混匀。

4）扦插

在麻袋布上用笔绘出海豚身体的轮廓线和球部的分区线，标出各部分草色。选五色草枝剪成6~10cm长、下端削成整齐斜口、去掉基部的叶及分枝的插穗，并将过于膨大的节在对称两侧的两面稍削去一部分，以利插穗能顺利插入洞口。用直径6mm的钢筋打尖磨圆，另一头做成握把的扎锥，在泥层上稍向上斜插孔，将剪好的插穗插入孔中，并用手封

图3-26 五色草海豚造型骨架图

按孔口,以插穗不易拔出为度,扦插深度为插穗长的 1/3~1/2,且保证有 1 节插入孔中(利于生根)。扦插密度以草枝不拥挤又基本不露麻袋布为准,株行距约 3 cm。扦插时先插图案轮廓线,再于其内按自上而下、从前至后的步骤插入蛭石或土中。

5)浇水

扦插完毕后用喷雾器具直接对五色草喷水。之后每天可喷 3~5 次,喷水的水温要适宜,夏季应高于 15 ℃,其他季节可高于 10 ℃,浇水不可太快太多,要细雾状喷洒,这样可清洗叶面上的灰尘、降低温度、提高空气相对湿度,有利于五色草的生长。

6)盆花装饰

在造型基部四周,用盆花摆放成图案。

7)其他养护措施

如果生长期过长不能满足五色草生长需要,要薄肥勤追肥。化肥和微量元素施用浓度不超过 0.3% 和 0.05%,有机肥浓度不超过 5%,每 10~15d 追肥 1 次或叶面喷肥,以晴天傍晚追肥为宜。

五色草如萎蔫、死亡,应及时补植。

刚栽完的五色草,用大平剪轻剪,将表面修平即可,生长养护期,为控制五色草长高可重剪。还要用手剪对图案进行细致修剪,保证图案线条明显,图案清晰,一般 15~20d 剪一次。

五色草在养护过程中易出现烂叶现象,多是低温高湿所致,尤其是国庆节期间,一旦出现烂叶,即应减少喷水次数和喷水量。也可用药剂防治,使用 15%~20% 农用链霉素,50% 速可灵可湿性粉剂 4000 倍液喷雾,共 1~2 次,喷药后 24h 内不可喷水。

3. 考核评价

钢结构造型骨架制作要保证重心不能偏移,形体符合设计意图,焊点牢固无假焊现象,栽植五色草后骨架不能外露,外包麻袋布严实不漏土,要均匀缝制在钢筋网上,骨架内填土无空隙、充实,五色草栽植高矮一致,密度均匀,不漏麻袋布,草色搭配符合美学原理,不同色草间界限清晰,平面盆花图案清晰,与造型相呼应、协调。

4. 巩固训练

按图 3-27 所示,用角钢和钢筋外包麻袋布制作字盘型五色草国旗造型。根据国旗颜色选择五色草或其他花卉。制作完成后,试计算成本。

A

B

C

图 3-27　国旗造型

A. 角铁主骨架图　B. 钢筋网图　C. 效果图

自测题

1. 象形造型有哪几种基本方法？各种造型方法有什么特点和要求？
2. 在象形造型时如何把握美学原则？
3. 如何设计创新象形造型(设计新颖的卡通或动画形象)？

项目 4
树木盆景造型

学习目标

(1) 了解盆景的概念和类型。
(2) 掌握树木盆景的树体结构。
(3) 熟悉树木盆景的主要形式、流派和风格。
(4) 能根据树种材料的特性和盆景美学原理设计相应的树木盆景造型形式。
(5) 熟悉树木盆景制作的流程，掌握树木盆景制作的基本技艺。
(6) 会制作直干式、斜干式、曲干式、卧干式、悬崖式、丛林式盆景。

4.1 树木盆景的结构与类型

4.1.1 盆景的概念

盆景是在我国盆栽、石玩基础上发展起来的以树、石为基本材料在盆内表现自然景观并借以表达作者思想感情的艺术品。它包括树木盆景、山水盆景和树石盆景。树木盆景是以木本植物为主要造型材料，通过蟠扎、修剪、整形等加工技艺和园艺栽培技术而形成的一类盆景。由于树木盆景常常取材于山野挖掘的树木根桩，故习惯上又称为树桩盆景。造型树木、盆钵和几架是构成树木盆景的3个要素。按盆景作品的高矮(其中悬崖式按干的伸展长度)、展宽(枝条的横展长度)或盆长，可将树木盆景分为特大型盆景(120cm以上)、大型盆景(80~119cm)、中型盆景(40~79cm)、小型盆景(20~39cm)和微型盆景(20cm以下)。

此外，树木盆景还有自然型、规则型、象形型之分。

4.1.2 盆景树体结构

树木盆景的树体通常包括以下部分(图4-1)。

① 主干　从根颈到树木顶部的主体部分，又名树身，是树木造型的第一步。
② 主枝　树干上长出的粗壮部分，自下而上可分为第一主枝、第二主枝等。在盆景造型中也叫第一主侧枝、第二主侧枝等。每一侧枝形成一个片层。

图 4-1　盆景树体结构示意

③侧枝　主枝上长出的枝条，由内向外依次可分为第一侧枝、第二侧枝等；也可以按枝龄分为一级侧枝、二级侧枝等。级次越多，树桩养护时间越久。

④鸡爪枝　枝片顶部形似鸡爪的年幼而多的细小枝条。它是对枝条长期短截的结果。

⑤叶片　即树叶，是植物进行光合作用制造营养的工厂。

⑥枝片　主枝、侧枝、鸡爪枝、叶片的总称。在概念上，枝片包括叶片，两者有范围上的区别。

⑦顶片　指桩景顶部的枝片。一般自然式的桩景顶片则不明显。

⑧树冠　树干分枝以上的所有枝叶。不能只将桩景顶部称为树冠。

⑨根颈　树干和树根的结合部位。盆景材料要求根颈部粗壮。

⑩主根　由胚根发育而成。桩景中不多见，因上盆的需要，主根常被截去，以促进须根的发育。

⑪侧根　根颈下部长出的粗根群，并形成根盘(连同根颈部分也称隆基)。盆景中的提根主要指侧根，以供观赏。

⑫须根　生长在侧根上吸收养分的细根群。须根化是桩景盆栽的效应之一，在换盆时可见到须根团。修剪时要多留须根。

4.1.3　盆钵

盆钵是盆景的容器，对于盆景而言，既有实用价值，又有艺术价值，有"一树、二盆、三几架"的说法。底部有排水孔的为桩景盆，底部无排水孔的为山水盆。其形状各异，各有称谓(图 4-2)，按制作材料，可分为以下几各种：

①紫砂盆　产于江苏宜兴。质细、坚韧、古朴、透性好，品种多样，有圆、方、六角、八角、椭圆、菱形、腰圆、扇形、鼓形、鼎形等(图 4-3)。多用于桩景制作。

项目4 树木盆景造型

图4-2 盆的名称

图4-3 紫砂盆

图 4-4　陶釉盆

②陶釉盆　产于广东石湾，颜色各异，形状多样，素雅大方，质地疏松。桩景、山水盆景皆宜(图 4-4)。

③瓷盆　产于江西景德镇、河北唐山、山东博山等地，细腻、坚硬、透性差，多用作套盆。

④水泥盆　全国各地均有，以白水泥为宜。可先用木料或泥巴做成盆内模型，用白水泥 1 份、河沙 3 份，掺 1 份长石粉，用水调匀可制，价廉、坚实、耐用，多用作大型山水盆景。

⑤凿石盆　产于云南大理、山东青岛、河北易县等地。是采用汉白玉、大理石、花岗岩等石料雕刻而成，坚实、高雅、不透水。宜做山水浅盆。

⑥云盆　产于桂林等地，为天然石盆，富于自然美，用于桩景制作(图 4-5)。

图 4-5　云　盆

⑦泥瓦盆　粗糙、透性极好，适于养树桩。

⑧塑料盆　产于各个城市，用塑料制成，色彩多样，形状各异，不透水，易老化。易做桩景。

⑨竹木盆　产于江西等地，以竹木为原料稍加工而成，朴素无华、自然。用于桩景或挂壁盆景。

4.1.4 几架

几架又叫几座,是用来陈设盆子的架子,是盆景艺术的整体之一。按材料可分为木质几架、竹质几架、陶瓷几架、水泥几架、塑料几架等。

①木质几架 用高级硬质木材制成,做工精细。常用木料有花梨木、楠木、紫檀木、酸枝木、枣木等。有明式和清式之分,明式几架色调凝重,结构简练,造型古雅;清式几架结构精巧,线条复杂,多用雕线刻花。根据陈设方式分为落地式和桌案式两类。落地式有方桌、圆桌、长桌、琴几、茶几、高几;桌案式有方形、圆形、海棠形、多边形、书卷形(图4-6)。

图4-6 挂壁、落地、几案式几架

②竹质几架 用斑竹或紫竹制成,结构简单,自然素朴。均用于室内陈设盆景。

③陶瓷几架 陶土烧制而成。落地式多为鼓状或圆管状;桌案式多为不规则形状,较小。

④水泥几架 用高标号水泥制成。均用于室外陈设,放置大型盆景,多见于盆景园内。如与建筑连成一体。

⑤其他几架 有用钢筋制成的博古架和用角铁制成的落地几架,还有用松杉枝干做成的落地几架。

4.1.5 树木盆景的类型

树木盆景根据所用的植物材料种类的不同,按照观赏特性的差异,分为松柏类、杂木类、叶木类、花木类、果木类、蔓木类6类。

(1)松柏类

松柏盆景是以裸子植物中的松柏类树种为材料,进行培育造型而形成的。其特点是姿态古雅苍劲,朴拙奇特,叶如针刺,耐旱耐寒,寿命较长。造型手法是师法自然,或独木挺拔,或双木结对、三五成丛,往往采用"参天覆地"、"高下参差"的高干式大树型。松柏盆景采用扭筋换骨,枯峰露顶,以表现其古拙奇态(图4-7)。松柏盆景材料丰富,常用的有五针松、黑松、白皮松、黄山松、金钱松、龙柏、圆柏、铺地柏、真柏、

图 4-7 松柏类盆景

罗汉柏、矮紫杉等树种。培养得法,珍惜爱护,生存可达数十年乃至百年以上,越老越奇,观赏价值也越高。

(2) 杂木类

杂木盆景是以阔叶树种为材料,取姿态奇特古雅、枝叶挺秀、寿命长且适应性强者,经过精心培育,加工造型而形成的一类盆景。杂木盆景往往从山野采掘野生树桩,养胚上盆,在较短时间内,可加工成提根露爪、盘曲苍老、枝干虬曲、叶小花繁、风致宜人的桩景。常用的树种有榔榆、黄荆、赤楠、黄杨、雀梅、九里香、福建茶、榕树、对节白蜡、水杨梅等。这类盆景多讲究姿态美和风韵美,以古朴秀雅取胜。选材极为重要。一般人工育苗繁殖较少,而山野采掘老桩较多,一旦上盆,即成佳品,故素有"本是山野物,今日案头芳"之说。

(3) 叶木类

叶木盆景是以树形优美、枝叶密生、叶形奇特、叶色丰富而多变的树种为材料,突出观叶效果的一类盆景。常用的材料有红枫、鸡爪槭(图4-8)、三角枫、卫矛、波缘冬青、十大功劳、银杏、枸骨、苏铁、棕竹、凤尾竹等树种。这类盆景不仅观叶,也兼有其他方面的观赏效果。但以鲜艳悦目的叶色、雅美新奇的叶形为其主景。叶木盆景有常绿树类,四季常青,终年可以观赏;也有落叶树类,随着季节的变化,呈现不同色彩,虽寒冬叶落,仍可观赏其寒树景象。

图 4-8 鸡爪槭、红枫盆景

(4)花木类

花木盆景是以花色、花姿兼美，五彩缤纷，灿烂绚丽，香气沁人，生机盎然的花树或花卉为材料，配以精致盆钵，经过装饰加工，突出观花效果的一类盆景。其造型要以古干虬枝、异种奇名、枝叶扶疏、繁花满树者为佳。如取材得法，四时花开不绝。皆入画境更为佳。常用的树种有迎春、梅、碧桃、金雀花、蜡梅、海棠、山茶、杜鹃花、六月雪、紫薇、桂花、雀舌栀子等名花佳卉。花卉盆景在园景中有其独特的效果，每逢佳节，盛花盆景点缀，姿色诱人，香气袭人，令人赏心悦目，感到满园春色(图4-9)。

图4-9　花桃、杜鹃花、梅花盆景

图4-10　火棘、佛手、山楂盆景

(5)果木类

果木盆景以观果类树种为材料，其果实色彩悦目，红紫者为贵，色黄者次之。每当丹实累累、金果挂枝，不仅为园景增色，且给人以丰盛之感。常用的树种有火棘、南天竹、金弹子、虎刺、枸杞、果石榴、胡颓子、野山楂、佛手、金橘、小檗、荚蒾等。果木盆景每当深秋之时，花事凋落，树木飘零，在秋风萧瑟的庭园，点缀数盆观果盆景，红黄相间，色彩注目，风姿优美，可打破沉寂园景，增加生活环境的情趣(图4-10)。

(6)蔓木类

蔓木盆景是以蔓性树木或藤本植物为素材，上盆加工造型，突出其卷曲的茎干、垂拂的枝叶而形成的一类盆景。它兼有花果艳丽、姿韵优美、别具风格的特色。常用的树种有紫藤、常春藤、络石、金银花、扶芳藤、凌霄、葡萄、爬山虎等木质藤蔓植物，该类盆景以蔓茎缠绕或悬垂为其特色，故多装饰于深盆高架，或挂壁长垂，或附石盘绕，且有婀娜的风韵、苍古的风貌（图4-11）。

图4-11　紫藤、葡萄盆景

4.2　树木盆景的形式与流派

4.2.1　树木盆景的形式

树木盆景由于树种的生物学特性不同，加工造型有差异，其所表现的景观千变万化，千姿百态，形态各异，归纳起来主要有以下形式。

（1）直干式

主干直立，枝条分生横出，疏密有致，层次分明。能表现出雄伟挺拔、巍然屹立、古木参天的树姿神韵。直干式盆景又可分为单干、双干或多干等形式，在我国岭南派盆景中最为常见。常用树种有五针松、金钱松、水杉、榔榆、榉树、九里香、罗汉松、黄杨等（图4-12）。

图4-12　直干式盆景

直干式盆景多使用长方形、椭圆形、正方形、正圆形浅盆。

(2) 斜干式

树木主干向一侧倾斜，一般略弯曲，枝条平展于盆外，主枝向主干相反方向伸出，树姿舒展，疏影横斜，飘逸潇洒，颇有山野老树姿态。所用材料，有来自山野老桩，也有以老树加工制作而成。一般桩景多采用斜干式。常用树种有五针松、榔榆、罗汉松、雀梅、黄杨等(图4-13)。

斜干式盆景一般多用长方形浅盆。

高起点分枝斜干　　　　主干直势倾斜　　　　干微曲势倾斜

主干斜势立　　　　斜中带曲　　　　树势斜而干曲

图4-13　斜干式盆景

(3) 卧干式

树干横卧于盆面，如卧龙之势，树冠枝条则昂然向上，生机勃勃，树姿苍老古雅，似风倒之木，富有野趣。配盆多用长方形盆，可配山石加以陪衬，以求均衡美观。常用树种有雀梅、榆、朴、铺地柏、九里香等(图4-14)。

卧干式盆景多用长方形或椭圆形浅盆。

图 4-14 卧干式盆景

(4) 曲干式

树干弯曲向上，犹如游龙。常取三曲式，形如"之"字。枝叶前后左右错落，层次分明，树势分布有序。曲干可分为自然型和规则型。川派、徽派、扬派、苏派盆景常用此种形式。常用树种有梅、黄杨、紫薇、紫藤、罗汉松、真柏、圆柏等(图 4-15)。

曲干式盆景用盆范围很广，以中深度景盆为主。

(5) 悬崖式

树干弯曲下垂于盆外，冠部下垂如瀑布、悬崖，模仿野外悬崖峭壁苍松探海之势，呈现顽强刚劲的性格。用盆多取高筒式，适于几案陈设。根据树冠悬垂程度，冠顶不超过盆底部以下者，称半悬崖；冠顶在盆底下者，称全悬崖。常用的树种有五针松、铺地柏、黑松、黄杨、雀梅、六月雪、凌霄、罗汉松、榆等(图 4-16)。

悬崖式盆景多采用深、中深的正方形、正圆形景盆。

(6) 枯干式(枯峰式)

树干呈枯木状，树皮斑驳，多有孔洞，木质部裸露在外，尚有部分韧皮部上下相连，冠部发出青枝绿叶，具有"枯木逢春"的意境。常用树种有黄荆、圆柏、榉木、榔榆、雀梅、紫薇等(图 4-17)。

项目4 树木盆景造型

自然曲干　　　　　　　　枫树曲干　　　　　　　　柏树曲干

悬根露爪、凸部出片　　　　松树曲干　　　　　　　　岭南派盆景曲干

图 4-15　曲干式盆景

中悬崖　　　　　　　　　大悬崖　　　　　　　　　小悬崖

图 4-16　悬崖式盆景

图 4-17　枯干式盆景　　　　　　图 4-18　附石式盆景

(7) 附石式

树根附在石上生长，再沿石缝深入土层，或整个根部生长在石洞中，好像山石上生长的老树，有"龙爪抓石"之势，古雅如画。树木主干有斜干、曲干、直干等多种形式。附石式盆景以树景为主体，山石为配景。常用树种有三角枫、五针松、黑松、圆柏、榔榆等（图4-18）。

附石式盆景多采用中浅长方形和椭圆形景盆。

(8) 垂枝式

树木的枝条纷纷下垂，宛如垂柳。枝条柔软的树种，通过人为加工，所有枝条均垂拂盆周。表现自然界中垂枝树木迎风摇曳，潇洒飘逸的景象。这种形式树木主干以斜干或曲干为多。常用的树种有迎春、柽柳、金雀、枸杞、紫藤、垂枝梅等（图4-19）。

垂枝式盆景常采用椭圆形、长方形的浅盆，也有用深盆栽植。

图4-19　垂枝式盆景　　　　　　　　图4-20　提根式盆景

(9) 提根式

树木根部向上提起，侧根裸露在外，盘根错节，悬根露爪，古雅奇特。川派盆景无不提根。这种形式须在翻盆时，逐步将根系提升到土面而成。常用的树种有榕树、榔榆、三角枫、雀梅、黄杨、六月雪、金弹子等（图4-20）。

提根式盆景多采用中浅长方形、椭圆形景盆。

(10) 连根式

多茎干树木其粗根裸露而相连，树干则高低参差、错落有致。这种形式多选用植株根部易发不定芽的树木种类，可形成山野根部相连的多株树木的景象。常用的树种有榉木、福建茶、六月雪、雀梅、黄荆、火棘、赤楠等（图4-21）。

连根式盆景多采用长方形浅盆。

(11) 丛林式

一盆之中由一种或不同种的多株树木合栽而成，故又称"合栽式"。这种形式可表现自然界三五成丛的树木景象，或模拟山野疏林、密林、寒林等森林风光。树木有直有曲，有正有斜，富有变化。常用的树种有金钱松、水杉、榉树、红枫、虎刺、六月雪、福建茶等（图4-22）。

图 4-21 连根式盆景

图 4-22 丛林式盆景

丛林式盆景一般采用长方形或椭圆形浅盆。

4.2.2 树木盆景的流派

4.2.2.1 盆景流派的概念

树木盆景流派是在特定环境条件下形成的一种盆景艺术现象，它是在盆景的个人风格、地方风格基础上发展起来的，随着时间的推移和时代的前进，盆景的个人风格、地方风格在内容和形式上日趋成熟、升华，且有量的扩大，盆景诸要素在某一区域内程序化，于是形成了盆景的艺术流派。流派形成是某区域盆景艺术成熟的重要标志。现阶段盆景流派皆指树木盆景而言，多以地区命名。

盆景的个人风格是指某个盆景艺术家在其作品的内容和形式的各种要素中所表现出来的艺术特色和创作个性。盆景作品内容和形式要素主要包括树种、石种、造型形式、意境、技法、栽培管理技术、盆、架等。盆景地方风格则是某一地区的盆景艺术家们在盆景作品的内容和形式上的各种要素所表现出来的地方艺术特色和创作个性。盆景的个人风格是形成地方风格的基础，地方风格是形成艺术流派的基础，流派则是地方风格发展的高级阶段和可能趋势，也是民族风格的集中体现者。

4.2.2.2 主要流派（表 4-1）

截至目前，我国盆景界所公认的树木盆景流派有苏派（图 4-23）、扬派（图 4-24）、川派（图 4-25）、岭南派（图 4-26）、海派（图 4-27）、浙派（图 4-28）、徽派（图 4-29）、通派（图 4-30）等，此外还有闽派、中州派和滇派。

表 4-1 树木盆景流派

派别	分布区域	代表人物	常用树种	造型特点	技法	艺术风格
苏派	苏州、无锡、常州、常熟	周瘦鹃、朱志安	雀梅、榆、枫、梅、石榴	圆片、六台三托一顶	粗扎细剪（棕丝蟠扎）	清秀古雅
扬派	扬州、泰州、泰兴、盐城	万觐棠、王寿山	黄杨、松、柏、杨、榆	云片、寸枝三弯	精扎细剪（棕丝蟠扎）	严整壮观

(续)

派别	分布区域	代表人物	常用树种	造型特点	技法	艺术风格
川派	成都、重庆、灌县、温江	李宗玉、冯灌父、陈思甫、潘传瑞	金弹子、六月雪、海棠、竹、花果类	规则型为主	讲究身法（棕丝蟠扎）	虬曲多姿、典雅清秀
岭南派	广东、广西、福建	孔泰初、陆学明、素仁、莫眠府	榕树、榆、福建茶、九里香、雀梅	大树型、高耸型	截干蓄枝	苍劲自然、飘逸豪放
海派	上海	殷志敏、胡运骅	松柏类为主，锦松、真柏	微型、自然型	金属丝缠绕	明快流畅、精巧玲珑
浙派	杭州、温州	潘仲连、胡乐国	五针松为主	高干型合栽式	针叶扎阔叶剪	刚劲自然、有时代气息
徽派	安徽、绩溪、休宁、黔县	宋钟玲	梅、松、圆柏、檵木	规则型、游龙式	粗扎粗剪（棕皮树筋）	奇特古朴
通派	南通、如皋	朱宝祥	小叶罗汉松	两弯半	以扎为主（棕丝蟠扎）	端庄雄伟

榆树盆景

大阪松盆景

柏树盆景

图 4-23　苏派盆景

1~2 片为台式

3 片以上为巧云式

图 4-24　扬派盆景

项目 4　树木盆景造型

图 4-25　川派盆景

大树型

清秀型　　　　　　　　　　　高耸型　　　　　　　　　　　自然型

图 4-26　岭南盆景

137

图 4-27　海派盆景

项目4 树木盆景造型

高干合栽

两株合栽　　　　　刘松林笔意　　　　　一本二干

图4-28 浙派盆景

传统游龙梅造型　　　　写意龙游梅造型　　　　游龙弯造型

图4-29 徽派盆景

| 两弯半造型 | 罗汉松悬崖式造型 | 海棠曲干式盆景 |

图 4-30　通派盆景

4.2.2.3　树木盆景地方风格

树桩盆景地方风格主要有以下几种（表 4-2）。

表 4-2　树木盆景地方风格

名称	分布区域	代表人物	常用树种	造型特点	技法	艺术风格
中州风格	郑州、鄢陵、平顶山	张瑞堂、周脉常、马建新	怪柳、蜡梅、石榴、圆柏、荆条	倒栽松（桧）、疙瘩梅	捏型靠枝	粗犷朴实，形象逼真
福建风格	福州、泉州、厦门	杨吉章、傅耐翁	榕树、福建茶	飞榕、配石悬崖式	精扎细剪，以剪为主	奇特生动，自然豪放
湖北风格	武汉、荆州、黄石	贺淦荪等	三角枫、榆、朴、牡荆	过去规则型，如今自然型	棕丝、金属丝修剪并用	洒脱清秀，自然流畅
金陵风格	南京	华炳生等	真柏为主	自然型	扎剪并施，用超浅盆	博采众长，自然秀丽
八桂风格	广西		九里香、榕树、雀梅	大树型	蓄枝截干	以老取胜、气派见长、意境见功
北京风格	北京	于锡钊、周国良	小菊为主、鹅耳枥、荆条、元宝枫	造型多样	铁丝缠绕、小菊去脚芽	讲究色、香、姿、韵、自然流畅
徐州风格	徐州	张尊中	苹果、梨、山楂	自然型	矮化，二重剪，修剪	果实累累，独具一格
湖南风格	长沙	张国森	铺地柏	超悬崖式	蟠扎修剪	技艺高超，堪称一绝
淮安风格	淮安		香艾（菁草类）	悬崖式	以剪为主，以扎为辅	独树一帜
山东风格	益都等		迎春、黑松	自然型、垂枝型	以剪为主	枯木逢春，繁花似锦

4.3 树木盆景制作的理论基础

4.3.1 盆景的艺术表现

盆景艺术活动内容概括起来有准备、创作、养护、欣赏4个阶段,包括盆景材料筛选、收集和一些预处理(如养坯);盆景制作活动是指表现什么、如何表现两个方面;养护和欣赏是交互进行的。

4.3.1.1 盆景的自然美

树木盆景是以活的植物体为材料,具有生命活动的特征。其自然美包括根、树干、枝叶、花果和整体的姿态美,以及随着季节变化的色彩美。

(1)根美

树木盆景根的造型,有提根露爪呈龙盘虎踞之势;有根部相连呈连根之状;还有扎根石隙之中,呈附石而生之状,均给人以裸根露爪、盘根错节、苍老古木之感。

(2)树美

树木主干造型是决定自然树势和神韵的重要艺术手法,可使直干挺拔,曲干蟠屈多姿,斜干苍古入画,各具特色。干皮有的布满鳞片,如松类及榔榆等;有的光滑多节,如竹类;有的细腻光亮,如紫薇;有的枯干萌生新枝绿叶,给人以"枯木逢春"之感。

(3)叶美

叶形随着树种不同而有差异,有针形叶的松类,鳞状叶的柏类,扇形叶的银杏,掌状叶的槭类,瓜子状的黄杨,还有叶形奇特的枸骨冬青等;叶的色彩更是丰富多样,如紫红色的红枫,秋色转红的鸡爪槭、卫矛,四季翠绿的凤尾竹,绿叶玉边的六月雪等,均以叶形、叶色见长,供人欣赏。

(4)花果美

在观花盆景中,有高洁素雅的梅,红艳似火的石榴,展翅欲飞的金雀,万紫千红的杜鹃花,洁白芳香的栀子花等,是盆景中最富有色彩变化的一类,令人赏心悦目。

观果盆景以果形、果色引人入胜。如果红如火、古雅多姿的火棘,果实累累、清雅秀丽的南天竹,核果殷红、枝密叶细的虎刺,果如弹丸、金色灿烂的金橘等。春华秋实,每当深秋之时,花事凋落,万木飘零,若能点缀几盆观果盆景,色彩耀目,风姿优美,可打破园林沉寂之感,增加生活环境的情趣。

(5)整体美

树木盆景各部分的形态和色彩的有机结合,根、干、枝叶造型多姿,花果色彩丰富,就形成了树景的整体美。

4.3.1.2 盆景的艺术美

艺术美是社会美和自然美的集中、概括和反映,它包括造型美和意境美。

(1)造型美

盆景中的自然景物通过人工造型而体现出来的形式美叫造型美。分为优美型和壮美型。优美也叫秀美或柔性美,它给欣赏者以柔和、愉快之感。优美根据形态不同又可分为幽静美、动律美、色彩美。壮美是指树木盆景中的苍松翠柏,给欣赏者的是刚烈、激荡之感。

(2)意境美

所谓盆景意境就是盆景作品中所描绘的自然和生活景象和内涵的思想感情融合一致而形成的一种艺术境界，表现为景中有情、情中有景、情景交融。意境的深浅是盆景作品成功与否的关键。诗情画意是盆景艺术的最高境界，它是建立在画境、生境的基础之上的，二者互相渗透在盆景创作中，是最难表现的。诗情是指盆景具有诗歌般的深远意境；画意是指盆景具有绘画般的意境。

4.3.2 盆景树木的生长特点

从生命周期来看，盆景树木与自然界树木大同小异。所谓大同，是指每种盆景树木从生到死都有生长、开花、结实、衰老、更新直至死亡的过程，这一点与自然界树木是完全相同的；所谓小异，即桩景树木多为"小老头"树的类型，上盆桩头很少见到其幼年期、壮年期，而常见到的是它的老年期。由于经常换盆而采取的修根、换土等园艺措施，可能会使衰老更新期延长。

通过观察比较发现同一树种在地栽形式与盆栽形式下，其生长情况大不一样，主要表现在根、干、枝、叶、花、果的形态变化方面。

(1)根系产生断根效应与容器效应

自然界生长的树木，直根系树种(双子叶和裸子植物类)的根系级次十分明显，主根发达，较各级侧根粗壮而长，能清楚地区分主根、一级侧根、二级侧根和须根。而桩景树木，由于上盆前对根部的重剪和盆钵定容的限制，主、侧根只留15cm左右，因而断根效应(根系纤细化)十分明显，其根系由不定根组成，几乎找不到真正的主根，根系级次难以区分，形成了很多纤细的不定根为主的根系。这样的根系是树木在定容容器条件下出现的一种自行调节，只有这样树木才能在极度限制的空间内存活下来。

在野外，当一棵树的根在只有少量土壤的石缝中生长时，粗大的根就停止了发育，于是长出很多细小的根群来养活树木。同样道理，用于盆景的大多数树种，当其限制在一个营养面积有限的容器内时，也能产生很多细小的根群，这种现象叫做根系的容器效应。可见盆景根系的变细变小，是由于断根效应和容器效应综合作用的结果。桩景树木相对发达的细小的根群，也给盆景换盆带来了极大方便。它们更适合移栽，其成活率比同龄地栽树木高得多。

(2)枝条细密，树体结构紧凑

树木在正常生长过程中，地下部与地上部经常保持着动态的、相对的平衡关系，盆栽后就必须打破这种平衡关系而建立一种新的平衡。树木地下部分和地上部分有对应关系(相关性)，桩景树木根系细小、紧凑必然导致地上枝条细、密。在桩景树木上很少见到粗大延长的主枝，它们被稠密的小枝条所代替了，原因就是相关性，这正是盆景欣赏所需要的。

(3)生长率减少

同一株树，盆栽比地栽生长慢得多，这是由于盆土定容、水分定容等逆境条件造成的。

(4) 节间变短

茎上每长一个腋芽就形成一个节,两芽间距谓之节间。与生长率相对应,盆栽比地栽节间变短。通常,长节间的特点是由于徒长或树木生长过旺造成的,而上盆之后由于养分有限,一般不会出现徒长和生长过旺的现象,除非大肥大水。

(5) 植株矮化

盆景树木节间变短、生长率减小,致使盆景树木植株矮化。通常,果树采取盆栽形式也是果树矮化措施之一。

(6) 叶子变小

盆景植物叶子变小也是盆栽的结果。有的树种做成桩景栽培几年后,叶子小得简直不堪辨认,只好借助其他生长性状来识别。这是由于树木在盆钵中相对干旱、瘠薄的逆境条件下,只有叶子变小变厚才能减小水分蒸腾,适应周围环境,与根系吸收保持相对平衡。

(7) 始花期提前

盆景树木始花期一般比地栽要提前 1~3 年。这是由于盆景树木不利于植物生长,有利于养分积累的缘故。加上扎片改变枝向,短截促生分枝,都是对促进形成花芽的有力措施,观花盆景因此也容易出现花繁似锦的现象。但由于营养的限制,因而也常常会出现大量落花落果、树势提早衰老的现象,不注意施肥尤其如此。

(8) 花期宜控制

盆景搬动起来方便,因而容易人为地改变其光照、水分、温度等外界条件,以达到控制花期的目的。如小菊盆栽、梅花盆景等,经常采取人工措施,使花期提前或推后。

4.4 树木盆景创作基本技艺

树木盆景制作的基本技艺包括桩景材料准备、树木盆景造型设计(构思或形象打腹稿)和制作技艺等。材料准备又包括苗木圃地培育、野桩挖取和盆土配制。一般制作技艺则包括修剪、蟠扎、雕干、提根、点缀等。也可以归纳成"一剪二扎三雕四提五点缀",此外还有上盆技术。

4.4.1 树种选择

盆景树木选择标准是:树兜怪异,悬根露爪,枝干耐剪宜扎,枝细叶小节间短,抗逆性强,病虫害少,耐移栽,最好有花有果。具体为:

(1) 耐剪宜扎

盆景树木萌芽能力要强,在养坯、制作过程中必须能忍耐每年对新生枝条的连续反复的修剪和蟠扎。在耐剪性方面各树种反应是有差异的。常用的盆景树木已经证明了其对修剪在内的盆景造型忍受能力,但有的树种,如山毛榉类,反复修剪会削弱其生长势,不耐修剪。不耐修剪的树木不宜选做盆景材料,至少在盆景制作中要注意少剪或不剪。

(2) 节间短

节间短的树木一般是慢长树种,树体结构紧凑,这也是盆景所要求的。

(3) 枝细叶小

粗枝大叶，如毛泡桐、悬铃木、梓树、楸树、黄金树，其枝叶与小小的盆景容器不成比例，所以一般不用作盆景制作。盆景树木叶长一般在10cm以下，且看上去比较秀丽。

(4) 抗逆性强

盆土定容使营养受限，因此盆景树木应该具有一定的抗旱、耐寒、耐瘠薄且病虫少等特点，不然会给养护管理带来很多麻烦。

(5) 花艳果美

木兰科的植物，虽然叶大，但毛笔似的花芽和大型花朵却有很高的观赏价值；柿树叶大，秋天落叶后黄澄澄的果实也会给人美感。一般盆景树木如有花果可供观赏（如梅、石榴、枸杞），也会使盆景观赏效果大大提高。

4.4.2 野桩挖取

树木盆景的素材有两个来源：一是采掘树桩；二是繁育树苗（自幼培植）。从山野采掘多年生的树桩，培养加工，因材处理，可以缩短盆景造型时间，且往往可以选到形态自然优美、古雅朴拙的老桩，制作成盆景佳品。幼苗繁育有播种、扦插、压条、分株、嫁接等法，造型比较自由，但费时较长。其育苗常规技术可参照园林植物栽培养护技术。但要注意繁殖盆景用材料宜分枝矮、枝干多弯曲等。

(1) 采前调查

到野外挖取树桩之前，应先进行野生资源的调查。调查时要把树桩分布的状况详细地记录下来，包括位置、树种、数量、生态条件等。不符合桩景条件的绝对不能挖，不能见一株挖一棵，要克服盲目性。

(2) 采集地点

苍老、枯峰多、姿态优美的老树桩一般都生长在贫瘠的荒山上、崖壁上、石缝中，并以阳坡为多，因为阳坡石多土少，生长条件差，加之砍柴人年年砍伐和受风、雨、日的影响，桩头多矮化畸形，姿态奇特。反之，土壤肥厚的阴坡，缺少理想的树桩（杜鹃花类除外）。再者就是溪边路旁，如铁道边、公路边或羊肠小道边，这些地方也能遇上好桩头（绝对不可滥挖）。

(3) 挖取时间

秋末冬初或早春，以土不冻结、植物处于休眠季节挖取为宜。冰冻季节不要去挖取，否则太花人力，植物损伤也大。植物萌动后，也不宜挖，会影响成活率。

(4) 挖取方法

挖前先锯掉地上部分的粗枝，仅留基部一段，并剪去无用的枝条，同时把周围清理一下，以便操作。挖时要细心，切不可心急。先在一面深挖，看根颈部有好的桩形时就继续挖掘，否则停止。然后转摇老桩，看下面是否有主根，如有主根，必须先行截断，再断侧根。如先截侧根则主根不易截断，而且操作时会损伤很多侧根和须根。伤口要小而光滑。挖出的桩头放在背风处假植，除榆树外都应适当浇水。榆树洒水后容易流树液，影响成活。落叶树老桩挖掘时不必带土球。

松柏类和珍稀树种，如长在悬崖峭壁上，往往不能一次挖取，因为根的入土部分仅限于根端,大部光滑裸露土表,根系又不发达。又因为做桩景时受盆的限制,侧根不能太长,必须截到适当长度,故一次挖取不易成活,一般在第一年先在原地截断一面的侧根,并在下面掘穴,填入肥土,埋好踩实,土面上再铺一层青苔,这样既可保水又防冲刷。第二年伤口处长出很多须根,然后再用同一方法处理另一侧侧根,经过3年,可以全株掘起,挖时必须带土球,并尽量少伤新根。

(5) 包装、运输

包装之前要打泥浆(榆除外),然后用浸过水的稻草或塑料薄膜捆起,榆桩可用填充苔藓蒲包或塑料农膜包捆。长途运输,内填湿苔。包装时,小桩头可以10株一捆,大桩头要单独捆扎。

野桩运到目的地后,先放在避风处(最好在室内)将包打开,进一步整枝修剪。

4.4.3 树桩处理与栽植

4.4.3.1 树桩处理

(1) 根部处理

既要考虑到成活的需要,又能便于以后上盆加工。主根要适当短截,保留13~16cm。根的底部最好修成水平状,还要根据自然根系结构,从主根过渡到侧根、须根。短截主根应尽量多留侧根和须根,以保证树桩的成活、生长。根部短截切不可一步到位,可等成活后发出新根,再逐渐修剪短截,以上盆时在盆钵中能容纳为宜,且使根端下至盆钵壁有一定空隙,以利生长(图4-31)。

图4-31 根部处理

(2) 枝干处理

野外采掘的树桩,其自然生长的枝干,往往杂乱无章,必须进行一次初步重修剪。根据树坯材料的特点,决定表现什么样的题材和如何造型,也就是"因材处理"。将树坯树干的骨架按盆景艺术的规律来安排,使之成为匀称协调、线条优美的盆景作品。如取材为松,就宜于表现其主干挺拔,枝叶平整如云片状,层次分明;柏树宜表现其主干古拙奇特,枝叶呈团簇状;梅桩造型则宜疏枝横向斜;迎春则宜垂枝拱曲,这是从树种的

图4-32 倒置处理

自然习性来考虑的。此外，还要从树桩固有形状来考虑，如有些树桩主干挺直，则可顺其自然，做成直干式(图4-32A)，有些树桩自然弯曲，适于做成曲干式或悬崖式(图4-32B)；有些树桩主干枯秃，则宜做成枯峰式等。因材处理可使盆景制作既节省人工，又富有天然野趣。

(3) 截口处理

在树型确定后，要截去多余的枝干，其锯口处理，因树种习性不同，处理方法也不同。如早春的雀梅，锯口贴近主干，很容易皮层炸裂，影响美观。故锯截时可稍留一节枝干，愈合后再截除。对一般伤口易愈合的三角枫、黄杨、白蜡等树种，则可贴近主干锯截。截口应尽量避开正面，要平整光滑，使截口与主干自然吻合，不致有碍观赏。截口最好及时涂上伤口愈合剂或防腐剂，达到促进截口愈合的目的。

4.4.3.2 栽植

采掘树桩大多养坯一年后再进行上盆加工，在此期间，先就地栽植。栽植方法有地栽、容器(盆钵或木箱)栽植。要选择土壤疏松肥沃、排水良好，阳光充分的地方养坯。

(1) 地栽

栽前应深翻土壤，挖好排水沟，最好在栽植时掺进1/2山土。树桩宜用干土，根的缝隙易于捣实，浇水后，土和根可紧密融合，利于树桩成活和生长。在南方雨水多、土质黏性大的地方，应采用垄栽法，以利于排水，防止烂根。垄的宽高，可根据树桩大小而定。地栽树桩应适当栽深些，枝干顶部露出地面，这样有利于发根和萌生新枝，也有利于加工造型(图4-33、图4-34)。

图4-33 地　栽

图4-34 砖围地栽

图4-35 盆　栽

栽植树桩的土壤，如是下山桩，最好选用素心土，已养坯1年以上的树桩，可用营养土。

(2) 盆栽

采掘的树桩除地栽外，也可选用泥盆、木箱、箩筐等栽培，容器的大小视树桩的大小而定。底部留有排水孔，为了透气性良好，可在容器底部垫层粗沙。盆栽有利于结合造型加工和精细管理。为了提高盆栽的成活率，可连盆带树埋在泥土里，保持盆土湿润，促进生根和萌发枝叶(图4-35所示)。

(3) 套栽

野外采掘的老桩，根心枯空，树龄老化，新陈代谢功能差，成活率较低，冬季易受

图 4-36 露地套栽和泥盆套栽

冻害,可采取套栽法养坯。树桩栽于地里或泥盆内,用塑料薄膜袋或其他袋状物(如蒲包)将枝干套住,留出顶部芽点位置,周围填土,等叶芽萌发后,再将套袋由上往下逐渐拆除。套栽法可以保湿保暖,有利于老桩的萌发更新,提高成活率(图 4-36)。

(4)注意事项

①树桩刚栽时一般培土较高,成活后,生长旺盛期,树桩基部易萌发新根,如不及时清除周围壅土,日久新根越长越旺,而原来主根会逐渐被新根替代死亡。所以栽植成活后,生长正常时,要及时除去培土,逐渐将主根露出,促使原根生长出更多须根。

图 4-37 悬崖式蓄养法

②一般盆景树桩的培养,要按上盆时的姿态栽植,如斜干式盆景则枝干要倾斜栽植;悬崖式则枝干要下垂,或栽植后利用顶端向上生长的习性,可将盆栽树桩倾斜放置,让枝冠下垂弯曲(图 4-37)。

③新栽树桩刚成活时,切不可施肥,待生长正常时,逐渐施肥,促进枝叶生长。薄肥勤施,肥料一定要发酵成熟后才能使用。

④初栽树桩,冬季寒冷时要用草或旧棉花包裹树干,或用塑料袋套住,以防冻害。夏季炎热时,要搭棚遮阴,经常喷水,防止暴晒及干燥。

4.4.4 树木盆景设计

4.4.4.1 设计内容

树木盆景设计包括平面布局、总体造型设计、枝片布局、结顶形式、露根处理、盆面装饰以及景、盆、架的配置等。

1~2株平面布局，长方形盆，树居盆一侧或中央偏侧。圆盆居中央偏后侧

3株平面布局，以不等边三角形为主

4株布局是3+1株的组合

5株布局是3+2株的组合

图4-38 树木盆景平面布局

(1) 平面布局(图4-38)
(2) 总体造型设计

树木盆景的总体造型主要取决于树干的造型，即树干的造型决定树体的造型，因为主干是树木盆景的骨骼，是树木盆景分类的依据。树干造型有5种，即直、斜、曲、卧、悬。曲线给人以阴柔的感觉，直线给人以阳刚之美，而斜、卧、悬则可兼而有之。这样就可以根据苗木形态和创作意境两个决定因子来设计树体造型(图4-39)。

曲　　直　　斜　　卧　　悬

图4-39 树木盆景总体造型

图 4-40 枝的形式

（3）枝片布局

盆景主要通过片层分布的处理使整个树形丰富，成为艺术品。其内涵的意境深度与风韵神采主要靠此中独具匠心的构思安排表现出来。片层的处理要从 5 个方面考虑（图4-40）。

① 片数　以奇数为多，片繁彰显闹意，片简显示简洁。

② 片层及片层间距、比重和倾斜度　片层布局一般规律是下疏上密、下宽上窄，好似"太极推手"，彼来此去。枝片方向有斜、平、垂 3 种，斜者如壮士奔驰，富于动势；平者沉静庄重，显得温和；垂者犹如寿星披发，老态龙钟。

③ 第一片的位置　拟做高耸者，选留第一分枝宜高（树高 1/3 以上），高枝下垂，如翁欲仙，干貌清远，风范高雅；拟稳健者，宜做等腰三角形；若拟动感者，宜做不等边三角形。分枝点选在干高 1/3 以下处，无头重脚轻之弊。

④ 片层的平面和空间走势　或自然，或刚或柔，枝条跨度或长或短，或顺或逆。

⑤ 局部的疏密、虚实、藏露、照应关系　把握桩景势态重心，随意境要求进行处理。

（4）结顶形式

结顶不外乎平、圆、枯 3 种，平者端庄，圆者自然茂盛，枯者险峻。

（5）露根处理

露根如虎掌、鹰爪则富于强力感；盘根错节，会增强桩景的老态感（图4-41）。

（6）盆面装饰

或配石、配件点缀，或铺苔藓。

（7）景、盆、架配置

直干式盆景一般不宜用深盆，宜用浅盆。用圆盆栽植时须栽植于盆中稍后一点；用长方形或椭圆形盆时须偏盆一端；双干应聚盆一端，前后栽植，空旷之处可用配石，以求平衡。

图 4-41 露根的处理

4.4.4.2 树木造型设计过程

树木盆栽造型设计也叫打腹稿，它是一个想象（形象思维）过程，包括观察、构思、灵感、绘图 4 个阶段。

（1）观察

观察即感性认识，面对一株苗木反复观看，目的就是了解这株树苗的总体形状、体量、树干趋势、枝条分布等，以获得对植株的第一印象。

（2）构思

构思又叫立意或形象思维，随观察的不断深入，根据自己的审美观，决定造什么树形，表达什么意境，枝干如何处理，枝片如何布局，选什么盆配什么架。

（3）灵感

这是突变过程。在反复观察、构思的基础上，形成一个比较完整的造型样式——艺术形象。

（4）绘图

将腹稿绘在纸上，以便照图施艺。

4.4.5 树桩的蓄养

蓄养是指树木盆景造型过程中采取蓄养方法结合攀扎、修剪、嫁接、雕刻，使根、干、枝的形态按人的意愿去发展。蓄养和养护是不同的概念，养护是指树木盆景在生长过程中的保养护理，蓄养能发达根系，利于伤口愈合，使枝、干、根比例合理匀称、树型丰满、自然美观，弥补攀扎修剪之不足。一盆好的树木盆景，它的根、干、枝须比例合理匀称，在造型过程中其枝干弯曲，冠型剪裁较容易处理，但必须依赖于蓄养才能完成。蓄养好比"加法"，修剪刻挖好比"减法"，树木造型须"加"、"减"并用，巧为互补。

4.4.5.1 蓄根

根是树木赖以生存的主要组成部分，很大程度上决定树木长势的优劣。根的造型是表现盆景美的重要部分。没有好的根盘，不能称得上盆景佳作。蓄养好根，有利于树木生长，还能增强树木盆景造型艺术的感染力，使之更加完美。

(1) 补根法

山野采掘树桩一般树龄较长，根部较大。由于自然生长，枝干姿态很美，根部往往有不足之处，在养坯时，可采取补根法，诱发新根。树桩一侧无根可采取靠接法，选择同种树苗紧贴缺根部栽植。翌年树桩及补植树苗生长健壮，春季进行靠接，接活后，将接穗苗剪去。这种补根法，可使老桩残缺根系恢复生机，更新生长。利用树桩蓄根法，可塑出理想的根型（图4-42、图4-43）

图4-42 诱根蓄养

(2) 垫根法

选取健壮的盆景树材，将全部根系掘起，洗掉泥土，剪去所有向下根系，注意保留四周侧根，清理成放射形，用扁形物体如木板、瓦片等垫在根部下端，和棕丝或易腐绳带将根系均匀地缚扎在垫物上。在培养过程中应尽量保留树冠，促使根系生长，数年后即可蓄养成理想根型（平展根）（图4-44、图4-45）。

图4-43 嫁接蓄根

图4-44 垫根法

图 4-45 撑垫法

(3) 盘根法

选用根部柔软易于盘曲的盆景材料,如榕树、金雀、紫藤、榆等,春季挖起全部根系,洗去泥土,保留适于盘曲的长根,将锥形棕(锥形体)塞入根部中间,把根沿棕外围分开,再编排盘曲长根,粗细有别,自然得体,使根呈喇叭状,再用易烂绳带缚扎。将盘曲处理的树材植于地下,或植于稍大泥盆中。经过盘根蓄养,并逐渐提根,若干年后,即可培养出奇特而美观的盘曲根型(如图4-46所示)。

图 4-46 盘根法

(4) 挤压法

在树木生长过程中,不断采取物理方法,对根基主根进行抑制挤压,使其形成板状根。选用生长快、根系发达的树种,如三角枫、榕树、朴树等。掘起后,洗去泥土,保留侧向主根,将侧根向四周分成3~5根,根底呈喇叭状,并将锥形物体塞入根下养护。成活后,扒出主根,用自制刀形铁板且带螺丝,分别将分开的侧根夹持拧紧,2年后拆卸夹板,即可塑造成别具风格的板状根(图4-47)。

图 4-47 挤压法

图 4-48 围套法

(5) 围套法

用围套的方法,控制根的扩张,迫使根系向下生长,培养不同形式的悬垂根。春季掘起健壮的树材,洗去根部泥土,剪除短侧根,保留下垂根系。向四周扩散的根,可用易腐烂绳线绑扎一下,选用高筒泥盆栽植,上部再用厚塑料或油毡将根部围起来,进行蓄养,2 年后,拆除围套物,即可形成风致独特的悬垂根。在以后翻盆过程中,可逐渐把悬根裸露于盆面,提高观赏价值(图 4-48)。

4.4.5.2 蓄干

树干的粗细、力度、动势对整体造型有举足轻重的影响。如要制成一盆树木盆景佳作,必须根据树材的自身特点,先蓄好根、干,再蓄养分枝、侧枝。野外采掘树桩的蓄干,要根据不同树种习性,灵活掌握。凡生长速度慢,截面很难愈合的树种,如松柏类及杂木类的雀梅、枸杞、六月雪等,采掘时应最大限度保留好根、干、枝,求其完整。而采掘到一些生长较快且伤口易于愈合的树种,根盘非常好,干形不理想,可将干部不理想部分截除,重新蓄

图 4-49 蓄干法

养主干。截面大者可养成双干,截面小者可蓄养成单干(图4-49)。

(1)剖干蓄养法

野外采掘到的杂木树桩如三角枫、榆、小叶女贞、福建茶、榕树、朴树等生长较快树种,根盘甚好,而上部的干不够理想,可将其锯除,并将干的截面剖切成双干型或三干型。翌春根据发条情况确定干型。双干型的将主干截成一高一矮、一主一次,参差有致,并任其生长,用蓄枝截干法,蓄出主干。当蓄养的主干基本理想后,和金属丝攀扎分枝、侧枝。经过数年蓄干、蟠扎,使剖干部位蓄养的枝干日趋丰满成型(图4-50)。

图4-50 剖干蓄干法

(2)单干蓄养法

根部完好的树材,如上部主干不理想,可在适当高度截去,重新蓄养枝干,截面小者可蓄养单干。翌春根据新枝条生长位置,将主干截成理想高度,用金属丝对顶枝进行蟠扎定位、做弯,等枝条定型后,拆除蟠扎物,任顶枝生长。蓄枝为干主要适用于生长较快的杂木类树种,松柏类不宜采用此法(图4-51)。

图4-51 单干蓄干法

4.4.5.3 蓄枝

枝条是树木盆景造型美的重要组成部分,无枝则无冠。在树材加工造型中,往往因为枝与干、枝与枝之间粗细比例、排列位置不合理,而难成佳作。树木的自然生长规律是下粗而上细,如因造型不当,下部枝条瘦弱,顶端枝条反而粗壮,则失去自然美。所以必须采取抑上养下措施,有足够营养供给下部枝条,使其长粗,形成丰满的枝冠。

枝条蓄养应在根、干造型基本完成后，再对枝冠进行制作，但不要急于求成，可由下向上逐步推进，越是接近顶部枝冠，成型越快。所以对顶部枝条进行定位、绑扎，应及时剪除徒长枝、四强枝，蓄养下部枝条，让其长粗。当下部枝干蓄养达到一定粗度时，再蓄养侧枝。根据造型需要，或以修剪为主，或以蟠扎为主，进行不同造型处理，在下部枝干造型基本成型后，再逐步向上推移。这样就使得枝与干、枝与枝比例协调、合理，形成优美的枝冠(图4-52)。

图4-52　蓄枝法

4.4.5.4　蓄截口

山野挖掘的树桩，在养坯过程中，需要进行造型剪截，形成大小不等的截口。截口愈合不好，逐渐溃烂，不仅有碍观赏，而且影响其生长和寿命。因树种、截口大小、生长快慢的差异，其愈合能力各不有同。阔叶树种愈合能力强，松柏类的愈合能力差。截口大的树材，最好地栽养坯，不急于造型，枝条定位后，任其生长，不加束缚，其截口愈合就快得多。

斜锯后的截口用刀将周围削去一部分，呈小圆弧形，以利于截口的愈合。留条位置应根据造型的需要，留在截口的一侧，不宜对称留条。蓄截口的枝条应放在需要增粗的位置，当所留枝条长到1.5～2cm粗时，即可剪去，如截口尚未愈合，可继续再留条直至截口愈合。

雀梅的截口较难愈合，且截口下部表皮容易坏死，所以蓄养截口时，要在截口下方留一枝条，待截口基本愈合后或生长势旺盛时剪去。

截口过大愈合困难时，可用靠接的方法，运用该树的枝条靠接截口处。嫁接愈合后，剪去接枝，在截口中间的嫁接枝条上继续放条蓄养截口。

4.4.6　蟠扎

在树木盆景造型过程中，要通过弯曲来改变枝干的原来形式，合理占有空间方位，从而达到形式美。在我国传统的树木盆景造型中，多用棕丝、棕皮来蟠扎，弯曲调整枝干。传统棕法蟠扎不易伤害植物，工整秀丽，但技术要求高，工时长。金属丝蟠扎易于操作，可随心所欲，得心应手，省工省时。蟠扎的作品自然，有力度，但易损坏植物表皮，且难拆卸。所以弯曲蟠扎时，可据制作者的喜好及造型需要，选用棕丝或金属丝，也可金、棕并用。对枝干弯曲,要了解不同树种的习性,根据粗细,把握好时间,灵活运用不同的方法。尤其对主干的弯曲要做到胸有成竹,能弯曲到什么程度,就弯曲到什么程度。亦可分阶段逐步加大弯曲度,弯曲时注意保护好木质部和表皮,对一些粗干造型可弯可不弯的,尽量少弯或不弯。小苗培育的盆景树材应自幼弯曲蟠扎,山野采挖大型盆景树桩,可通过改变种植形式,或巧借树势来减少弯曲度。

4.4.6.1 金属丝蟠扎

目前海派盆景及日本等国都采用金属丝造型。铜丝、铝丝和铁丝比较,铜丝、铝丝更为理想,铁丝如不退火金属光泽太刺眼,不协调,韧性差,易生锈,只能使用一次。使用铜丝、铝丝,解下后还可以使用。但是铜丝、铝丝的成本太高,国内多用铁丝或盆景制作专用铝丝。其铅丝型号有12#、14#、16#、18#、20#。

(1) 铁丝的使用

用前先放在火上烧一烧,烧到冒蓝火为止,取出自然冷却(也可以放在草木灰中自然冷却),铁丝变得柔软,并去掉了金属光泽,使用起来得心应手。

(2) 蟠扎时期

蟠扎时期必须适宜,否则枝条易折断,树势也会变弱甚至枯死。一般说来,针叶树蟠扎的最佳时期是9月至翌年萌芽前。落叶树蟠扎较好的时期是休眠期过后(翻盆前后)或秋季落叶后。因为这段时期枝条看得清楚,操作起来比较便利,但此时容易伤到早春嫩芽,在春夏枝条半木质化或木质化后蟠扎比较省力,梅雨季节是常绿阔叶、落叶阔叶树种进行蟠扎的最佳时期。一些枝条韧性大,如六月雪,一年四季均可蟠扎。松类宜在休眠期进行蟠扎。

(3) 主干蟠扎

①金属丝选取 根据树干粗细选用适度粗细的金属丝,太粗了操作费力且易伤树皮,太细了机械力度达不到造型的要求(铁丝一般8#~14#)。所截金属丝长度为主干高度的1.5倍为宜,太长或太短都不合要求(图4-53)。

②缠麻绳或尼龙捆带 蟠扎前先用麻绳或尼龙捆带缠于树干上,以防金属丝勒伤树皮(图4-54)。

③金属丝固定 把截好的金属丝一端插入靠近主干的土壤根团里,一直插到盆底。也可将金属丝一端缠在根颈与粗根的交叉处(图4-55)。

图4-53 金属丝的长度　　　　　　　　　图4-54 包扎麻皮

图 4-55 金属丝的固定　　　图 4-56 金属丝缠绕的方向、疏密度

④缠绕的方向、角度与松紧度　如要使主干向右扭转作弯，金属丝则顺时针方向缠绕，反之，则按逆时针方向缠绕。金属丝与树干成45°角，角度太小时，缠绕的圈太稀，力度不够则达不到造型的要求；角度太大，线圈太密则变成了"铁树"。缠绕时金属丝要紧贴树皮徐徐缠绕，由下而上，由粗而细，一直到干顶，要间隔一致，松紧适宜，太紧了伤皮，太松了主干保持不了弯曲（图 4-56）。

⑤拿弯　缠好金属丝后开始拿弯，拿弯时应用双手拇指和食指、中指配合，慢慢扭动，重复多次，使其韧皮部、木质部都得到一定程度的松动和锻炼，达到转骨的作用（图 4-57），即"练干"，如同人做运动须热身一样。如不练干，一开始就用力扭曲，容易折断。矫枉必须过正，不过正不能矫枉，拿弯要比所要求的弯度稍大一点，缓一段时间弯度正好。有时一次达不到理想的矫枉，可渐次拿弯，可先把树干弯到理想弯度的1/3～1/2，经过2～3个月后，再弯曲一次，如此这般，直到形成所希望的形状为止。如不

图 4-57 拿弯指法　　　图 4-58 粗干造型辅助措施（1）

慎折裂树干，可用绳子捆绑一下，以此补救。如树干过粗，可采用螺丝起重机（造型器）改变树干方向，以达到树干造型的目的，也可以采用弧切法、纵切法、横切法或借助竹竿木棍绑扎造型（图4-58、图4-59）。如树干过细，可接缠较细的金属丝，下端固定在分枝处或粗一级金属丝上。

图4-59　粗干造型辅助措施（2）

（4）主侧枝蟠扎

首先应注意金属丝的着力点（图4-60、图4-61）。在枝头中段随便搭头则无弹力，也不应为了加固着力点而反复缠绕。在可能时，一条金属丝作肩跨式，将金属丝中段分别缠绕在邻近的两个小枝上，既省料又简便（图4-62）。在两条金属丝通过一条枝干时不应交叉缠绕成"X"形（图4-63）。

图4-60　金属丝固定　　　　　　　　图4-61　金属丝的着力点

图4-62　肩跨式缠法　　　　　　　　图4-63　金属丝错误的缠法

侧枝枝片方向，一般第一层下垂幅度大，越向上越小，直到平展、斜伸。第一层枝片弯成下垂姿态时，如强度不够，可用绳子或细金属丝往下拉垂或在枝上悬一重物（图4-64）。

（5）蟠扎后的管理

蟠扎后2~4d要浇足水，伤口两周内不吹风，避免阳光直射。粗干4~5年定型，小枝2~3年定型。定型期间看生长情况及时松绑（老桩1~2年松绑，小枝1年）否则金属丝勒入木质部，造成死亡。

图4-64 枝片下垂辅助措施

6.4.6.2 棕丝蟠扎

棕丝蟠扎是川派、扬派、徽派传统的造型技艺。一般先把棕丝捻成不同粗细的棕绳，将棕绳的中段绑缚在需要弯曲的枝干的下端（或打个套结），将两头相互交绞几下，放在需要弯曲的枝干的上端，打一活结，再将枝干徐徐弯曲至所需弧度，收紧棕绳打成死结，即完成一个弯曲（弯曲呈月牙形）。一般弯曲间距视枝粗细和软硬程度而定，粗且硬的，间距可大一些，弯曲处的内弧处可用锯拉口，深度小于干径1/2，并用麻皮缠住伤口。棕丝蟠扎的关键在于掌握好着力点，要根据造型的需要，选择好下棕与打结的位置。开始的蟠扎点应尽量选择分枝、树节或粗糙处，以防棕丝松动。蟠扎点光滑的可用棉织物缠绕。

棕丝蟠扎的顺序为：先扎主干，后扎主枝、侧枝；先扎顶部，后扎下部；每扎一个部分时，先大枝后小枝，先基部后端部。

（1）向下弯曲

棕绳的始端采取扣套方法系在主干的根部不宜滑移处，找出向下弯曲最理想的拉力点，把主干向下试压数次以疏松木质部，用棕绳系拉固定（如图4-65）。

棕绳不宜系在主干上时，可系在相邻粗干上。弯曲枝条和主干角度较小，向下弯曲时容易在杈口裂开。可在杈口近处系一根棕绳向上拉，也可用弧弯铁件绑扎在杈口下方，或用棕绳在杈口处将两枝条系在一起，然后再蟠扎弯曲该枝（如图4-66）。

图4-65 向下弯曲（1）

图4-66 向下弯曲（2）

图 4-67　向下弯曲(3)　　　　　　图 4-68　向下弯曲(4)

主干光滑粗壮,用呈"卩"形的铁件固定在适当位置,再系棕绳弯曲枝干(如图 4-67)。

主干太粗、弯曲困难时,在干的弧弯部内侧间隔锯切口(深度是干径的 1/3~1/2),用麻皮或棕皮将锯口处包扎紧,再进行弯曲(图 4-68)。

(2) 水平弯曲

水平枝的弯曲:干枝按逆时针方向水平弯曲时,把棕绳中间部系在枝背面,绕过主干按顺时针方向系拉枝干(图 4-69)。

图 4-69　水平枝的弯曲　　　　　图 4-70　上扬枝的水平弯曲一

图 4-71　上扬枝的水平弯曲二　　图 4-72　下垂枝的水平弯曲一

上扬枝的弯曲一：上扬枝向观赏小面作水平弯曲，上扬枝向观赏大面作水平弯曲（图4-70）。

上扬枝的弯曲二：棕绳系在下部，把上扬枝牵拉成水平状，和棕绳系在该枝的基部，根据需要向观赏大面、小面作水平弯曲（图4-71）。

下垂枝的弯曲一：下垂枝向观赏大面作水平弯曲，下垂枝向观赏小面作水平弯曲（图4-72）。

下垂枝的弯曲二：将下垂枝系拉成水平状，再用棕绳作水平弯曲（图4-73）。

（3）连续弯曲

凡在一个水平面上作重复弯曲的，可用"连棕"法进行连续弯曲。

选择好蟠扎树材，根据需要保留部分侧枝，剪除余枝，使主干裸露。将树材斜放盆钵上。如主干粗滑，把棕绳用"油漏套法"系在干基部固定好，选择主干上部适当位置打活结弯曲主干。

图4-73 下垂枝的水平弯曲二

第一弯形成后，将活结打成死结，用"连棕"法，再扎第二个弯、第三个弯。主干扎好后，由下往上再扎侧枝。凡在一个水平面作连续弯曲的都可用"连棕"方法扎弯（图4-74）。

（4）扭旋弯曲

其弯曲方法前述弯曲方法大同小异，不同的只是其弯曲度不在一个水平面上，往往需要做顺时针方向或逆时针方向扭旋，调整弯曲形式。树材韧性好，愈合能力强，易于扭曲的，如柏类、松类、梅、榆等均适宜扭旋弯曲。杂木类应自幼蟠扎。蟠扎时要把握好力点以及系棕打结的位置，注意按统一方向扭旋弯曲。位置达不到理想点时可用棍棒辅助。主干较粗扭旋困难时，可在弯曲部位刻一槽沟深达本质部，再作扭曲（图4-75）。

图4-74 连续弯曲

图4-75 扭旋弯曲

4.4.6.3 金、棕并用蟠扎

金属丝对小枝条的绑扎时间快、效果好且有力度,但对较粗枝干的弯曲较为困难。而棕丝蟠扎无论粗细皆可。棕丝蟠扎,主要通过两点的收缩,使枝条弯曲,其弯曲的形式,柔多刚少。因此,金属丝和棕丝并用,能取长补短,刚柔相济。主干枝的弯曲用棕丝蟠扎、牵拉,小枝条的弯曲用金属丝绑扎。

春季选择形体理想的小叶榆,掘起后疏剪侧枝,斜植泥盆中。栽活后的翌春,用棕丝蟠扎主干。用不同粗细的金属丝由下而上逐枝蟠扎。若枝条位置不够理想,可用棕绳牵拉调整(图4-76)。

图4-76　金、棕并用蟠扎

4.4.6.4 其他攀扎方法

枝干弯曲除用金属丝、棕丝攀扎外,还可以利用剖干、锯切、开槽、绞、吊、拉、顶的方法。

4.4.7 修剪技艺

盆景修剪方法归纳起来有摘、截、缩、疏、雕、伤6种方法。在修剪时期上,应冬剪与夏剪相结合;在方法上应蟠扎与修剪相结合,各种具体剪法综合应用。

(1)摘心与摘叶

生长期将新梢顶端幼嫩部分去掉称为摘心。摘心可促进腋芽萌动,多长分枝,利于扩大树冠。新枝慢长时摘心利于养分积累和花芽分化。摘叶可使枝叶疏朗,提高观赏效果,榆树在生长期全部摘叶,会使叶子变小,变得秀气,利于观赏。

(2)截

对一年生枝条剪去一部分叫短截。根据剪去部分的多少可分为短截、中短截和重短截。它们的修剪反应是有差异的:短截后形成中长枝较多,单枝生长较弱,但总生长量大,母枝加粗生长快,可缓和枝势。中短截后形成中长枝较多,成枝力高,生长势旺,可促进枝条生长。重短截后成枝力不如中短截,一般剪口下抽生1~2个旺枝,总生长量小,但可促发强枝,自然式的圆片和苏派的圆片,主要是靠反复短截造出来的。枝疏则截,截则密。

(3)回缩

对多年生枝截去一段叫回缩,这是岭南派"蓄枝截干"的主要手法。回缩对全枝有削

弱作用,但对剪口下附近枝芽有一定促进作用,有利更新复壮。如剪口偏大则会削弱剪口下第一枝的生长量,这种影响与伤口愈合时间长短和剪口枝大小有关,剪口枝越大,剪口愈合越快,对剪口枝生长影响越小;反之,剪口枝小、伤口大则削弱作用大。所以回缩时,留桩长或伤口小,对剪口枝影响小,反之为异。为了达到造型目的,挖野桩时和养坯过程中,经常运用回缩的办法,截去大枝,削弱树冠某一部分的长势,或为了加大削度,使其有苍劲之感,而实行多次回缩。所以回缩既是缩小大树的有力措施,又是恢复树势、更新复壮的重要手段,也是造成岭南派"大树型"的主要手段。

(4)疏

疏又叫疏剪,是将一年生或多年生枝条从基部剪去。疏剪对全桩起削弱作用,减少树体总生长量。它对剪口以下枝有促进作用,对剪口以上枝有削弱作用,这种作用与被剪去枝的粗细有关。衰老桩头,疏去过密枝,有利于改善通风透光条件,可使留下的枝条得到充足的养分和水分,保持枯木逢春的景象,对病虫枝、平行枝、交叉枝、对生枝、轮生枝,有些必须要疏掉,有的则进行蟠扎改造,以达到造型要求。

(5)雕

对老桩树干实行雕刻,使其形成枯峰,显得苍老奇特。用凿子或雕刀依造型要求将木质部雕成自然凸凹变化,是劈干式经常使用的方法。有条件还可以引诱蚂蚁食木质部达到"雕刻"的目的。在蚂蚁活动期间(3~10月),可在树干上用刀刻去韧皮部、木质部,再在木质部上钻一些洞眼,涂上饴糖,引诱蚂蚁群集蛀食,每周刮一次、涂一次。蛀食木质部的速度是很快的,但切忌蚂蚁在此做窝(用20倍福尔马林驱逐)。

(6)伤

凡把树干或枝条用各种方法破伤其皮部或木质部,均属此类。如为了形成舍利干或枯梢式,就采用撕树皮的手法。为使桩干变得更苍老可采用锤击树干或刀撬树皮,使树干隆起如疣。这种手术应在形成层活动旺期(5~6月)进行。此外,刻伤、环剥、拧枝、扭梢、拿枝软化、老虎大张口等也均属于伤之列。萌芽前在芽上部刻伤,养分上运受阻,可促使伤口下部芽眼萌发抽枝,弥补造型缺陷。在果树盆景上环剥技术应用较普遍,对形成花芽和提高坐果效果显著。拧枝、扭梢、拿枝都应掌握伤筋不伤皮的原则,对缓势促花都有一定效果。

总之,修剪原则是因树修剪,随枝造型,强则抑之,弱则扶之,枝密则疏,枝疏则截,扎剪并用,剪法并用,以达造型、复壮之目的。

4.4.8 上盆技艺

4.4.8.1 盆钵选择

(1)质地选择

盆钵质地对于树木花草的观赏和栽种生长都有一定的影响。松柏类盆景一般宜用紫砂陶盆,质地细致而古朴,色泽深沉,极富观赏特色。杂木类盆景一般宜用陶烧素瓦盆,透性良好,有利植物生长发育,对多年培育的桩景尤为适宜。观花、观果类盆景宜用紫砂陶盆或素瓦盆,通透性好,朴实古雅,有利于开花结果和观赏。一些盆景精品,为了提高其观赏价值,还可套加彩绘瓷盆或釉陶盆。微型盆景通常采用紫砂陶盆或釉陶盆,以美观为主,维持其正常生长则靠精细管理。一些特大型盆景可用水泥盆或凿石盆，供园林陈列或展览用。

（2）形状选择

造型优美的树景，只有配上大小适中、深浅恰当、款式相配的盆钵，才能衬托出盆景艺术品的高雅和生气。在配盆时，用盆过大，则显得盆内空旷，树木矮小。同时盆大盛土、盛水多，易引起树木徒长，甚至造成烂根。用盆过小，又会使树木头重脚轻，缺乏稳定感，且易造成水分、养分不足，影响生长。此外，用浅盆时，盆口面宁大勿小；用深盆时，则宁小勿大。

盆的深浅对树景的观赏和生长也有一定影响。用盆过深，会使盆中植物显得低矮，且不利于喜旱植物的生长；用盆过浅，又会使主干高耸的树木有不稳定感，且不利于喜湿植物的生长。一般说来，丛林式宜用浅盆；直干式宜用较浅的盆；斜干式、卧干式宜用中深的盆；悬崖式宜用高深的签筒盆。此外，对于规则型的树景，习惯上用稍深的盆；自然型树景，特别是盆中放置配件的，用盆不宜过深。

盆钵的选配，还须注意款式与树景在格调上一致。如树木姿态苍劲挺拔，则盆钵线条也宜刚直，可采用四方形、长方形或有棱角的盆钵，以表现一种阳刚之美。如树木姿态盘曲垂柔，则盆钵轮廓以曲线为佳，可采用圆形、椭圆形或外形浑圆的盆钵，以显示阴柔之美。

此外，配盆还要考虑到有利于植物的生长。对生长快、根系发达的树木，宜用瓢口或直口盆，以便翻盆换土；生长慢、根系不发达的树木，则可选用多种盆口形式的盆钵。通常规则型的树景，可选用正方形或圆形盆，也可采用海棠形、六角形、梅花形等款式盆钵。有明显方向性的树景，如斜干式、卧干式或风吹式等，则宜用长方形或椭圆形长度较大、深度较浅的盆钵。多干式、连根式、丛林式或附石式盆景，宜用形状简单的长方形或椭圆形的浅盆。

（3）色彩选择

盆景艺术的色彩美，表现在树木景物的色彩与盆钵的色彩既有对比又能调和。一般树景为主体，盆钵为配角，因此盆的形体和色泽很重要。常见盆钵的颜色有茶褐色系，如紫砂、铁砂、赤泥、黑泥等，其色泽不太醒目，亦不暗淡，古朴凝重，适合于松柏类或常绿类树景。蓝绿色系有浅绿、墨绿等色，色泽稳重，可增添植物的绿意，杂木类或红色花果类盆景适宜选用。白色系有浅灰、灰白、浅黄等色，除白色花的树景外，其他各类色彩盆景都适合选用。

从实用性来讲，松柏类四季翠绿，配以紫色或红褐色一类深色的紫砂陶盆，更见古雅沉朴；花果类色彩丰富，宜配上色彩明快的釉陶盆，使花果颜色艳丽。如红梅、红花碧桃、贴梗海棠、紫藤、火棘、石榴等树景，配以白色、淡蓝、浅绿、浅黄等冷色系的釉陶盆景；如白梅、迎春、金雀等则宜选用深色釉陶盆。此外，红枫宜配浅色盆，银杏宜配深色盆，使树景与盆色对比明显，增加观赏价值。同时选配盆钵还要考虑树木主干色彩以及叶色的季节性变化。

4.4.8.2 盆景用土选择

树木盆景的用土，要根据树种的生物学特性来选择，不同树种对土壤理化性质要求不同。一些南方山地生长的杜鹃花、赤楠、山茶等树种，要求酸性土壤；有的树种如榔榆、榉树、朴树、柽柳等，则要求中性土或钙质土。一般来讲，盆景用土都需要肥沃疏松、富含腐殖质的营养土。

盆土常用有腐叶土、山土、塘泥土、稻田土等，还可根据不同情况配制加肥培养土。普通培养土由田园土、腐叶土各4份，加河沙2份，再拌适量砻糠灰过筛拌匀而成，如再掺入腐熟饼肥1~2份即成加肥培养土。上盆时间宜选择早春树木萌动前。

4.4.8.3 栽植

在选好盆和土的基础上，用碎瓦片或金属网（塑料丝网更好）堵塞盆底水孔。浅盆多用铁丝网，较深盆可用碎瓦片，两片叠合填一个孔，最深的签筒盆需用很多瓦片将盆下层垫空，以利排水。填孔工作很重要，切不可马虎从事。如不注意，将水孔堵塞，水排不出去，会造成植株烂根。用浅盆栽种较大树木时，需用金属丝将树桩与盆底扎牢，也可先在盆底放一铁棒，使金属丝穿过盆孔扎住铁棒。这样在栽种时根便可以固定下来，不致摇动而影响以后萌发新根。

树木的位置确定后，即将事先筛好的3种盆土放入盆内：先将大粒土（或泥炭）放在盆底，再放中粒土填实根的间隙，最后放入小粒土。培土时一边放入，一边用竹签将土与根贴实，但不要将土压得太紧，只要没有大空隙即可，以便于透气透水。土放在接近盆口处，留一点水口，以利浇水。如为浅盆，则不留水口，有时还要堆土栽种，树木栽种深浅也要根据造型的需要，一般将根部稍露出土面（图4-77）。

树木栽种完毕要浇水。新栽土松，最好用细喷壶喷水。第一次浇水务必浇足。而后将其放置在无风半阴处，注意天天喷水，半月后，便生新根，转入正常管理。

图4-77　上盆技艺

提根式盆景一般用盆较浅。树木刚栽时，培土要堆成馒头形，高于盆面，待生长正常后，堆土通过浇水，逐渐冲洗，使根部露出土面。附石式盆景的栽种比较复杂，一种是将树根栽于山石的洞穴中，用竹扦将土与根贴实；另一种是将根系包在附石的四周，再将树根嵌在石缝中，外面覆盖泥土，然后用青苔包裹并缚扎起来，连石一起栽进选好的盆中（较深泥盆），待2~3年后，根部生长正常，同石缝嵌紧，即可移栽至浅盆中，成为附石式盆景。

另外，树木盆景中为了构成一定意境和景观，往往选用适当的山石或配件，点缀于盆中。例如，在松柏盆景中，放置几块山石，可使盈尺之树有参天之势。悬崖式盆景，根际放上一尖峭峰石，使树木如生长在悬崖绝壁之感。盆景中的配件常用亭、台、小桥、舟筏、人物、动物等陶瓷模型。

4.5 盆景养护管理

盆景养护管理主要包括生境管理、盆土管理和盆树管理。盆土管理指土、肥、水的管理，盆树管理主要指修剪、防寒、遮阴及病虫害防治等。

4.5.1 生境管理

生境即生态环境，生境管理要做到以下几点：

①放置盆景的地势应该高燥、通风、有凉爽的小气候。如有积水现象，应该通过人工的方法加以改造。

②置放盆景的场所，应该水源充足，能满足桩景对水分的基本要求，而且水质纯净，无污染，水温与盆土温度要接近。

③要空气流通，但要避风，不放在风口上，无空气污染（SO_2、HF、H_2S、Cl_2），空气中SO_2浓度达到0.01ppm时，松类盆景就开始受害。

④场地必须满足盆景植物对光照的要求。对于稍耐阴的树种，如罗汉松、圆柏、南天竹、十大功劳、山茶、杜鹃花等，在高温季节要适当遮阴，要有遮阴的设备。

⑤夏天要创造一个凉爽的气候，有些树种要进荫棚；冬季北方要有防寒措施，如温室、地窖、风障等。

⑥要有理想的盆土，物理性要良好，排水好，含有丰富的腐殖质，不板结，无地下害虫和病毒病菌。

⑦环境要优美，使盆景为环境锦上添花。

⑧周围无严重的病虫害。

4.5.2 盆土管理

4.5.2.1 浇水

(1) 浇水量

树木盆景的浇水是养护管理的一项重要工作。生长在盆钵之中的树木，盆土有限，很易干燥，如不及时补充水分，风吹日晒，就会因缺水而萎蔫死亡。但浇水不当，水分过多，盆土太湿，根部呼吸不良，也易导致烂根死亡。所以盆景浇水一定要适量，根据季节、气候、树种、盆体大小、深浅、质地等因素来确定浇水的多少、次数和时间。掌握"不干不浇，浇则浇透"的原则。

树木盆景要因"时"而浇水，在不同生长季节，需水情况不同，一般夏季高温期要早晚各浇一次水，春秋季可每日或隔日浇一次，冬季处于休眠期可数日浇一次，梅雨期或阴雨天可不浇水。此外，盆土的持水量与土质有关，砂质壤土透水性好，可多浇些；黏土透水性差，则少浇些水。

浇水还要因"盆"而浇，树种不同，喜旱与耐湿情况不同，阔叶树比针叶树蒸发量大，容易失水，要多浇一些；喜湿树种要比耐旱树种多浇一些。

浇水还要因"树"而浇，即根据盆的大小、深浅、质地去浇水。浅盆、泥盆、粗砂盆应多浇；釉盆、瓷盆、深盆应少浇一些。小型盆景易失水，最好的办法是将盆置于沙床上，保持沙床一定湿度即可。

树木在浇水过程中，如发现盆树有萎蔫或病变情况，而盆土又偏湿，可判断为水害，应停止浇水，等干后再浇，严重时需及时翻盆，剪去烂根再植于泥盆中，精心养护。

（2）浇灌方法

①喷施法　盆景浇水均以喷壶喷洒为宜。

②浸盆法　为不使盆土板结，还可采用浸盆法，即将盆浸到淹没盆口的池子里，浸透盆土（水泡没有时为止）。

③灌水法　把水直接浇灌到盆内，不浇则已，浇则必满，浇则必透。

④虹吸法　在桩景旁边放一桶水，中间用毛巾把桶、盆连起来，即一头放入水中，另一头放入盆口土面上，利用虹吸原理浇水。这种方法用于无人看管的少数几盆盆景。

另外，浇灌用水应先在贮水池贮存1~2d，水温与盆土温度接近，防止因浇水引起温度激变损伤根系，基至造成萎蔫。

4.5.2.2　施肥

树木盆景在不断生长过程中，要从盆土内吸取养分，而盆土的养分有限，不能维持所需营养，会因缺肥使叶片发黄，枝条细弱，花稀果小，对病虫害抵抗力减弱，观赏价值降低，为此应注意补充适当的肥料。但一般树木盆景生长缓慢，不宜施肥过多，以免徒长，影响树姿的美观。施肥要注意适时适量，还要掌握施肥的种类和含量。

（1）施肥方式方法

一般分为施基肥和追肥两种。上盆、换盆时施入盆土中的底肥为基肥，大都属于迟效、长效肥料，如饼肥、骨粉、鱼下水、动物血、大粪干、蹄角等。施基肥多在上盆、翻盆时把基肥掺入盆土或撒在盆底，再盖以少量盆土，而后把植物栽上。追肥是在盆树生长过程中，视其生长需要而临时补给的肥料。追肥一般用速效肥料，大都采用液肥，常用的有经过充分腐熟的饼肥液汁、粪水及毛、角、蹄片浸出液，液肥施用时应酌情加水，一般以薄肥多施为原则。各种化肥片也可用作追肥，一般口径15~20cm的盆，可散埋3~4片。

另外，根外施肥，其性质也属追肥，肥效快。如观花盆景或观果盆景，可在花前追施过磷酸钙100倍、磷酸二氢钾500~600倍液或三十烷醇0.1ppm溶液喷洒叶面，对提高开花成果率效果显著，时间以10:00前或15:00为好，可以减少蒸发，利于吸收。

施肥要因时、因土、因树而异。春季多施氮肥，秋天施磷、钾肥，休眠期一般不施肥；幼树多施氮肥；果树盆景多施磷、钾肥。土壤缺什么肥，就多施什么肥。要做到因树施肥。比如松柏类，要使其长得风姿苍劲，若施肥过多，必然导致嫩枝徒长、针叶过长，有碍观赏。一般每年 2～3 次即可（秋后、早春）。松类施肥以蹄角、羽毛、动物内脏浸出液最好。此类肥水含氮、磷较多，可使树叶油绿发亮（施用时要兑 10 倍水）。杂木类如小蜡、女贞等树种，生长期可每月施肥一次。南天竹秋后施长效肥。春季花前施追肥。罗汉松等树种如在秋后施肥过迟或秋后施氮肥，则新梢容易受冻寒。杜鹃花性喜薄肥，用饼肥、骨粉、绿肥浸出液兑水浇灌最好。海棠、苹果、葡萄、梨树盆景如不注意秋季施肥，则翌春开花不繁，坐果率不高。石榴特别喜肥，应在春、夏、秋生长季不断施肥，才能花多果硕（多施磷肥）。对于观叶类如红枫、榆等，初秋摘除老叶后，应追施氮肥一次，可促发新叶，更为娇嫩。

(2) 施肥注意事项

① 施有机肥必须腐熟，不可施入生肥，以防伤害植物或发生虫害。

② 追肥浓度（尤其磷肥）不宜过大，要勤施少量。

③ 气温太高时不宜施肥，夏季施肥宜在傍晚或早上。

④ 土壤追肥前必须松土，以利植物迅速吸收，施肥后土壤要灌足水，以防烧伤植物，产生肥害。一旦发生肥害要及时挽救。其方法有喷、浇水，洗出肥料；脱盆冲洗，剪去受害根尖；换土倒盆，放阴凉处养护，以后转浇绿肥水。

4.5.2.3 翻盆

树木盆景在不断生长过程中，其根系往往密布盆底，影响通透性和排水，也不利于养分的吸收，有碍树木正常生长，这时就应进行翻盆换土。翻盆可以用原盆或换大一号的盆，根据树种及树木大小来决定。翻盆时，将树木自盆中连土脱出，除去土球及腐根，剪口须平滑，不可撕裂根部。然后重新栽入盆中，盆底及盆周填进培养土，并以木棒或竹扦捣实。土面应离盆口 3cm 左右，作为"水口"，以利浇水。翻盆后的管理与上盆栽植相仿。

翻盆的时间，一般宜在秋后或早春。有些常绿阔叶树盆景，如黄杨、桂花、枸骨、小叶女贞等，也可在梅雨季节翻盆。间隔的时间，生长迅速的树种，如雀梅、榆，每隔 1～2 年翻盆一次；生长缓慢的树种，如松柏类，可每隔 3～5 年翻盆一次。也可根据盆景大小不一来决定翻盆间隔时间，一般小盆景隔 1～2 年，中盆景隔 2～3 年，大盆景隔 3～5 年。如系老桩盆景，可以再多隔几年。

4.5.3 盆树管理

4.5.3.1 修剪

树木盆景上盆造型后，为防止其枝叶徒长，紊乱树形，在养护管理过程中，要经常修剪，长枝短剪，密植疏剪，维持优美的树形。一般养护修剪有以下几个措施：

(1) 剥芽

树木在生长期，其根部及枝干常萌发一些不定芽，特别是萌芽力强的树种，如雀梅、榔榆、六月雪、石榴等，如不及时剥摘萌芽，萌生的枝条长得很零乱，影响树形美观。同时萌芽很多，大量消耗养分，也会影响树木长势。所以，树木盆景的养护管理，及时剥去幼芽十分重要。

（2）摘心

为抑制树木盆景的高生长，促进侧枝发育伸展，可摘去枝梢的嫩头，使树冠保持一定的形态。摘心还可使养分集中于盛开的枝叶上，促其腋芽萌发，增加枝叶密度。如真柏、圆柏在5~6月摘除嫩梢，可使树冠更加圆整。松类盆景通过摘心，除去顶梢壮芽，会在针叶间萌发一些小芽，这些芽长成的枝叶就比较短小，使树景更为古雅苍老。

（3）修枝

树木盆景在生长过程中，常萌生许多新枝条，为保持其造型美观，应经常注意修枝。要根据树形来确定修枝方式，如云片状造型，扬派盆景的雀梅、六月雪、榆等，萌发力强，新枝发生后，将枝条修平成片即可。金钱松、鸡爪槭等发枝后仅留一节，其余均剪除，再发再剪，不让它徒长扰乱原来的形态。一般有碍美观的枯病枝、徒长枝、平行枝、交叉枝等均应剪去。修枝应注意：松柏类萌发力强，应当少剪；梅雨季节树木发枝旺盛，要勤于修剪；生长期较粗枝条暂不修剪，冬季休眠期再剪；修枝要注意剪口芽的方向，一般保留外侧的芽，使其向水平方向生长。

4.5.3.2 病虫害防治

树木盆景常见的病虫害见表4-3、表4-4。

表4-3 树木盆景病害及其防治

病害名称	危害树种及症状	防治方法
黄化病（缺绿病）	杜鹃花、山茶、栀子、含笑等；叶黄，进而出现乳白色斑点，严重时组织坏死呈褐色	喷灌0.2%~0.5%硫酸亚铁加镁、锌微量元素，隔周喷一次，或浇灌黑矾水
立枯病	各种树桩盆景苗木；幼苗茎基出现椭圆形褐斑，最后植株枯死	0.5%硫酸亚铁或100倍等量式波尔多液每10d喷一次，发病后用800倍退菌特药喷洒，一周一次
猝倒病	各种桩景苗木；幼苗胚茎烂死	喷施160倍等量式波尔多液，15d一次，或发病后喷铜铵合剂
白粉病	紫薇、月季、栀子、小菊等；嫩叶覆盖白粉，后出现斑点，弯梢卷叶，枯叶，枯死	用100倍等量式波尔多液预防，发病后用500~1000倍退菌特、800倍代森锌或0.5°石硫合剂防治
松类落叶病	松类；叶片由绿变黄、变黑、大量落叶	4~5月喷70%甲基托布津800~1000倍液，或65%代森锌600倍，10d一次，喷药后一周喷硫酸亚铁1000倍液
罗汉松叶枯病	罗汉松；叶面中上部灰白并有黑点，后叶枯死	65%代森锌可湿性粉剂600倍液，7~10d一次，连续3次
煤烟病	杜鹃花、山茶、黄杨、迎春、柑橘类；叶面一层煤烟，此病是由蚜虫、介壳虫分泌物造成	消灭蚜虫、介壳虫，改善通风透光条件

（续）

病害名称	危害树种及症状	防治方法
锈病	月季、海棠类、苹果、梨、菊花等；叶面出现锈色孢子，卷叶、落叶	发病后喷代森锌500~300倍液
褐斑病	贴梗海棠、榆叶梅等；叶面出现圆形红褐斑，有黑点，叶子焦黑脱落	喷洒65%代森锌可湿性粉剂600倍液
炭疽病	紫藤、梅、桃、米兰、月季、绣球、蕙兰；叶缘、叶尖出现白边、褐圆斑	病初，施50%多菌灵可湿性粉剂500~600倍液或50%甲基托布津600倍液
根癌病	梅、桃、李、苹果、葡萄、柑橘类；根际出现肿瘤，严重者使盆景致死	土壤消毒，翻盆时剪去根癌
病毒病	牡丹、蔷薇类、水仙等；叶子出现花叶、黄化	选择优良品种、繁殖无病毒种苗，消灭害虫，拔烧病株
线虫病	菊科、蔷薇科植物；叶子由淡绿变黄，变黑最后脱落，根部出现肿瘤、白色线虫体	拔烧病株，土壤用1500倍40%乐果乳剂或80%敌敌畏乳剂浇灌，或用80%二溴氯丙烷熏蒸石、土壤（5~8ml/m²）

表4-4 桩景虫害及其防治

害虫名称	危害树种及部位	防治方法
蚜虫	桃、梅、李、石榴、柑橘类、紫荆等；刺吸害虫，危害新枝叶，诱发煤烟病	40%乐果或80%敌敌畏1000~1500倍液，加强通风透光。也可用烟草浸液喷洒
红蜘蛛	山楂、柑橘类等；刺吸害虫，破坏叶绿素，叶片变黄、脱落	80%敌敌畏乳油或40%氧化乐果1200~1500倍液，或用溴氰菊酯3000倍液
介壳虫	苏铁、石榴、黄杨、茶花、南天竹、含笑、桂花、冬青等；刺吸害虫，吸吮枝液，诱发煤烟病	用刷子刷掉介壳虫，5~6月喷施（7~10d喷一次）氧化乐果1000倍或80%敌敌畏乳油1000倍
粉虱	杜鹃花、山茶、葡萄、月季、丁香、石榴；刺吸害虫，叶片变黄、脱落，诱发煤烟病	80%敌敌畏乳剂1000倍液，加少许洗衣粉，5~6d喷一次，或用25%溴氰菊酯2000倍液喷洒
刺蛾	梅、碧桃、贴梗海棠、栀子、桂花；食叶害虫，幼虫专食叶肉	人工捕杀，喷40%氧化乐果或敌敌畏1500~2000倍液
袋蛾	蜡梅、石榴、梅、桃、柑橘类；食叶害虫，幼虫吐丝做囊，负囊食树叶	人工摘除，3~6月喷90%敌百虫100倍或80%敌敌畏800倍液
毒蛾	松类、苹果、海棠类、桃、茶花、葡萄等；为食叶害虫，专食嫩叶	采下卵块烧死，黑光灯诱杀，幼虫期喷50%锌硫磷乳剂1000~2000倍液或50%敌敌畏乳剂1000倍液
金龟子	松、苹果、海棠类、桃、梅等；为食叶害虫，夜晚出没食叶片	盛发期喷氧化乐果1000倍液；诱杀（用灯光）
网蝽	火棘、杜鹃、海棠、苹果；群栖于叶背主脉两侧吸食叶液	5月喷洒40%氧化乐果或敌敌畏乳油1000倍液（隔周），烧掉落叶

(续)

害虫名称	危害树种及部位	防治方法
天牛	柑橘、桃、梅、杏等；食干害虫，蛀食枝干	人工捕杀；清除蛀孔木屑后注入敌敌畏或氧化乐果150倍液
松梢螟	五针松；专食五针松嫩叶，咬断嫩枝	4～5月喷洒50%杀螟松1000倍液，或剪去虫枝烧掉
蠹蛾	枫类、石榴、柑橘类；蛀干害虫，啃食韧皮部组织	棉球蘸50%敌敌畏10～20倍液，塞进虫孔将其熏死
吉丁虫	桃、杏、苹果、樱花等；幼虫串食枝干皮层，破坏输导组织，使枝干致死	人工捕杀；春天羽化前喷80%敌敌畏，羽化期喷50%对硫磷2000～3000倍液，危害期枝干上刷敌敌畏或氧化乐果

4.5.3.3 遮阴

喜光树如黑松、五针松、圆柏、榆、紫薇、石榴等，可放在阳光充足的地方。耐阴树如罗汉松、银杏、冬青、山茶、南天竹、六月雪等，应放在遮阴的地方。一般在酷热炎夏，树木盆景都应搭棚遮阴。

4.5.3.4 防寒

树木的喜温性和耐寒性不同，其管理措施要注意入冬防寒问题。一般耐寒性强的乡土树种，冬季可放在室外越冬，为防止盆土冻裂，可连盆埋在向阳地下，盆面露出地上。一些不耐寒的树种，如福建茶、九里香、金橘、佛肚竹等，冬季必须移至室内或温室中越冬。

冬季严寒的北方，空气干旱，对一些树种来说，如不加保护，就会出现枯梢、树干冻裂或冻死等现象。主要有生理干旱、冻害、伤根等情况。常用几种防寒的方法有：风障防寒、埋盆防寒、遮稻草防寒、地窖越冬、低温温室(0～5℃)越冬、居室越冬、覆盖塑料薄膜等。长江以北地区可根据具体情况灵活采取相应防寒措施。

  技能训练

技能4-1 直干式盆景造型

直干式盆景主干直立或略有弯曲，在一定高度上进行分枝，气势轩昂，枝条分布有层次。这类盆景多数采用单株栽植，主侧枝分布有序，构图简洁，挺秀庄重。待长到一定高度后进行截顶修剪或摘心，使其分枝扩张，雄伟挺拔，层次分明，疏密有致，体现自然界大树的景观美。学习者应在观察临摹的基础上设计造型，将处于整形期的供试树木利用金属丝造型。

1. 材料与用具

植物材料：一个生长季以上的适合制作直干式盆景的盆栽植物，如金钱松、5年生榆或三角枫等。

造型用具与备品：不同型号14#、16#、18#的金属丝(铅丝)、盆景用盆(紫砂盆)、盆土、老虎钳、修枝剪、胶布带、伤口愈合剂、速写本和笔、操作台、养护用地等。

2. 方法步骤

1）临摹和设计

根据对直干式盆景特点的理解，临摹一组直干式盆景作品。理解自然树形与盆景设计树形的关系，即枝条如何转化成枝片，其在空间的位置是如何变化的（图4-78）。

自然树形经过艺术夸张和变形处理　　　　　直干式雪松树形与叶片走向俯视图

图4-78　直干式盆景临摹设计

2）相树设计

根据树木材料的特点，掌握其最佳观赏面，设计造型（图4-79）。

（1）将适合制作直干盆景的植株脱盆，放在工作台上最佳位置，以便于观察分析。

（2）从不同的角度、方位观察审度植株，画出设计草图，说明设计意图。

脱盆审度金钱松，确定造型　　　根据材料设计造型草图　　　修剪并根据设计造型

修改造型，养护1个月后照片　　　养护6个月后照片　　　2年后换盆照片

图4-79　直干式造型设计草图

①小组交流讨论设计方案，老师指导，修改设计方案，确定设计方案。
②根据构图需要，将多余枝条剪去。

3）造型(图4-80)

(1)先用粗细合适的铅丝将主干进行适度处理，然后缠绕侧枝和小枝。注意金属丝的粗度，固定的方法，缠绕的方向、角度、疏密等。

(2)主干处理好后，先弯主侧枝，注意侧枝的走向、倾斜角度。掌握第一片起片的位置、片层与片层之间的距离、片层平面和空间布势。

(3)注意结顶的形式、大小，掌握重心的位置。

设计、选苗、造型　　修改后枝片布局　　设计成型

图4-80　直干式造型过程

4）上盆种植

(1)剔去泥土，留约1/4旧泥，修去过长的根及无用根。

(2)选用比例合适的盆，排水孔垫碎瓦片，以利于排水。

(3)种植深度及重心要适宜，达到固定植株要求。

3. 考核评价

在制作过程中，首先评定对直干式盆景构图的理解，根据设计草图和制作成品进行评价。第一次评价从设计草图、修剪、缠绕金属丝、拿弯技术、作品修改、选盆、上盆种植等方面进行量化评价。第二次评价侧重养护效果评价，从是否体现了设计要求、苗木长势等方面给予评价。

4. 巩固训练

(1)五针松直干造型设计、制作(图4-81)。

(2)金钱松双干直干式造型设计、制作(图4-82)。

(3)红枫或水杉三干式造型设计、制作(图4-83)。

图 4-81　五针松单干造型　　图 4-82　金钱松双干造型　　图 4-83　红枫或水杉三干造型

技能 4-2　斜干式盆景造型

斜干式是将树木植于盆钵的一端，树木向另一端倾斜，倾斜的树干不少于树干全长的一半。斜干多单株，也有两三株合栽。树干与盆面呈 45°角左右，主干直伸或略有弯曲，树干常偏于一侧，树形舒展，老态龙钟，虬枝横空，飘逸潇洒，颇具画意，具山野老树之态，是常见的树木盆景形式。主干向一侧倾斜，枝叶分布自然，树势均匀，潇洒利落，从容洒脱。如双干式，主干一定在上方，副干在下方，并且在盆的同侧位置。

斜干式盆景由于树干向一侧倾斜，立面呈不等边三角形的构图，产生了动感，由动感产生美感。设计制作时要掌握均衡与动势的形式美法则，在动势中求得均衡，在均衡中找到动感，即动中有静、静中有动。在盆景设计中可用配件构成均衡，如在树木的另一侧放置一件动物、山石或人物配件；也可用盆钵与景物构成均衡及用树木姿态形成均衡等。

1. 材料与用具

植物材料：一个生长季以上的适合制作斜干式盆景的盆栽植物（榆、五针松等）。

造型用具与备品：不同型号的金属丝、盆景用盆、盆土、老虎钳、剪刀、速写本和笔、操作台、养护用地。

2. 方法步骤

1）设计或临摹作品

根据斜干式盆景的特点，理解并设计或临摹一组斜干式盆景作品（见图4-13）。

2）相树设计（图4-84）

(1) 将适合制作斜干盆景的植株脱盆，放在工作台上最佳位置，以便于观察分析。

(2) 从不同的角度、方位观察审视植株，画出设计草图，说明设计意图。

①小组交流讨论斜干式盆景设计方案，教师指导，修改设计方案，确定设计方案。

②根据构图需要，将多余枝条剪去。

3）造型

(1) 先用粗细合适的铅丝将主干进行缠绕处理。注意主干微曲，凸部出片，后处理侧枝和小枝。注意两侧侧枝的长短比例，前片和后片的作用。

(2) 注意树势发展方向。

图 4-84 斜干式盆景造型设计

4）上盆种植

(1) 剔去泥土，留约 1/4 旧泥，修去过长的根及无用根。

(2) 选用比例合适的盆，宜长方形盆，排水孔垫碎瓦片，以利于排水。

(3) 种植深度及重心要适宜，达到固定植株要求。因重心偏位，可将植株与盆用金属丝缠牢。

3. 考核评价

斜干式盆景制作所表现的构图具有很强的动感，因此，除评价金属丝缠绕技艺之外，应侧重考查其是否准确表达设计意图，造型方法是否科学、误差大小、重心是否稳定等方面。

4. 巩固训练

双干斜干式盆景作品临摹设计，设计时主要考虑双干之间的依偎、穿插关系（图 4-85）。

飘枝设计　　　　　　　　　　　　　　　　　　上伸枝设计

图 4-85 双干斜干式盆景造型设计

技能 4-3　曲干式盆景造型

曲干式是将树干自根部至树冠回蟠折屈，使树干扭曲似游龙，枝叶层次分明，有的呈自然状生长。制作曲干式树木盆景，加工的重点在树干上，当然枝叶也要进行一定的加工。因树干弯曲弧度较大，多选 2~3 年生幼树精心加工制作，树龄越长，加工难度越大。曲干式常见的形式为三曲式，形如"之"字。曲干式的造型过程是：选材—构思—初步修剪—上盆种植成活—蟠扎造型—培养—定型—拆除金属丝—装饰—观赏。设计时要考虑曲干式出枝部位的合理性。一般情况下，曲干式盆景在树干弯曲凸起部位出枝，而不在树干凹部出枝。除非因构图需要在凹处出枝以弥补构图的不足（图 4-86）。

不合理　　　　　　　合理

图 4-86　曲干式盆景出枝部位

1. 材料与用具

植物材料：一个生长季以上的适合制作曲干式盆景的盆栽植物，如六月雪、五针松、黑松、雀梅等。

造型用具与备品：不同型号（14#、16#、18#）的金属丝（铅丝）、盆景用盆（紫砂盆）、盆土、老虎钳、修枝剪、胶布带、速写本和笔、操作台、养护用地。

2. 方法步骤

1）设计或临摹

根据对曲干式盆景特点的理解，设计或临摹一组曲干式盆景作品（见图 4-15）。

2）相树设计

根据树木材料的特点，掌握其最佳观赏面，设计曲干式造型形式。

（1）将适合制作曲干盆景的植株脱盆，放在工作台上最佳位置，以便于观察分析。

（2）调整植株的不同的角度，从不同的方位观察审度植株，画出设计草图，说明设计意图。

①小组交流讨论设计方案，教师指导，修改设计方案，确定设计方案。

②根据构图需要，将多余枝条剪去。

3）造型（两弯半造型）（图 4-87）

（1）先用粗细合适的铅丝将主干进行缠绕，先弯一个弯，然后反向弯一个弯，在顶部再弯半个弯。弯度要自然适度。不要在一个地方弯，同时注意弯度的立体变化。第一弯如将树木斜栽可少弯半个弯。然后缠绕侧枝和小枝。注意金属丝的粗度，固定的方法，缠绕的方向、角度、疏密等。

（2）主干处理好后，先弯主侧枝，注意侧枝的走向、倾斜角度。掌握第一片起片的位置、片层与片层之间的距离、片层平面和空间布势。通常在凸出部位出枝。

（3）注意结顶的形式、大小，掌握重心的位置。

（4）上盆种植。

图 4-87　两弯半造型步骤

3. 考核评价

曲干式盆景制作，所表现的构图为"之"字形，因此，除评价金属丝缠绕技艺之外，应侧重考查其设计意图是否根据树势准确表达，拿弯造型方法是否科学、误差大小、出枝是否合理等方面的问题。

4. 巩固训练

（1）罗汉松盆景小空弯造型设计

将斜栽树干反向横拐并压低，形成一小空弯（没有枝条），然后反转向上形成第二个弯，在半弯凸出部接弯垂枝以弥补空弯的不足，取得树势均衡，即形成小空弯造型。适合低起片造型（图4-88）。

选苗　　　　　设计小空弯骨架　　　　　成型

图 4-88　小空弯造型设计

（2）大空弯造型设计

将斜栽树木反向提高横拐点，形成大空弯造型（图4-89）。

（3）曲干式改成卧干式

将反向横加长使树势明显偏向一侧，可改成卧干式（图4-90）。

图 4-89 大空弯造型设计

图 4-90 曲干式改成卧干式

技能 4-4 卧干式盆景造型

卧干式盆景的树干主要部分横卧于盆面，小枝茎均向上生长，姿态古雅独特，富有野趣。配盆多用长方形盆，树木植于盆钵一端，树干卧于盆中，将近盆沿时翘起，树冠变化颇多，还可配山石加以陪衬，以求均衡美观。根据树干卧势的不同，有全卧和半卧之分。树干卧于盆面与土壤接触者称全卧；树干虽横卧生长，但不与土壤接触者称半卧(临水式)。

卧干式盆景树干与盆面的角度为 0°～15°，临水式盆景树干与盆面的角度为 20°～35°。

1. 材料与用具

植物材料：一个生长季以上的适合制作卧干式盆景的盆栽植物，如龟甲冬青等。

造型用具与备品：不同型号(14#、16#、18#)的金属丝(铅丝)、盆景用盆(长方形紫砂盆)、盆土、老虎钳、修枝剪、胶布带、速写本和笔、操作台、养护用地。

项目4 树木盆景造型

2. 方法步骤

1)设计或临摹

根据对卧干式盆景特点的理解,设计或临摹一组卧干式盆景作品(见图4-14)。

2)相树设计

根据树木材料的特点,掌握其最佳观赏面,设计造型形式(图4-91)。

图4-91 卧干式盆景设计

(1)将适合制作卧干盆景的植株脱盆,斜放或卧于盆中,放在工作台上最佳位置,以便于观察分析。

(2)从不同的角度、方位观察审度植株,画出设计草图,说明设计意图。

①小组交流讨论设计方案,老师指导,修改设计方案,确定设计方案。

②根据构图需要,将多余枝条剪去。

3)造型(图4-92)

(1)先用粗细合适的铅丝将主干进行缠绕压倒横卧。注意金属丝的粗度,固定的方法,缠绕的方向、角度、疏密等。

(2)主干处理好后,先弯主侧枝,注意侧枝的弯曲、走向。一般主侧枝的走向与主干相反。

(3)在主干弯曲造出第一片,注意起片的位置、角度。掌握片层与片层之间的距离、片层平面和空间布势。

(4)注意结顶的形式、大小,掌握重心的位置。

4)上盆种植、配石

(1)剔去泥土,留约1/4旧

图4-92 卧干式盆景造型过程

泥，修去过长的根及无用根。

（2）选用比例合适的盆，一般用长方形盆，将树种于盆一侧，盆土微凸起，调整树势与重心，在靠根部配石以求树势平衡。

3. 考核评价

卧干式盆景是在斜干式盆景和曲干式盆景基础上制作完成的。因此，除评价其选材、设计构图之外，应侧重考察拿弯造型方法是否科学、重心是否稳健、配盆是否合理等。

4. 巩固训练

（1）临摹卧干式盆景作品（图4-93）
（2）临水式盆景设计、造型（图4-94）

树干向一侧似风到之木　　　　树干曲向一侧　　　　双干临水

图4-93　卧干式盆景

图4-94　临水式盆景

技能4-5　悬崖式盆景造型

悬崖式树木盆景，一般基部垂直，从中部开始即向一侧倾斜，主干的树梢向下生长，是仿照自然界生长在悬崖峭壁上的各种树木形态培育而成的。悬崖式桩景老干横斜，枝叶大部分生长在主干倾斜部及下垂部分，好似悬崖倒挂，蕴含着顽强刚劲的风格。

在用盆选择上，取高筒式盆，因为树木大部分枝干伸出盆外，根部深入泥土较深的树木才能稳定。用深盆不但满足树木生长的需要，而且能衬托造型，犹如苍松生于峭壁悬崖，临危不惧，有"岩石飞瀑"之势。若用普通方盆或圆盆，应陈设在形态优美的高脚几架上，这样也能显示悬崖倒挂的风姿。

1. 材料与用具

植物材料：一个生长季以上的适合制作悬崖式盆景的盆栽植物，如罗汉松等。

造型用具与备品：不同型号（14#、16#、18#）的金属丝（铅丝）、盆景用盆（深筒紫砂盆）、盆土、老虎钳、修枝剪、胶布带、速写本和笔、操作台、养护用地。

2. 方法步骤

1）设计或临摹

根据对悬崖式盆景特点的理解，设计或临摹一组悬崖式盆景作品。主干下垂后可有各种变化姿态（图4-95、图4-96）。

图4-95 悬崖式盆景主干下垂的程度

小悬崖　　　　　　　中悬崖　　　　　　　大悬崖　　　　　　　超悬崖

图4-96 悬崖式盆景主干下垂的各种姿态

（1）树木基部垂直或近似垂直，主干或一树枝下垂，形成悬崖式桩景。

（2）主干出土后即向一侧偏斜，随后弯曲下垂。

（3）主干出土后先向右侧倾斜，随后拐一个弯，再向左侧伸展，倒挂下垂。

（4）主干先向左侧倾斜，然后360°转弯，再向下垂，情趣盎然，姿态别致。

（5）悬根露爪。提根后作下垂造型，两步不宜同时进行，因为这样会使植株生长不良，容易造成枯萎或死亡。

2）相树设计

根据树木材料的特点，掌握其最佳观赏面，设计造型形式。

（1）将适合制作悬崖式盆景的植株脱盆，斜放或倒放盆中，放在工作台上最佳位置，以便于观察分析。

（2）从不同的角度、方位观察审度植株，画出设计草图，说明设计意图。

①小组交流讨论设计方案，教师指导，修改设计方案，确定设计方案。

图 4-97　悬崖式盆景造型过程
A. 选苗　B. 斜栽　C. 压下　D. 扭曲　E. 完成

② 根据构图需要，将多余枝条剪去。

3) 造型（图 4-97）

(1) 先用粗细合适的铅丝将主干进行缠绕并将苗斜栽。注意金属丝的粗度，固定的方法，缠绕的方向、角度、松紧度、疏密等。

(2) 顺势压下做出第一弯，把握好力度，借势扭曲主干，做到曲折有致，最好是胸中有设计图，眼中有树形，一气呵成完成主干造型。

(3) 在主干弯曲好后，在树干凸出部位造出第一片，依次左右分布枝片，注意起片的位置、角度。掌握片层与片层之间的距离、片层平面和空间布势。

(4) 在第一弯高顶处，造出顶片，注意结顶的形式、大小，掌握重心的位置。

4) 上盆种植配石

(1) 剔去泥土，留约 1/4 旧泥，修去过长的根及无用根。

(2) 选用比例合适的盆，一般用深筒盆，将树种于盆中，调整树势与重心。如重心不稳，在靠根部配石以求树势平衡。

3. 考核评价

悬崖式盆景树干弯曲下垂于盆外，冠部下垂如瀑布、悬崖，模仿野外悬崖峭壁苍松探海之势。考核第一部分内容为根据材料设计草图；第二部分考核内容主要是操作步骤的科学性（苗木斜栽，金属丝的粗度，固定的方法、缠绕的方向、角度、松紧度、疏密等；第三部分考核顺势压下做出第一弯，把握力度和借势扭曲主干是否曲折有致，一气呵成完成主干造型；第四部分考核第一片起片的位置、角度，片层与片层之间的距离，片层平面和空间布势，结顶的形式、大小，重心的位置，配盆的合理性等。

4. 巩固训练

临摹并理解下列悬崖式盆景作品（图 4-98）。

① 直干探枝式造型　主干直立，侧枝弯曲下垂。

② 斜干探枝式造型　主干倾斜，侧枝下垂。

③ 倒挂悬崖抬头造型　树干倒挂下垂，又不垂到底，中途逆转抬头向上生长。这种靠逆转弯曲凸起下垂枝条表现悬崖的艺术效果，是顽强生命力的象征。

④ 树干倾斜成一弧度造型　枝叶布局偏于一侧。如重心不足，可配山石取得布局均衡。

⑤ 掉拐下垂式造型　树干先向对侧倾斜，然后再反向横拐，倒挂下垂到盆前。

⑥ 秃顶式悬崖造型　树干在盆上一段无枝叶成秃顶，叶片分布在盆外下垂的主干上，秃顶虽拙，但整体造型却古朴幽雅。

项目4 树木盆景造型

图 4-98 悬崖式盆景造型作品

技能 4-6 棕丝蟠扎盆景造型

传统桩景类盆景制作中，扬派、川派、通派、苏派都是以棕丝为蟠扎材料。扬派盆景采用"精扎细剪"的造型手法，造成"云片"，做到"枝无寸直"。川派盆景剪扎结合，注重主干造型（身法）和枝条造型（枝法）。苏派的"六台三托一顶"的造型采用粗扎细剪。徽派的游龙弯、扭旋式苍古纯朴，清丽典雅。通派的两弯半主干虬曲，枝片健秀。本任务旨在让学习者熟悉棕丝的制作技艺、巩固干的弯曲造型技法、片的蟠扎技艺和修剪技艺。

1. 材料与用具

植物材料：瓜子黄杨、圆柏、梅、罗汉松等，要求最少为 2~3 年生，上盆在一个生长季以上。

造型用具与备品：棕榈皮、绑带、竹竿、钢刷、修枝剪、速写本和笔、操作台等。

2. 方法步骤

1）设计或临摹

根据对各传统流派盆景特点的理解，设计或临摹一组盆景作品（图4-99）。

台式（云片）　　　　　巧云式　　　　　两弯半

图4-99　扬派、苏派、通派等盆景造型作品

2）制棕绳（图4-100）

将棕榈树干托片网状纤维用钢刷梳理，抽出每根单棕（棕丝），分级放于工作台上。人工将细软棕丝捻成粗细不等的棕绳。注意捻棕的力度、均匀度、添棕接头，棕绳粗细要均匀、有一定牢固度。

1. 棕皮和钢刷　　　　2. 清理棕皮　　　　3. 刷棕

4. 抽棕　　　　5. 刷棕丝　　　　6. 分类棕丝搓细

7. 准备捻棕

图 4-100 棕绳制作过程

3)系棕、打结(图 4-101、图 4-102)

系棕有 3 种方法(单套、双套、扣套),打结有 2 种方法(活结、死结)。练习棕丝 11 种蟠扎技艺,重点掌握扬棕、底棕、平棕、撇棕、靠棕、挥棕、吊棕技艺;练习云片蟠扎技艺。

图 4-101　系棕方法　　　　　　图 4-102　棕丝打结方法

4)相树设计

根据对川派盆景特点的理解,依照造型材料的特点,掌握其最佳观赏面,设计造型(掉拐)。

①将适合制作掉拐式的圆柏植株放在工作台上最佳位置,以便于观察分析。

②从不同的角度、方位观察审度植株,画出设计草图。小组交流讨论设计方案,修改设计方案,确定设计方案。

5)造型(图4-103)

①选取素材,选2~3年生的带土球或上盆的圆柏(图4-103A)。

图4-103　川派(掉拐)棕丝蟠扎盆景造型过程

②整理土球或根团并剪去基部多余枝条(图4-103B)。
③将植株斜放(图4-103C)。
④蟠扎第一大弯(图4-103D)。
⑤蟠扎第二大弯和侧面3个小弯(4-103E)。
⑥盘好前足盘(图4-103F)。
⑦盘好后足盘(图4-103G)。
⑧蟠扎好其余三层枝盘(图4-103H)。
⑨成型后栽植完整。注意结顶中心与基部在一条垂直线上,俗称"照足"(图4-103I)。

6)修剪、用盆

修剪:川派树木盆景一般是剪扎结合,初蟠时以蟠扎为主,以后为轻扎重剪阶段,同时补充蟠扎造型。

用盆:川派树木盆景蟠扎后,一般用泥瓦盆或地栽复壮养护,待其成型后再根据树桩造型、大小、品种及色调,选用不同式样、质地的紫砂、土陶或大理石、汉白玉盆进行上盆。

3. 考核评价

任务完成后,可在现场和形成效果后进行两次评价。第一次评价应从棕绳制作、打结、系棕等方面进行量化评价。第二次评价要侧重从造型设计、枝的取舍、干的蟠扎、片的制作及修剪效果评价,看是否体现了设计要求、蟠扎技艺是否正确等。

4. 巩固训练

(1)徽派扭旋式柏树盆景造型

所谓"扭旋式"盆景即是指枝条弯曲为不在一个平面上的"S"形。直径在5~10cm之间的柏树,在欲弯曲的凸起部位每隔5~10cm锯3~4个切开,深度为主干直径的1/5~1/3即可。再在开口的一面绑以竹片或双股8#铅丝。竹片的厚度为0.2cm,宽度1~1.5cm。用麻或胶布缠绕到顶部直径1cm处,用棕丝或铅丝蟠扎。其步骤如下:

①秋末或早春,将直径为2cm的柏树带土挖起,凸面朝下,主干与盆面成30°~45°角斜栽于盆中(图4-104A)。

②先于植株基部将棕丝一端固定。将棕丝绕紧上劲,右手抓住主干上部,左手把握应弯曲的凸起部位,脚踩花盆,将主干向右扭旋至理想的位置,用棕丝固定(图4-104B)。

③用另一根棕丝固定于第一弯的凸起处并将主干朝左方旋转(与第一弯相反方向),弯到适度加以固定(图4-104C)。

④继续向右做螺旋状旋转,棕丝仍固定于前一弯凸起处,这样一直蟠扎完原先预定的螺旋状弯。用一小竹竿从每个"S"弯的中央插入盆中固定骨架(图4-104D)。

⑤完成螺旋状弯后,主干上部枝条用铅丝蟠扎成较理想的扭曲。旋弯角度较小,以求自然。并对大部分枝条做修剪,至此主干蟠扎完成(图4-104E)。

⑥通常主干基部的扭旋弯并不留侧枝,而在上部的旋弯凸起处保留侧枝,枝条尽量靠近外凸处的中间部位。如此处无枝条,也可将其他部位的枝条调转方向,用以填补缺枝的部位,固定于弯凸处。小枝也要做螺旋状弯曲。于翌年春季或秋季松绑(图4-104F)。

图 4-104 徽派扭旋式棕丝蟠扎盆景造型过程

(2) 徽派游龙梅盆景造型

梅栽植宜在 11~12 月，斜栽便于造型取势。待服盆后于翌年初冬立杆及大枝造型，新枝的加工宜在 9 月。主干直径达 1cm 时即可进行蟠扎，侧枝也可粗扎。每年新生的花枝则需逐年修剪，待花后将花枝从近基部剪去，促使萌发新枝生长良好，开花茂密。游龙梅桩的"S"弯均在同一平面上进行扭曲，极为规整壮观。

①取 2~3 年生、地径在 2cm 左右的植株，斜栽盆中，服盆后造型（图 4-105A）。

②先将棕丝固定于基部，主干朝右扭曲，不做螺旋弯，用棕丝固定于适当位置（图 4-105B）。

③将主干左向做一个平面上的扭曲，完成第一个"S"弯（图 4-105C）。

④再绑扎侧枝成较小弯曲角度的小游龙弯。插入木棍通过每一个"S"弯（图 4-

105D)。

⑤五年生梅桩,侧枝均蟠扎成小游龙弯,因尚未完全定型,仍用棕丝固定。通常初扎梅桩时,侧枝尚未生长,均是先扎主干,待侧枝生长后,保留每个弯凸处的枝条,也可多保留几枝,以备不时之需(图4-105E)。

⑥成型七年生梅桩,主干、侧枝均基本定型,"手"上生长出的小枝不再绑扎,而是逐年修剪,整株仍用竹棍固定,侧枝也需小棍支撑(图4-105F)。

(3)扬派盆景枝片蟠扎练习(图4-106)

图4-105　游龙梅棕丝蟠扎盆景造型过程

图4-106　扬派盆景枝片蟠扎

技能 4-7　金属丝蟠扎盆景造型

在海派盆景、浙派盆景制作过程中，主干和枝的蟠扎，用得最多的是金属丝蟠扎。金属丝蟠扎目前在盆景蟠扎是一种趋势，成型快。海派盆景师法自然，苍古入画；浙派盆景以高干型、合栽型求自然生动。本任务旨在让学习者掌握根据材料确定造型形式，灵活掌握金属丝造型技艺，巩固和加强树木盆景制作技艺。

1. 材料与用具

植物材料：多年生生长势强壮、无病虫害、分枝多（枝条粗细长短错落有致，离根基近处最好有长枝条，根部虬曲苍老，干有自然弯曲更佳）的五针松苗木，造型前 1～2d 停止浇水，使枝条柔软。

造型用具与备品：绑带、铅丝钳、修枝剪、14#～16#的铅丝、盆、种植土、伤口愈合剂、速写本和笔、操作台等。

2. 方法步骤

1）相树设计

根据对海派盆景特点的理解，依照造型材料的特点，掌握其最佳观赏面，设计造型形式（不外乎直、斜、曲、卧、悬，但要掌握海派盆景特点自然型）。

①将适合制作海派盆景的植株放在工作台上最佳位置，以便于观察分析。

②从不同的角度、方位观察审度植株，画出设计草图。小组交流讨论设计方案，老师指导，修改设计方案，确定设计方案。

2）造型

(1) 造型前修剪

疏去或剪短过密的和有碍观瞻的枝条（图 4-107）。

图 4-107　造型前的枝条修剪方法

(2) 金属丝缠绕整形

对造型植物要小心缠绕金属丝，因为剩下的枝条在整体树形上具有决定作用。整型顺序为先主干，后主枝，再侧枝，从下到上，由粗到细。缠绕金属丝顺逆均可，金属丝要紧靠树皮，不能缠得太松（图 4-108、图 4-109）。

项目4 树木盆景造型

图 4-108 包裹麻筋、缠绕金属丝
1. 枝干 2. 金属丝 3. 麻筋

图 4-109 金属丝整形法

（3）五针松造型

图 4-110 五针松金属丝蟠扎造型步骤

①将金属丝顺主干所弯曲部位缠绕，随后将主干按所需制作的形式进行弯曲(图4-110A)。

②根据主干形态对主枝进行弯曲。同时考虑到主次、疏密、层次等(图4-110B)。

③对多余的枝条进行疏剪，为下一步修剪打下基础(图4-110C)。

④对中小枝合理布局，分清层次(图4-110D)。

⑤造型结束后，根据上盆要求除去部分浮表土，以表现树根苍老(图4-110E)。

⑥选择与树桩规格形式相对应的盆(图4-110F)。

⑦根部修剪，剪去过长根，以利于上盆后萌发新根(图4-110G)。

⑧根据格式上盆，注意重心要偏后，达到前空后紧(图4-110H)。

⑨根据造型，可配山石、亭、人物等配件，种植小草，注意比例适当，层次丰富，构图完美(图4-110I)。

3. 考核评价

任务完成后，从材料的造型设计、金属丝蟠扎技艺、配盆技艺、养护技艺等方面进行量化评价，从是否体现了设计要求、造型是否完美等方面给予评价。

4. 巩固训练

临摹、欣赏海派盆景(图4-111)。

图4-111 几种海派盆景

技能4-8 岭南盆景造型

岭南派盆景主要是根据植物生长的自然规律和美学知识，通过修剪形成大树型、高耸型、大飘枝的造型。本任务旨在让学习者掌握岭南盆景截干、蓄枝的基本方法。截干蓄枝就是将所栽盆树主干截断后，待其长出横桠比主干稍细时，便将横桠留下3cm有余，多余部分剪去，如此反复修剪。可选择3种以上本地区常用盆景植物材料（上盆一个生长季以上待造型的材料、初步成型盆景材料、成型的盆景材料），进行造型设计、造型修改、养护修剪等工作。

1. 材料与用具

植物材料：一个生长季以上的适合制作大树型、高耸型、大飘枝型的盆栽植物，如榆、三角枫、2～3年生罗汉松等。

造型用具与备品：修枝剪、12#～18#的铅丝、速写本和笔、操作台。

2. 方法步骤

1）相树设计

根据对岭南派盆景特点的理解，依照造型材料的特点，掌握其最佳观赏面，设计造型形式（大树型、高耸型或大飘枝型）。

（1）将适合制作大树型、高耸型或大飘枝型的植株放在工作台上最佳位置，以便于观察分析。

（2）从不同的角度、方位观察审度植株，画出设计草图。小组交流讨论设计方案，老师指导，修改设计方案，确定设计方案。

2）造型

（1）截干蓄枝（图4-112）

采用高干形成大树 → 成长新枝 → 桩景雏形 → 桩景成型

图4-112 截干蓄枝法造型过程

①选材定枝 选定桩料，以根系发达、树身挺拔、干身有横枝大托、干顶与干身比例匀称的为佳。然后定主干高低，可采用高干形成大树型，视素材自然形态而定。

②培养主侧枝与顶部树冠 将树桩上盆栽植，经培植长出多数新枝。待其生长到与主干和大托横枝（主枝）比例协调时进行多次的分段修剪。

③逐渐培养成桩景雏形　经若干年培育长到一定粗度并逐渐形成树冠。树状枝托要合理分布在枝干的前后左右，忌讳留平行枝，要高低前后有序。蓄枝时要多留下走枝，除去上走枝，使枝托逐渐下垂，增加立体感。

④桩景成型　此时要使主要枝托的末梢部分尽量多生长小横枝，主顶要留树冠。控制无限制的高生长，将有碍观赏的小枝托剪除，做到画面清晰有层次。特别是主根部分露出泥面，以增加盘根错节的艺术感染力。

(2)高耸型盆景造型技法(图4-113)

图4-113　岭南高耸型盆景

其造型有独干、双干、三干之分。在适当部位长出一托飘逸的"跌枝"，即构成饶有画意的一笔。其结构简单，但强调直干必须柔中带刚，高昂挺拔，由根部到枝梢务求顺势由大到小。

3) 用盆、几架

岭南盆景多选用釉盆，几架可用广式红木、松木等。

3. 考核评价

主要从材料的造型设计、修剪、养护技艺等方面进行量化评价。一是看对材料的审度程度，根据材料设计造型形式；二是从修剪技法上考评；三是从养护技艺方面考评。

4. 巩固训练

岭南派盆景枝组造型方法及枝的类型识别：

(1)岭南派盆景利用枝组造型的方法主要有脱衣换锦法、虚枝实叶法和丛枝法。脱衣换锦法是在盆景展出前把植株叶子全部摘掉，以尽情表现骨架和姿态及作者艺术才能；虚枝实叶法则是以叶片为主要内容表现整个画面，不讲究枝条以及比例效果；丛枝法是有一枝留一枝，使枝条成丛生长，多见于商品材树桩栽培(图4-114)。

(2)枝的类型分为鹿角枝、回旋枝、自然枝、鸡爪枝(图4-115)。优良的姿态有飘枝、平行枝(平展枝)、跌枝、垂枝、对门枝、风车枝、风吹枝、回头枝、后托枝、顶心枝、点枝、

图 4-114 枝脉、枝法类型

图 4-115 枝的类型

补枝(图 4-116)。不良形态枝有死曲枝、脊枝(背上徒长枝)、腋枝、贴身枝和大肚枝(图 4-117)。观察岭南派盆景作品,识别上述枝的类型是岭南派盆景整形修剪的重要依据。

图 4-116　优良枝态

项目 4　树木盆景造型

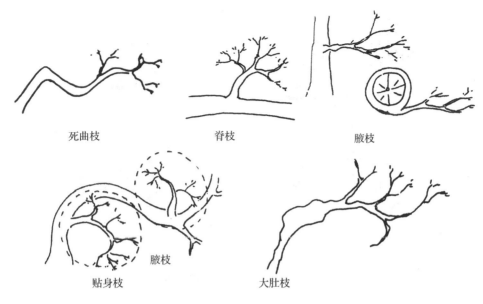

图 4-117　不良枝形态

技能 4-9　丛林式盆景造型

丛林式盆景是模仿山林风光，反映大自然的千姿百态，其设计制作的关键是根据丛林式盆景构图的美学原理，注重群体造型效果。本任务旨在让学习者熟悉丛林式造型形式设计、选材、制作、养护等基本方法。

1. 材料与用具

植物材料：金钱松、虎刺、红枫、红花檵木等（每种 5~10 株，要有高低粗细之分）。

造型用具与备品：不同型号的金属丝、丛林式盆景用盆、老虎钳、剪刀、速写本和笔、操作台、养护用地。

2. 方法步骤

1）选材相树（图 4-118）

（1）选主干粗壮、分枝多而粗细长短有变化的植株。

（2）将植株脱盆，放在工作台上最佳位置，以便于确定造型。

图 4-118　选材相树

197

图 4-119　丛林式盆景常见形式

2）相树设计

丛林式盆景常见形式如图 4-119 所示。

(1) 从不同的角度、方位观察审度植株,画出设计草图,说明设计意图(图 4-120)。

(2) 小组交流讨论设计方案,老师指导,修改设计方案,确定设计方案。

立面设计(考虑空间高低、走势等)

平面处理(前后、左右位置处理得当)

平面处理错误(景观位置设计太靠前)

图 4-120　相树设计

3）造型(图 4-121)

①适当剪去植株较长的根系。

②适宜用长浅盆,由于盆浅,排水孔用窗纱垫,种植方便。略加培养土,一般为盆深的 1/4。

③忌行列栽植,要有疏密、高低、粗细,富于自然变化。

修根	选盆
植株立排，布局单调	
植株有疏密、高矮、粗细变化	安置配件、增加景深、诗情画意

图4-121　丛林式盆景制作过程

4）安置配件

丛林式盆景的配件一般包括人物、鸟兽、亭台、房屋等。质地选用陶质、瓷质、石质为好。配件配置要得体，注意配件的体量、数量、位置和色彩（表4-5），以突出主题，起到画龙点睛的作用。

表4-5　安置配件注意事项

配件的体量	大小比例要恰当
配件的数量	要合理，并非越多越好，应由题材需要和意境而定
配件的位置	要得当，有前后、高低的层次感，体现小中见大的效果
配件的色彩	应与周围的色彩相协调

3. 考核评价

主要从丛林式盆景选材、设计、制作（组合）、养护等方面进行量化评价：选材是否符合设计要求，组合搭配是否合理、美观，养护是否得法。

4. 巩固训练

虎刺丛林式盆景设计制作（图4-122）。

图 4-122　虎刺丛林式盆景设计

技能 4-10　微型树木盆景造型

微型树木盆景小巧玲珑、造型夸张、线条简洁、极具风趣，适合居室内陈设。微型树木盆景可分为直干式、斜干式、悬崖式、丛林式、垂直式等类型。本任务旨在让学习者熟悉微型盆景制作的基本方法。关键要掌握主干造型、丛植造型和露枝处理的要领，并选好相匹配的盆钵。

1. 材料与用具

植物材料：罗汉松、雀梅、真柏等。

造型用具与备品：不同型号的金属丝、微型盆景用盆、老虎钳、剪刀、速写本和笔、微型盆景博古架、操作台、养护用地。

2. 方法步骤（图 4-123）

A 选材相树　　　　　B 因材设计方案　　　　　C 造型：先主干

D 造型：后侧枝　　E 剔土修剪根系　　F 选盆　　G 上盆种植

图 4-123　微型盆景制作过程

1) 选材相树
(1) 选主干粗壮、分枝多而粗细长短有变化的植株。
(2) 将植株脱盆，放在工作台上最佳位置，以便于确定造型。

2) 相树设计
(1) 从不同的角度、方位观察审度植株，画出设计草图，说明设计意图。
(2) 小组交流讨论设计方案，老师指导，修改设计方案，确定设计方案。
(3) 根据构图需要，因材制宜，因势利导。

3) 加工造型
(1) 主干造型

根据主干的自然形态造型称为因干造型。直干式，主干不需蟠扎，蓄养主枝即可；斜干式，上盆时只要把主干偏斜栽植，倾侧一方的枝丛应多保留，长而微垂；曲干式、悬崖式，可用硬度足以使主干弯曲成型的铁丝缠绕干身，使之弯曲成符合构思的形式，为增强苍古感，可对树干实行雕琢，或锤击树皮。

(2) 枝丛造型

枝叶不宜过繁，否则地上地下失去平衡，应以简练、流畅为主，以达到形神兼具，充分显示自然美。对那些不必要的杂乱枝条，尤其影响到艺术造型的交叉枝、平行枝、轮生枝、对生枝、"Y"形叉枝，都应除去或实行短截、变形。蟠扎枝条时，不要单纯追求弯弯曲曲的形式，要避免呆板和造作。要根据原有形式而设计构思，然后适当地进行画龙点睛式的加工。造型设计中，布势要有所侧重，或左虚右实，或右虚左实，使枝丛能给人以疏密有序、错落有致的感觉。枝条蟠扎造型的方法有铁丝蟠扎或嫩枝牵引法。嫩枝牵引法是把预制成型的铁丝一端固定在老枝干上，再把柔软的新生枝条缠绕在铁丝上，或捆扎在铁丝上，这种牵引法可使新枝条形态更具自然美。

4) 上盆栽植
(1) 配盆

上盆要根据树形姿态配上相宜的盆钵，以增强其艺术效果。一般情况下，高深的签筒盆适合于悬崖、半悬崖式。腰圆或浅长方盆，栽植直干或斜干；圆形或海棠形盆，宜配干弯低矮的植株；多边形浅盆宜植高干植株，使上面着生细枝，呈现柔枝蔓条、扶疏低垂之态，显得格调高雅、飘逸。

(2) 栽植

上盆时，在排水孔垫碎瓦片，以利排水。在上盆时将根颈部位直接提起，稍稍超越盆面，用泥土或苔藓壅培，经日常浇水和雨水冲刷逐渐裸露出根系来。对于根系强健的树种，如金雀、火棘、贴梗海棠、榆、迎春等，可将它们的部分根系沿着根颈处盘结起来，上盆定植时让其裸露在盆面，形成盘根错节、苍古入画的意境。

5) 养护管理
微型盆景盆土极少，水分、养分保存有限，及时养护极为重要。

(1) 浇水

微型盆景小，根浅，泥少，因此，浇水便成了养护的关键。平时盆面见干就浇水，夏天一日要浇多次水，每浇务透。微型盆景可以置于沙床上养护，沙床保持水分，能为盆景创造一个湿润的环境。夏天，微型盆景宜放置于树荫处或大盆景的下面，避免强烈的阳光直射，也可用帘子遮阴，减少水分蒸发。也可对叶面喷水，叶面吸收水分可补充根部吸水的不足。冬天盆面也要注意保持湿润，冬天易疏忽浇水，一旦脱水时间过长，根毛细胞难以恢复吸水能力，植物就会枯萎。

(2) 施肥

在微型盆景中施肥是一项重要的技术。盆景采用的培养土要具有一定养分，但时间长了，盆土中养料耗尽，显得贫瘠，不能满足植物生长需要，应及时施加追肥，以补不足。肥料一般以饼肥为主，饼肥有菜子饼和豆饼。饼肥应充分发酵腐熟后才能使用，用时要用清水稀释10~15倍。施肥宜淡不宜浓。一般在盆土见干后施肥，易被植物吸收。如生长期的植物对氮的需要量大，可多浇施饼肥；开花、结果的植物，对磷钾的需要量大，可多施骨粉、腐熟的鱼杂肥等；如遇叶色泛黄，新枝细弱，应加施氮肥，当植物进入休眠期时，无须施肥。

(3) 翻盆

微型盆景初易成活，抽叶发芽，生机盎然，养到第二年或第三年便会渐失生气，甚至枯槁。若将小树桩从盆中取出，会发现其根须密如盘巢，泥土大部分已被挤出盆外。必须每年翻盆一次。翻盆时修去一部分老根，换上富含腐殖质的新土，小树桩才能重新发根吸收养料，保持旺盛的生机而历久不衰。翻盆后要放置避风阴处一周，叶面上经常喷水，一周后逐渐移入阳光处进行光合作用。

(4) 修剪、复整

植物生长一段时间之后，枝叶长得茂密拥挤，失去了原有佳木葱茏的优美姿态，应该及时进行复整修剪，剪去多余的枝，如平行枝、交叉枝、重叠枝、对生枝、强枝，以及多余的叶。有些还要摘去心芽，使微型盆景保持枝叶葱茏中显示骨力，形神兼备，富于画意。

(5) 防寒、防台风

微型盆景因其微小，严冬季节要全部搬入室内向阳处，防冻避寒。台风来临前，要移至安全地方，以防损伤。

3. 考核评价

主要从微型盆景选材、设计、制作、陈设、养护等方面进行量化评价：选材设计的准确度，制作的规范度，陈设布置的美观度，养护的科学性。

4. 巩固训练

微型盆景雀梅的金属丝整形及制作（图4-124）。

项目4 树木盆景造型

| 将选用的雀梅从盆中脱出 | 根据构图需要，将多余的枝条剪去 | 因材制宜，因势利导，用粗细合适的金属丝先绑扎主干，再扎侧枝和小枝 |
| 剔去泥土，留宿根土约1/4 | 修去过长的根 | 选用比例合适的浅盆，排水孔垫上透气、透水的窗纱，然后将雀梅植入 |

图4-124 雀梅微型盆景制作过程

 自测题

1. 绘制并理解盆景树体结构图。
2. 理解树木盆景常见造型形式，临摹各式盆景作品。
3. 我国传统树木盆景流派有哪些特点，如何做到古为今用？
4. 树木盆景材料选材的标准是什么？如何挖掘和繁殖树木盆景材料？
5. 金属丝缠绕造型技艺有哪些关键技术？
6. 如何养护好盆景作品或产品？

项目 5 藤本植物框架造型

学习目标
(1) 了解藤本植物的概念和类型。
(2) 熟悉藤本植物造型的基本类型。
(3) 掌握造型藤本植物的生物学特性和生态学习性。
(4) 能根据藤本植物特点或环境条件要求,进行藤本植物框架造型设计。
(5) 能制作常见藤本植物框架模型。
(6) 能施工、养护、管理和欣赏藤架植物。

自古以来,藤本植物一直是我国造园中常用的植物材料,在现代城镇建设过程中,利用藤本植物或蔓生草本植物可以绿化城市建筑的墙面、屋顶、阳台、窗台、棚架、庭廊、石坡、岩壁等处以及公共绿地等一切可以利用的空间,形成许多美化环境的造型体,藤本植物是现代城市立体绿化的重要手段。

5.1 藤本植物及藤本植物造型

5.1.1 藤本植物的概念与类型

5.1.1.1 藤本植物的概念
藤本植物是指茎部细长、不能直立、只能依附在其他物体(如树、墙等)或匍匐于地面上生长的一类植物。藤本植物在一生中都需要借助其他物体生长或匍匐于地面,但也有的植物随环境而变,如果有支撑物,它会成为藤本,但如果没有支撑物,它会长成灌木。绝大部分藤本植物都是开花植物。

5.1.1.2 藤本植物的类型
(1) 依照其茎的结构
可以分为木质藤本(如葡萄)和草质藤本(如牵牛)。
(2) 根据其攀爬的方式
可以分为缠绕藤本(如牵牛)、吸附藤本(如常春藤)、卷须藤本(如葡萄)和攀缘藤本(如藤棕)。

①缠绕藤本植物 需要可供它们缠绕的物体。新生的枝条会在生长过程中缠住支撑物(坚固的柱子和藤架)。这种藤本植物有猕猴桃、莺萝、九重葛、紫藤、美洲南蛇藤、牵牛花、忍冬、金银花、美洲紫藤、蔓性月季、木香等。在略加牵引扶持下，攀爬在各种形状的园林花架、简易棚架及与墙面保持一定距离的垂直支架上，也可适当造型，点缀装饰小游园和庭院等。所有这些藤本植物在一个季节里就会迅速生长。

②吸附藤本植物 会吸附在实心物体上生长。这些藤本植物会把它们的气根扎进实心墙上最小的缝隙之中。它们能够破坏某些种类的墙壁，尤其是老化并开始变得松脆的灰泥黏质的砖墙，但如果墙壁十分结实，则它们也可以安全生长。不要将它们种植在需要经常粉刷的平面上。吸附类藤本植物在其他墙壁和稳固的支撑物上长势良好。这种藤本植物包括蔓性八仙花、凌霄、扶芳藤、地锦、络石、薜荔等具有吸盘或气根的藤本植物，其绿化高度可达五、六层楼房高度，有较好的垂直绿化效果。

③卷须藤本植物 需要细线、金属丝(如铅丝、钢丝)或窄小的支撑物供其抓握。此类藤本植物有铁线莲、西番莲、葡萄、丝瓜、扁豆、观赏瓜、葫芦等蔓生植物。在铁丝、绳索、枝条的牵引下，它们很容易沿预定方向生长，但不要让它们攀缘到乔木上。可形成绿化墙面或攀缘简易棚架的造型。这种方式既适合园林绿地造型，也适合盆栽造型，不仅简单易行，而且藤本植物生长迅速，容易见效，并可根据喜好每年更换绿化材料。

还有一种特殊的藤本蕨类植物，并不依靠茎攀爬，而是依靠不断生长的叶子，逐渐覆盖攀爬到依附物上。

5.1.2 藤本植物造型的概念和类型

5.1.2.1 藤本植物造型的概念

根据藤本植物及蔓生草本植物的特性，利用吸附、缠绕、牵引等手法将藤本植物固定在事先准备好的框架或构造物之上，形成美丽的垂直景观，这些景观既可架式栽培，又可垂吊观赏，还可制作框架随意造型。如让藤蔓缠绕在事先编好的框架或模型上，可以获得各种各样的形状，如建筑造型、动物造型、奇异造型等；用地锦、络石、薜荔、凌霄等具有吸盘或气根的藤本植物，沿墙面、石壁、篱笆等攀爬形成一定的简单造型。这些植物不需要任何支架和牵引材料，栽培管理简单，有较好的垂直绿化效果；用葡萄、紫藤、金银花等具有缠绕性能和蔓性月季、木香等长蔓性藤本，在略加牵引扶持下，攀爬在各种形状的园林花架、简易棚架及与墙面保持一定距离的垂直支架上，经过适当的造型，可点缀装饰小游园和庭院等；用莺萝、牵牛、丝瓜、扁豆、观赏瓜、葫芦等草本的蔓生植物，在铁丝、绳索、枝条的牵引下，可形成绿化墙面或攀缘简易棚架上。

5.1.2.2 藤本植物造型的类型

(1) 棚架式

利用构架布置的藤本植物，已成为园林绿化中的独立景观。如在拱门、花架、游廊、瓜果豆棚等棚架下(或旁)种植各种不同的藤本植物，构成繁花似锦、硕果累累的植物景观，既可以赏花观果，又提供了纳凉游憩的场所，既美化了环境，又改善了生态。有些藤本植物可以建成独立景观(如木香)，独立种植，用圆形棚架设立柱。

①门庭、拱门 即以棚架作为载体，充分利用空间绿化装饰单位大门、居民门庭等。低层建筑可在屋边种葡萄，天井拉铅丝、绳索或搭竹竿等引导枝蔓，或利用棚架种瓜、豆之类，形成袖珍型田园风光(图5-1、图5-2)。

图 5-1　杭州六和塔门庭紫藤造型

图 5-2　私人宅院门庭藤本月季装饰造型

②花架、游廊

花架：属于构架绿化造型，是用刚性材料构成一定形状的格架供攀缘植物攀附的园林设施，可作遮阴休息之用，并可点缀园景。花架设计要了解所配置植物的原产地和生长习性，以创造适宜于植物生长的条件和造型的要求。现在的花架，有两方面作用：一方面供人歇足休息和欣赏风景；另一方面创造攀缘植物生长的条件。因此可以说花架是最接近于自然的园林小品。可用藤本月季、金银花、牵牛花等藤本植物来装饰（图 5-3、图 5-4）。

图 5-3　水泥花架

图 5-4　木制花架

图 5-5　钢构瓜果游廊

图 5-6　钢构藤本月季游廊

游廊：游廊是附在建筑外部有顶的敞廊或门廊，主要供游人室外欣赏、休息之用。现代庭院中的观赏游廊不再是传统概念上的游廊，其顶部设计成漏空状，并且常被藤本植物缠满。这样既方便游人观赏，又利于植物生长，通透性极强。构筑材料多为钢构，这样既简洁又能承担藤本植物的负载(图5-5、图5-6)。

凉亭：将藤本植物制作成直立树干形造型，如葡萄、紫藤等，有独木成林之感(图5-7、图5-8)。

③瓜果豆棚　常见的多为牵牛、茑萝、观赏菜豆等，花叶皆秀，多为一年生植物，当年春季播种，夏秋季开花，适合造型各异的棚架绿化。棚架绿化由农村瓜棚、豆架演化而来，现已成为装饰绿化的主要形式。它造型样式各异，有水平棚架、倾斜棚架、扇形棚架、拱形棚架等。常用藤本植物有葡萄、猕猴桃、观赏南瓜等葫芦科和豆科一年生蔓生草本植物，如东升南瓜、大吉南瓜、巨型南瓜、红皮南瓜、黄皮南瓜、白皮南瓜、花皮南瓜、佛手南瓜、特长水瓜、青葫芦、宝葫芦、长柄葫芦、奇形葫芦、线瓠子、飞碟瓜、金丝瓜、菜豆、豇豆等。瓜果豆棚可使庭院更为幽静、环境更加自然。夏季烈日当空，人们在下纳凉，十分舒适惬意(图5-9至图5-14)。

图5-7　葡萄树干形造型

图5-8　紫藤树干形造型

图5-9　简易三角竹支撑豆架

图5-10　水平绳索网格葫芦棚架

图 5-11　扇形瓜果棚架

图 5-12　倾斜南瓜棚架

图 5-13　拱形棚型葡萄架

图 5-14　直立混合猕猴桃架

（2）垂直式

现代城市的建筑外观再美也为硬质景观，若配以软质景观藤本植物进行垂直绿化，既增添绿意、富有生机，又可绿化旧墙面、遮陋透新，还可在秋季叶色变化之时供人观赏。在夏季能有效地遮挡阳光的辐射，降低建筑物的温度；又是一种天然保护层，减少围护结构直接受大气的影响，避免表面风化，延长使用年限。藤本植物能与周围环境形成和谐统一的景观，提高城市的绿化覆盖率，美化环境。用藤本植物装饰阳台，可增添许多生机，既美化了楼房，又把人与自然有机地结合起来。

①实体墙面垂直绿化　一般在楼房、平房、围墙下面选择吸附力强的攀缘植物，如地锦、凌霄、络石等形成绿墙造型，起到遮阴、覆盖墙面、改善环境的作用，形成苍翠欲滴的绿色屏幕（图 5-15、图 5-16）。

②通透垂直绿化　可在天井、晒台等地方设立支架，使攀缘植物沿栅栏、网格、支架生长，形成自己喜欢的造型。应尽量选择耐瘠薄、根系较浅、管理粗放、花期长、美化和绿化效果好的植物，如牵牛、茑萝、凌霄、地锦等（图 5-17、图 5-18）。

图 5-15　地锦墙面垂直绿化初期

图 5-16　地锦占满墙面效果

图 5-17　住宅建筑墙外钢构垂直绿化

图 5-18　背景景墙绿化效果

③屋顶绿化　在楼顶平台砌花池栽些浅根性花草，搭建棚架，植几株葡萄、丝瓜、牵牛等植物，既降低了顶层温度，又提供了休闲赏景、健身和纳凉场所。在设计时应慎重使用能减轻屋顶承重及便于排水的轻介质土，在屋顶排水畅通不渗漏的情况下，可选用喜光照、根系浅的植物种类，如迎春、月季、紫藤、紫薇、金银花、天鹅绒草、高羊茅等。在屋顶绿化造型中，利用上述植物以盆栽、平铺（做色块）、悬吊等方法进行组合、布局，会取得很好的景观效果（图 5-19、图 5-20）。

图 5-19　屋顶墙沿垂下藤本月季

图 5-20　屋顶垂直绿化

图 5-21　杭州立交桥桥柱绿化

④桥体、桥柱绿化　在立交桥两侧设立长方形种植槽或垂挂吊篮，栽植云南黄素馨、扶芳藤、地锦等绿色爬蔓植物，构成桥面绿带和圆形绿柱。对车水马龙的城市过街天桥、高架道路进行绿化造型，堪称一道特别的风景。如此，既改变了天桥景观，增添了街区特色，增加绿视率，又减轻了空气污染，起到吸尘、降噪的作用。在城市繁华路段，街区空间狭小，绿化设计宜采用柱体立体绿化、空中垂吊绿化、楼屋檐口垂吊绿化，向空中索要绿化面积。目前北京、上海、广州、成都等一些高架道路已进行成功的立体绿化（图5-21）。

⑤陡坡、假山绿化　陡坡宜选用根系发达、速生、固着力强的攀缘植物，如葛藤、油麻藤可以起到护坡、保持水土、美化的作用。假山石旁可适当栽植攀缘力强的地锦、凌霄、扶芳藤等吸附类植物和牵牛花、紫藤等缠绕类植物，以不影响山石之美为主，增加自然灵气（图5-22、图5-23）。

图 5-22　苏州乐园假山地锦绿化

图 5-23　凌霄假山绿化

图 5-24　阳台内藤架绿化

图 5-25　阳台外多层九重葛造型

⑥阳台绿化　随着城市住宅迅速增加，充分利用阳台空间进行绿化极为必要，它能降温增湿、净化空气、美化环境、丰富生活。阳台空间有限，攀缘植物充分发挥了自己的优势，很多植物都是阳台绿化的好材料（图5-24、图5-25）。

（3）篱垣式

藤本植物在花园中起着双重作用，一是藤本植物的花朵、叶片或果实会缠绕在栅栏上，显得格外引人注意；二是起分隔空间或遮挡难看的物体。

①花篱　蔓性花卉可点缀门楣、窗格和围墙。由于草本蔓性花卉茎十分纤细、花果艳丽，装饰性强，其垂直绿化、美化效果可以超过藤本植物，有时用钢管、木材作为骨架，经草本蔓性花卉的攀缘生长，能形成大型的动物形象，如长颈鹿、金鱼、大象，或形成太阳伞等，待蔓性花草布满篱架、细叶茸茸、繁花点点，甚为生动有趣。适宜设置在儿童活动场所。常用草本蔓性花卉有牵牛、茑萝、香豌豆、风船葛、小葫芦等，这类花卉质轻，不会将篱架压歪压倒。特别是攀缘类月季，具有较高的观赏性，可以构成高大的花篱，也可以培育成铺天盖地的花屏障，已在园林中应用（图5-26、图5-27）。

②果篱　利用果树，经过人工牵引做垂直平面整形，形成扇形和水平型的果篱（图5-28、图5-29）。

图5-26　铁线莲木格栅花篱

图5-27　蔓性月季铁艺花篱

图5-28　苹果扇形果篱

图5-29　苹果的水平型果篱

(4) 框架盆栽和桩景

①框架模型盆栽造型　用藤本植物进行框架造型可以获得各种各样的形状,如几何造型、动物造型、奇异造型等。要创造理想的藤本植物框架造型,需先用金属线编结好要创造的形状,把金属框架固定在栽植有藤本植株的地方,待植株的枝条长出时将枝条按需要的位置绑在金属框架上,结合适当的修剪,使枝条多而紧凑,随着植株的生长,在必要的部位把枝条绑在框架上,剪去徒长枝、枯死枝、病枝等,最好当植株布满整个金属框架或模型时达到所需的造型。框架模型造型要选择攀缘性好、枝条柔软、枝叶茂盛的种类,如地锦、山荞麦、南蛇藤、蛇白敛、葛藤等(图5-30、图5-31)。

图5-30　框架模具象形造型　　图5-31　简易球体模具造型　　图5-32　九重葛盆景造型

图5-33　葡萄盆栽造型

②设立支架盆栽造型　通过设立支架,对一些果树植物进行支撑或改变其树干的弯曲形式(图5-32、图5-33)。

5.2　藤本植物造型材料选择

5.2.1　藤本植物材料

5.2.1.1　藤本植物材料选择标准

(1) 见效快

攀缘植物生长速度快,许多藤蔓类植物如地锦、常春藤当年生长即可达2～3m,如果加强管理,2～3年即可获得绿荫满壁、枝繁叶茂的效果。攀缘植物占地面积小,能见缝插绿,只要$1m^2$的空地就可栽植,易于扩大绿化面积。

（2）造价低

许多藤本植物对土壤、气候的要求并不苛刻，适应性强，耐干旱，耐瘠薄，而且生长迅速，可以当年见效，投资小，造价低，易于管理。如丝瓜、豆角，茑萝等草本藤本植物。

（3）耐干旱耐瘠薄

垂直绿化造型的应用材料品种丰富，凡是藤本或攀缘植物都可利用。最常见的有中华常春藤、南蛇藤、紫藤、凌霄、地锦、络石、葡萄、蔷薇、木香等许多种类，普遍具有耐贫瘠、速生、常青等特点。

5.2.1.2 常用的藤本植物材料

（1）常绿、半常绿木质藤本植物（表5-1）

表5-1 常用常绿、半常绿木质藤本植物

名　称	攀缘方式	观赏特性和花期	生长适地	应　用
七姊妹 Rosa multiflora f. platyphylla	依附，攀缘	枝细叶小，花繁果茂	华北、西北、华东、华中	花柱，花门，花亭，花架，花墙
素馨花 Jasminum grandiflorum	茎细长，缠绕	花白色，芳香，夜间开花，枝干袅娜	西南、华南	门厅，池畔，窗前，花架
叶子花 Bougainvillea spectabilis	蔓生灌木，倒钩刺，攀附	冬春开花，苞片紫红色	广东、广西、台湾、云南、海南	花篱，篱墙
朝日藤 Corculum leptopus	蔓生灌木	夏秋开花，花白色	台湾、广州、海南	花架，篱墙
鹰爪花 Artabotrys hexapetalus	蔓生灌木	花黄绿色，芳香，7～11月开花	台湾	庭荫树，花篱墙
龙须藤 Bauhinia championii	蔓生灌木，缠绕	花白色，8～10月开花，果期12月，紫色	广东、福建、台湾	棚架
油麻藤 Mucuna sempervirens	蔓生大灌木，攀缘	花紫红色，4月开花，下垂	西南、华中、华东	棚架，长廊
毛茉莉 Jasminum multiflorum	蔓生，缠绕	花白色，芳香，夏季开花	华南、华中、华东南部地区	花篱，花坛，盆栽
洋常春藤 Hedera helix	气根吸附	枝叶繁茂，冬绿，秋花	长江流域以南	攀附建筑物，墙壁垂直绿化
南五味子 Kadsura longipedunculata	缠绕	花黄色，梗细长，聚群球形，果深红色	华中、华南、西南	隐蔽物，篱壁，篱架
络石 Trachelospermum Jasminoides	气根攀附	花白，夏季开花，芳香，秋叶可变红	华东、华中、华南	覆被地面，墙垣，小型花架
紫花络石 T. axillare	气根攀附	花紫色	湖南、湖北、四川、贵州、云南、广东、广西、福建、浙江	攀石，爬树

(续)

名　称	攀缘方式	观赏特性和花期	生长适地	应用
薜荔 Ficus pumilla	下部气生根，上部攀缘	隐头花序，果奇特，叶厚、亮绿色	江苏、浙江、安徽、江西、湖北、广东、广西、福建、台湾	墙垣，岩石，树上遮蔽
扶芳藤 Euuinymus fortunei	匍匐，攀缘	假种皮淡紫色	黄河中下游、长江流域以南	岩石，老树，覆被地面，墙垣
忍冬 Lonicera japonica	藤本	夏季开花，花由白变红，清香宜人	广泛分布	绿篱，绿廊，绿亭

(2) 常用落叶木质藤本植物(表5-2)

表 5-2　常用落叶木质藤本植物

名　称	攀缘方式	观赏特性和花期	生长适地	应用
紫藤 Wisteria sinensis	缠绕	5~6月开花，芳香，白、紫色	山东、河南、河北、浙江、江苏、湖北、四川、广东、云南、贵州	花架，绿廊，绿亭，台坡，盆栽，花门
木香 Rosa banksiae	依附	5~6月开花，清香，白色	长江流域以南	花架，花棚，花墙，绿门
凌霄 Campsis grandiflora	缠绕，气生根	花期7~8月，金黄色、大红色，观赏期长	山东、河南、河北、江苏、江西、湖北、湖南	老树，石壁，悬崖，墙垣
藤和平 Rosa hybrida f. climbing	攀缘	花形优美，花果鲜丽，观赏期长	黄河流域以南	花篱，花架，花墙
地锦 Parthenocissus tricuspidata	卷须，气生根，吸附	6~7月开花，黄绿色，果9~10月熟，黑色，秋季叶红	辽宁、河北、山东、陕西、浙江、广东、湖南、湖北	墙面，岩石，花墙，栅栏，壁泉，柱泉，桥梁
葡萄 Vitis vinifera	卷须，缠绕	6月开花，芳香，果椭圆形，被白粉，紫红色、黄绿色	黄河、淮河流域	花架，花廊，庭前，曲径，木架，攀附
北五味子 Schisandra chinensis	攀缘	花红色，5~6月开花，果7~8月熟，深红色	东北、华北、华中、西南	花架，花廊，庭前，曲径，木架，攀附

(续)

名　称	攀缘方式	观赏特性和花期	生长适地	应　用
木通 Akebia quinata	缠绕	4月开花，紫色，芳香，果椭圆形，被白粉	江苏、河南、山西、湖北、山东	绿亭，绿门，绿架，墙壁，老树干盆栽
串果藤 Sinofranchetia chinensis	缠绕	浆果球形，蓝色，成串下垂	我国特产，西南、西北、湖北	竹篱，绿亭，绿廊
木天蓼 Actinidia polygama	攀缘	花期6~7月，白色，芳香，浆果9~10月熟，叶缘夏季变白色	安徽、湖北、四川、陕西、山东、东北	攀挂墙壁，竹篱，棚架
南蛇藤 Celastrus orbiculatus	缠绕，攀缘	秋叶橙黄，果紫红色	分布广泛，江南可见	棚架，长廊，墙壁
云实 Caesalpinia sepiaria	倒钩刺，攀缘	花金黄色，繁茂壮观	淮河、长江以南	刺篱，护坡，棚架
大血藤 Sargentodoxa cuneata	缠绕	花芳香，果蓝色，枝叶扶疏	长江流域	凉棚，缘廊
无须藤 Hosiea sinensis	缠绕	核果8月熟，棕红色	湖南、湖北、四川	花架，绿廊
猕猴桃 Actinidia chinensis	攀缘	花期4~5月，黄色，果9~10月，可食	长江流域，南方各地	花架，棚，绿廊

(3) 常用蔓生草本植物

牵牛、茑萝、西番莲、香豌豆、风船葛、丝瓜、观赏菜豆、豇豆、观赏南瓜、葫芦、瓠子、绿萝、蔓绿绒。

5.2.2　藤本植物造型构造材料

过去用杨柳木条、藤条、竹竿、荆笆、箍竹片、花竹片、混凝土等材料来作为藤本植物的构造材料。近年来为追求造型新颖，有用钢管等金属构筑材料、防腐木、塑木、铁艺金属材料、钢丝绳索、石材等材料制作。这些材料各有优缺点。

(1) 竹木材、藤等

朴实，自然，价廉，易于加工，但耐久性差。竹材限于强度及断面尺寸，梁柱间距不宜过大(图5-34、图5-35)。

(2) 钢筋混凝土

可根据设计要求浇灌成各种形状，也可作成预制构件，现场安装，灵活多样，经久耐用，使用最为广泛(图5-36)。

(3) 石材

厚实耐用，但运输不便，常用块料做花架柱。

(4) 金属材料

轻巧易制，构件断面及自重均小，采用时要注意使用地区和选择攀缘植物种类，以免炙伤嫩枝叶，并应经常用油漆养护，以防脱漆腐蚀（图 5-37、图 5-38）。

(5) 塑木

塑木是实木与塑料的结合体，它既保持了实木的亲和性，又具有良好的防潮耐水、耐酸碱、抑真菌、抗静电、防虫蛀等性能，是新型的复合材料（图 5-39）。

图 5-34　藤条制品

图 5-35　竹制品

图 5-36　钢筋混凝土制品

图 5-37　铁艺制品

图 5-38　钢管仿制

图 5-39　塑木制品

5.2.3 藤本植物造型常用工具

①实体造型工具 包括木作制作工具、泥工制作工具、钢构制作工具等。

②模型制作工具 有修枝剪、铁丝、木桩、竹竿、老虎钳、电焊枪和耗材、木工电钻、小锄头、花盆及栽培基质、耐磨手套等。

5.3 藤本植物造型方法

藤本植物通过人工在光滑的墙面上挂网牵引，或在廊、架、棚上设立支撑架进行缠绕牵引，或根据其不同功能进行修剪，或以均匀为主，或以水平整齐为主，一般不剪蔓，只对下垂枝、弱枝修剪，从而促其生长。

5.3.1 墙体植物造型

主要利用植物具吸附等特性，采用自然吸附、牵引、挂网、格栅等方法。挂网式立体绿化作为垂直绿化的载体，用来辅助藤蔓植物攀缘，布网的形式和材料可采用多种形式。钢构网格采用三角钢制作框架固定，内网格一般规格按 5cm×10cm~20cm×30cm 焊接成方格网，在方格网底部或者上方设置种植槽，上吊下爬，效果非常明显（图 5-40 至图 5-47）。

图 5-40 墙体自然吸附

图 5-41 墙体网格牵引

图 5-42 墙体直接牵引

图 5-43 墙外绳索牵引

图 5-44　墙体网格高挂

图 5-45　立柱网格牵引

图 5-46　墙外钢构网格

图 5-47　植物幕墙

常用墙面造型植物有：地锦、蛇葡萄、络石、薜荔、常春藤、扶芳藤等。

5.3.2　柱状物体植物造型

如水泥柱、桥梁柱等物体，根据藤本植物的缠绕、攀缘等特性，采用自然缠绕、挂网牵引等方法。

图 5-48　高架立柱绿化

5.3.2.1　立柱式立体绿化造型

施工时，在垂直柱上用钢筋围绕柱体表面制成格网，植物栽植在柱下的土壤中，让植物顺着柱体格网往上攀缘。2~3年就可形成立体的柱状绿化（图 5-48）。

5.3.2.2　家庭式立柱式美化造型（图 5-49）

主要是一些藤本观叶植物造型，如绿萝、合果芋、喜林芋、龟背竹等植物。

（1）材料准备

①植物材料　在盆中扦插或种植需要的植物材料3~5株，呈圆形等距种植。

②立柱材料　制作一根立柱，材料可选取 PVC 塑料管（口径 75~100mm），高度根据需要确定。其他立柱材料如

木棍、金属丝网、金属柱等。

③附属材料　立柱包裹的棕皮、遮阳网、松针、无纺布、窗纱布、棉絮等，缠绕的金属丝或塑料绳等。

（2）制作立柱

将包裹材料附在立柱上用金属丝等绑扎缠牢，插入盆中央。

（3）养护植物

做好水、肥、温、光、病虫害等日常管理和牵引工作。

5.3.3　棚架绿化造型

棚架包括花架、门柱、游廊、凉亭、瓜果棚架等，这类构件本身要牢固、美观。根据藤本植物具缠绕、卷须、攀缘等特性主要采用牵引法（图5-50至图5-52）。

常用棚架造型植物有：木香、云实、紫藤、葡萄、猕猴桃、藤本月季、蔷薇、凌霄、叶子花、使君子、油麻藤、木通。

图5-49　家庭盆栽柱状绿化

图5-50　藤本月季缠绕钢构

图5-51　紫藤自然缠绕

图5-52　凌霄牵引

图5-53　葡萄架

棚架可以认为是建筑物和绿化植物的一体化,因其作用主要是承载藤本植物,当植物长得茂盛繁密时,它们往往被遮挡了,所以设计时不必过分强调其细部的做法,而应着重考虑植物长满后的整体景观效果及周边景物的空间层次关系。花架制作多用混凝土、竹木、金属构件等材料(图5-53)。

5.3.3.1 花架的作用

花架一方面供人歇足休息、欣赏风景;另一方面创造攀缘植物生长的条件。因此可以说花架是最接近于自然的园林小品了。一组花钵,一座攀缘棚架,一片供植物攀附的花格墙,一个用花架板作出的挑口,甚至是高层建筑的屋顶花园、餐厅、舞池的葡萄天棚,往往物简而意深,起到画龙点睛的作用,创造室内与室外、建筑与自然相互渗透、浑然一体的效果。

5.3.3.2 花架设计要点

花架体型不宜太大。太大了不易做得轻巧,太高了不易荫蔽而显空旷,应尽量接近自然。花架的四周,一般都较为通透开敞,除了作为支承的墙、柱,没有围墙门窗。花架的上下(铺地和檐口)两个平面,也并不一定要对称和相似,可以自由伸缩交叉,相互引伸,使花架置身于园林之内,融汇于自然之中,不受阻隔。

根据攀缘植物的特点、环境来构思花架的形体;根据攀缘植物的生物学特性来设计花架的构造、材料等。

一般情况下,一个花架配置一种攀缘植物,也可配置2~3种相互补充植物。各种攀缘植物的观赏价值和生长要求不尽相同,设计花架前要有所了解。

(1)紫藤花架

紫藤枝粗叶茂,老态龙钟,尤宜观赏。设计紫藤花架,要采用能负荷的永久性材料,显现古朴、简练的造型。

(2)葡萄架

葡萄有许多耐人深思的寓言、童话,可作为构思参考。种植葡萄,要求有充足的通风、光照条件,还要翻藤修剪,因此要考虑合理的种植间距(图5-53)。

(3)猕猴桃架

猕猴桃属有30余种为野生藤本果树,广泛生长于长江流域以南林中、灌丛、路边,枝叶左旋攀缘而上。此花架板,最好是双向的,或者在单向花架板上再放临时"实心竹",以适应猕猴桃只旋而无吸盘的特点。整体造型纤细现代不如粗犷乡土为宜。

(4)茎干草质的攀缘植物花架

如葫芦、茑萝、牵牛等,往往要借助于牵绳而上,因此,种植池要近;在花架柱、梁板之间也要有支撑、固定,方可爬满全棚。

5.3.3.3 常见花架类型

(1)双柱花架

双柱花架好似以攀缘植物作顶的休憩廊。值得注意的是供植物攀援的花架板,其平面排列可等距(一般50cm左右),也可不等距,板间嵌入花架砧,取得光影和虚实变化;其立面也不一定是直线的,可曲线、折线,甚至由顶面延伸至两侧地面,如"滚地龙"一般。

图 5-54　廊式花架　　　　　　图 5-55　片式花架

（2）单柱花架

当花架宽度缩小，两柱接近而成一柱时，花架板变成中部支承、两端外悬。为了整体的稳定和美观，单柱花架在平面上宜做成曲线、折线型。

花架的形式有：

①廊式花架　最常见的形式，片版支承于左右梁柱上，游人可入内休息（图 5-54）。

②片式花架　片版嵌固于单向梁柱上，两边或一面悬挑，形体轻盈活泼（图 5-55）。

③独立式花架　以各种材料做空格，构成墙垣、花瓶、伞亭等形状，用藤本植物缠绕成型，供观赏用。

5.3.4　篱垣式框架造型

篱垣为分隔空间和作为围墙之用，主要采用编织、格栅、牵引等手法（图 5-56 至图 5-58）。

图 5-56　编织造型　　　　图 5-57　格栅造型　　　　图 5-58　月季牵引

5.3.5 模具框架造型

植物模具框架造型是让植物随设计者的意愿生长的一种方法和框架造型技术，其方法主要是用金属编结或焊接成动物、人物、汉字、实体构造物等框架，然后在框架的底部种植藤本植物，让藤本植物在框架内或框架上生长，当植物长满框架后进行修剪(视植物生长情况决定修剪的次数)，使其永远保持所设计的形状。适宜制作中小型盆栽植物，方法简便易行(图 5-59、图 5-60)。

图 5-59　蜗牛框架造型

图 5-60　常春藤金属框架造型

图 5-61　花叶常春藤格栅挂靠

图 5-62　常春藤空中吊挂

5.3.6 悬挂造型

利用藤蔓植物自然下垂的特性，将藤蔓植物挂附在格栅、墙体等上，或者将藤蔓植物悬吊在空中(图 5-61、图 5-62)。

| 图5-63 造型九重葛 | 图5-64 造型葡萄 |

5.3.7 藤本造型

许多藤本植物也和其他木本植物一样可以进行盆景植物造型(图5-63、图5-64)。

5.3.8 藤木类的修剪造型

在自然风景中,对藤本植物很少加以修剪管理,但在一般的园林绿地造型中则有以下几种处理方式:

(1) 棚架式

对于卷须类及缠绕类藤本植物多用此种方式进行修剪与整形。剪整时,应在近地面处重剪,使其发生数条强壮主蔓,然后垂直诱引主蔓至棚架的顶部,并使侧蔓均匀地分布架上,则可很快地成为荫棚。除隔数年将病、老或过密枝疏剪外,一般不必每年剪整(图5-65)。

(2) 游廊式

常用于卷须类及缠绕类植物,偶尔用吸附类植物。因凉廊有侧方格架,所以主蔓勿过早诱引至廊顶,否则容易形成侧面空虚(图5-66)。

| 图5-65 棚架式造型修剪 | 图5-66 游廊式造型修剪 |

（3）篱垣式

多用于卷须类及缠绕类植物。将侧蔓进行水平诱引后，每年对侧枝施行短剪，形成整齐的篱垣形式。为适于形成长而较低矮的篱垣，通常称为水平篱垣式；又可依其水平分段层次而分为二段式、三段式等，称为垂直篱垣式，适于形成距离短而较高的篱垣（图5-67、图5-68）。

（4）附壁式

多用吸附类植物为材料，只需将藤蔓引于墙面即可自行靠吸盘或吸附根而逐渐布满

图 5-67 观果树篱独干造型技术

图 5-68 果树编织的屏障造型技术

项目5 藤本植物框架造型

墙面。如爬墙虎、凌霄、扶芳藤、常春藤等均用此法。此外，在某些庭园中，有在壁前20～50cm处设立格架，在架前栽植植物的，如蔓性蔷薇等开花繁茂的种类多在建筑物的墙前采用本法。修剪时应注意使壁面基部全部覆盖，各蔓枝在壁面上应分布均匀，勿相互重叠交错为宜。在本式修剪与整形中，最易发生的问题为基部空虚，不能维持基部枝条长期茂密。对此，

图5-69 附壁式

可配合轻、重修剪以及曲枝诱引等综合措施，并加强栽培管理工作(图5-69)。

(5) 直立式

对于一些茎蔓粗壮的种类，如紫藤等，可以修剪整形成直立灌木式。此式如用于公园道路旁或草坪上，可以收到良好的效果。

图5-70 猕猴桃水平棚架整枝造型过程(引自傅耕夫)

225

综上所述,生长于棚架的藤木,落叶后应疏剪过密枝条,清除枯死枝,使枝条均匀分布架面。成年和老年藤木应常疏枝,并适当进行回缩修剪。对吸附类藤木,应在生长季剪去未能吸附墙体而下垂的枝条,未完全覆盖的植物应短截空隙周围枝条,以便发生副梢,填补空缺。钩刺类藤木,可按灌木修剪方法疏枝;生长到一定程度,树势衰弱时,应进行回缩修剪,强壮树势。需要注意,园林树木修剪时,落叶树一般不留橛,针叶树应留 1~2cm 长的橛。修剪的剪口必须平滑,不得劈裂,并注意留芽的方位。直径超过 4cm 以上的剪锯口,应用刀削平,涂抹防腐剂,促进伤口愈合。锯除大树杈时应注意保护皮脊(图 5-70)。

技能训练

技能 5-1　常春藤金属框架球体造型

根据任务要求,利用金属丝搭架造型,首先要选择适宜的金属丝型号,以利于金属球体的编织以及有一定的强度。其次要选择适宜的植物,枝条要比较柔软又有韧性。使用木质藤本植物,造型容易,可充分利用攀缘植物的攀缘性,通过整形缠绕,造出目标植物几何形体,且具有造型速度快、形体随意的特点。本任务选择常绿藤本植物常春藤,其生长速度快、萌芽能力强、耐修剪,是进行金属框架球形造型的理想植物。经一年半左右时间的生长,常春藤将全部覆盖两个球体,形成预期造型植物。

1. 材料与用具

植物材料:选择 3~5 株生长健壮、枝叶繁茂、长约 2m 的常春藤。

造型用具和备品:修枝剪、铅丝(12#~22#)、木桩、竹竿、老虎钳、电钻、小锄头、花盆及栽培基质、耐磨手套等。

2. 方法步骤

首先,根据目标球体大小,利用金属丝编织 2 个球体,并层叠固定好待用;其次,根据球体大小选择适宜的花盆,并按照常春藤生长习性的要求,配置好基质待用。在此基础上,按照以下操作步骤依次进行:

①晚冬时期,在花盆中填入栽培基质,直到离盆口约 2cm 处,然后将编织好的金属框架暂时放入花盆的指定位置,并标记出常春藤的种植点(注意种植点分布要均匀)。

②移开金属框架,在种植点种植常春藤,然后再将金属框架放回原处并加以固定(图 5-71A)。

③将常春藤的短枝条分散牵引并绑在框架上,使枝条均匀围绕基部。剪短叶片稀疏的长枝,修剪以使之生长紧凑。

④当常春藤伸长时,适时将

图 5-71　常春藤金属框架造型过程

它们绑在下部大球上，以均匀覆盖大球表面。

⑤当常春藤植株足够大时，选择3～4条茎干整形，使植株向上生长到上部球体，而且将枝条均匀地绑在框架上，同时剪掉其他茎干(图5-72B)。

⑥随着植株的生长，定期剪去徒长的枝条以及枯死的叶片以保持造型(图5-72C)。

3. 考核评价

常春藤是一种枝条柔韧且用途广泛的植物，因此经常用作装饰材料，通过引导生长和修剪，可以塑造出各种各样极具动感、艺术性强的造型。制作时金属球体、造型植物与花盆三者之间要匹配；两个金属球体固定结实，美观；枝叶均匀包围框架。

4. 巩固训练

选择当地适宜的藤本植物制作金属框架的几何体造型。

(1) 讨论创意、设计作品。

(2) 利用园艺金属丝(铅丝、铝丝、铜丝皆可)制作设计作品框架。

(3) 选择适宜藤本植物及容器。

(4) 安置造型框架、基质，栽植藤本植物。

(5) 牵引、绑扎藤本植物，基本形成造型雏形。

(6) 日常养护与管理。

自测题

1. 藤本植物造型有哪几种方法？各种造型方法有什么特点和要求？
2. 在植物造型时如何把握美学原则？
3. 在选择藤本造型植物时应考虑哪些因素？
4. 在藤本植物造型时应考虑哪些环境要素？
5. 如何开发人们喜欢的中小型框架造型盆栽(新式样、新品种)？

项目 6
园林植物造型案例

不同的植物有其不同的生长特性、观赏特征、栽培特点、管理要求，同时不同植物也应因其应用环境不同，其造型设计与造型方法也有很大区别，如女贞用作行道树时，重点考虑其主干的培养、枝下高的修剪与处理、树冠的造型等；而用作绿篱时，重点考虑的是高度的控制、枝叶的培养等；女贞作为建筑物象形造型材料时，重点考虑的是怎样与建筑物相辅相成，既要考虑高度控制，又要考虑枝条的伸展方向控制，同时还要考虑枝叶的培养与调节。因此，在实际生产和工作中，各树种要依据树种本身特点和环境的要求，科学、合理地进行植物造型工作。

我国地域辽阔，南北气候差异明显，植物种类丰富，同一植物在不同区域表现不同的生物特性，同一植物在造型应用中可以有多种处理手段、多种造型方案，或做绿篱、或做独干造型、或做几何造型、或做象形造型等，要善于把配置需要与造型技巧有机结合起来，创造出融艺术性与科学性为一体的造型植物。本项目提供了我国常见的园林树种造型案例，可供学习者根据本地区实际，在造型时参考。

6.1 花灌木造型案例

6.1.1 紫薇 *Lagerstroemia indica*

（1）树种简介

①基本特征 千屈菜科落叶乔木，高可达10m，干屈曲，枝曲而平展，形成独特的株形（图6-1）。在当年枝顶端上由径3cm左右的6枚花瓣的花群集成圆锥花序而开放（图6-2），花深红色或白色，花瓣长3～4cm，近圆形，边缘呈皱缩状，基部有长爪。花期7～9月。一年生、二年生的枝条易于剥皮；剥下树皮后，树干和树皮华润美丽，所以有"猿滑"之称。又因其花期长达3个多月，又名百日红。

项目6 园林植物造型案例

图6-1 紫薇自然株形　　　　　图6-2 紫薇花形

②观赏特征　紫薇树形优美，树枝光滑，枝干扭曲，花色艳丽，花朵紧密，花开于少花的夏季，花期长达数月之久，是具有极高观赏价值的树种。适宜植于建筑物前、庭园内、道路旁、疏林草地及草坪边缘等地，也可成片、成丛种植，体现鲜艳热烈的气氛，或植于林前，形成丰富的形色对比变化。

③栽培特点　紫薇是喜光树种，栽植时应选阳光充足的环境，湿润肥沃、排水良好的壤土。移栽一般在3～4月初，以清明时节最好，秋季次之。移植时植株应带土球。

④管理要点　紫薇在生长季节要求土壤湿润。成活后的植株每年春季浇水3～4次，花期浇水1～2次。定植后前3年冬季或春季萌芽前在根部穴状施有机肥10～15kg。

紫薇在冬季修剪，以枝条分布均匀、形成完整树冠为原则，把影响树冠的枝条剪除，留下的枝条剪除树冠的1/3左右，可达到满树繁花的效果。要及时剪除萌蘖保持树形。主要病虫害为蚜虫、介壳虫、大袋蛾及煤污病等，应及时防治。

(2) 造型技术介绍

紫薇从幼树开始就进行勤修剪、整理株形非常重要。春天，紫薇花在新梢的顶端开放，因此在秋天落叶期要把当年伸长的枝剪掉（图6-3），以利于翌年开花。春剪口会萌发大量新梢，在新梢顶端着生花，并群集成圆锥花序（图6-4）。但是，如果每年在同一部位修剪，则在这一部位会形成瘤状突起（图6-5）。要避免瘤状突起的形成，一方面要避开连年在同一个剪口修剪，另一方面一旦瘤状突起形成，每隔3～4年修剪1次。

图6-3 紫薇修剪方法　　　图6-4 紫薇新梢顶端花着生状　　　图6-5 紫薇剪口瘤

图6-6 紫薇单干形造型　　　　　　图6-7 紫薇丛生形造型

紫薇可以单株造型，也可以丛状造型。一般不太高的株形适合单干形造型（图6-6），而在草坪等绿地中可以根据环境需要进行丛生形造型（图6-7），把整丛紫薇作为一个整体，采取中央高、周围低的造型。

6.1.2　杜鹃花类 *Rhododendron* spp.

（1）树种简介

①基本特征　杜鹃花科常绿或落叶灌木，株高 1~3m，丛生性。分枝强，枝叶繁茂（图6-8）。在枝先端着生5裂的漏斗状花冠（图6-9），其大小依花色依品种而变化。花期3~6月。是良好的庭院、绿篱、盆栽等树木。

图6-8 杜鹃花自然株形　　　　　　图6-9 杜鹃花自然花形

②观赏特征　杜鹃花株形美丽，孤植或群植都可以，树势强壮结实，一般的场所均可栽培。在小庭院中，也是易于栽培的花木。杜鹃花种类非常多，故其花色及形态也很

丰富，3～6月开花，可长期供人们欣赏。常绿性杜鹃花花与叶同时开放，鲜花与新绿相映成趣，如山杜鹃（*R. kaempferi*）与小山杜鹃（*R. kiusianum*）、雾岛杜鹃（*R. obtusum*）、大萼杜鹃（*R. macrosepalum*）、琉球杜鹃（*R. mucronatum*，又称白杜鹃）、大花紫杜鹃（*R. oomurasari*）等。落叶性的杜鹃花，其特征是大多数种类先叶开花，如三叶杜鹃（*R. didatatum*）、日本杜鹃（*R. japomcun*）、黑船杜鹃（*R. schlippenbachii*）、韦氏杜鹃（*R. weyrichii*）等。

③栽培特点　尽管因种类不同其性状有差异，但基本上其树势均强壮，喜光照充足、排水好、富含有机质的肥沃土壤。另外，落叶性的种类最好给予充足的阳光，但这类杜鹃花忌夏季高温，故不要选择西照强的场所栽植。常绿性的种类耐寒性较弱，故在东北地区要选择这类中耐寒性较强的种类和品种。定植适期为2月下旬至3月与11～12月，但常绿性杜鹃花在一年中皆可进行。杜鹃花喜酸性土壤，植穴中除深施完熟堆肥外，还加入泥浆，并采取稍高植方式栽培。在根基部要铺稻草。另外，杜鹃花老龄树也可简单移植。

④管理要点　杜鹃花类为细根性，且耐干燥，所以在冬夏两季的干燥期要铺上稻草或腐叶土把根基保护起来。每年只在9月施入充足的肥料，但要避免肥料过多，否则易伤根。要注意防治褐斑病、茶饼病、食心虫与红蜘蛛等病虫害。

（2）造型技术介绍

杜鹃花可以修剪成球形造型，但在小庭院配置时还是培育成近自然株形为宜。培育自然树形时，植株过高就要修剪，把过密的枝和有碍树形的枝都剪去。但落叶性杜鹃花，因萌芽力不强，要尽可能避免修剪，只是去掉有碍于树形的枝条即可。

适宜在花后马上进行修剪，6月中旬以后修剪时，要避免把花芽剪掉。之后把伸长的枝与徒长枝从基部剪掉（图6-10），培育自然株形。对落叶性杜鹃花基本上自然培育，修剪时，只把有碍株形的枝条从基部将其剪掉（图6-11、图6-12）。

杜鹃花造型时，要根据品种特点，以自然株形为基础，可以修剪成半球形、球形、散球形等，也可以进行丛生形造型（图6-13至图6-16）。此外，杜鹃花还常被用作园林绿地色块造型的植物材料。

图6-10　剪去徒长枝

图6-11　从基部剪去有碍株形的枝条

图6-12　修剪过长或多余的枝条

图 6-13 杜鹃花半球形造型　　图 6-14 杜鹃花散球体造型　　图 6-15 杜鹃花丛生形造型

图 6-16 杜鹃花多干形造型

6.1.3 火棘 *Pyracantha angustifolia*

(1) 树种简介

①基本特征　蔷薇科火棘属常绿灌木,株高 25 m。枝条细长,有短刺(图 6-17)。伞房花序,花白色(图 6-18)。果实成熟时红色或橙色半球形。5~6 月开花,果 10~12 月成熟(图 6-19)。

②观赏特征　火棘为优良观果树木,秋天果实成熟时,红色或橙色果实挂满枝头,经久不凋,满树珊瑚,灿烂夺目。适合丛植或作为绿篱及下木栽植,或栽于常绿树之前,则相映成趣,呈现自然之美。

③栽培特点　火棘为亚热带树种。喜光,稍耐阴,偏阳时会引起严重落花落果。

④管理要点　欣赏果实的可在 4~5 月修剪,以树冠整齐为宜。冬季避免修剪,以免剪掉花芽。基本上不需要施肥,如在 2~3 月施有机肥料,可促进新芽生长发育。

火棘于 5 月开花,从夏季到秋季这段时期内,在伸长的刺状新梢上形成花芽。如果在冬季修剪整形,会把花芽修剪掉,因此,火棘整形修剪的适宜时期安排在花后的 6 月进行比较好。于 6 月把生长过长的枝剪掉,促进剪口芽的分化,长出更多新梢,之后在新梢上着生花芽(图 6-20)。做绿篱时,应及时适量修剪。结果后视果枝分布情况,将徒长枝叶进行适当修剪,注意施追肥 1 次,恢复树势。

图6-17 火棘自然株形

图6-18 火棘花枝

图6-19 火棘果枝

图6-20 火棘修剪

（2）造型技术介绍

火棘造型应用广泛，通过剪枝可以进行球状造型，也可以进行绿篱造型。对植株高大的还可以进行直干造型、曲干造型或多干造型等。

火棘球体造型（图6-21），每年在花后的6月把老枝从基部剪掉，以使新枝更新，在9月前再进行适度的轻剪，只是把过于伸长的枝条剪掉，经几次修剪整形，逐步形成球状。

火棘做绿篱造型时（图6-22），如果重剪，翌年结果将会受到很大影响，但第三年则会结果比较多。因此，在实际工作中要根据树势、环境等要求，合理确定修剪强度。

无论是作为绿篱造型、球体造型还是其他造型，火棘果实是其重要的欣赏点，因此，火棘修剪整形重点是把握好火棘花后从夏到秋促使伸长的枝梢上形成花芽。

图6-21 火棘球体造型　　图6-22 火棘绿篱造型

6.1.4 南天竹 *Nandina domestica*

(1)树种简介

①基本特征　小檗科常绿灌木,株高1~3 m。干直立,呈丛生状,几乎没有分枝(图6-23)。在茎顶端长出圆锥花序,开放出花径约0.6 cm的白花(图6-24)。花期3~4月。

②观赏特征　南天竹的品种丰富,果实的颜色不仅有红色,还有白、深紫及橙色等各种颜色,若组合起来栽植也很有情趣。南天竹叶有防腐保鲜的作用,可作为中药,其果实可以止咳。除了栽植于大门口或房门外以辟邪外,也常植于建筑物的阴面或作为园林绿化色块配植材料。

③栽培特点　南天竹虽然抗寒性不是很差,但因是暖地原产植物,还是适于光照充足、排水良好的场所。半阴地也可栽培,但果实的颜色变劣。对土质也没有特殊要求。

④管理要点　不需要修剪,把蘖芽或老枝剪掉即可。2月施腐叶土等肥料,6~7月要施追肥。若使用化肥,要用含氮素成分少的肥料。坑穴要挖大些,将腐熟堆肥与土加以混合后,再进行定植。

图6-23　南天竹自然株形

图6-24　南天竹自然花形

(2)造型技术介绍

南天竹是绿化工程中常用的小灌木之一,其定植时,要注意挖比根盘大10cm左右的坑穴,当苗高1m以上时,要加支柱(图6-25)。

南天竹在整形修剪过程中,对伸长过长的枝整形时,要在节上进行疏剪,以便促生新枝(图6-26)。

南天竹造型以自然株形为基础,不必经常进行修剪,把老枝条去掉即可,要避免重剪。因其萌发性比较强,要注意及时去掉根蘖及过密的老枝条,使植株基部保持干净利落。

南天竹生长适应性较强,但花着生不理想时,可以在不开花的3~4月,在根的外围,用铁锹扎入进行断根处理,促进开花。此外,南天竹常会因雨而落花,要观赏果实就要防止落花,可以在花期用塑料袋套盖防雨。

图 6-25　南天竹定植

图 6-26　南天竹枝的整形

6.1.5　夹竹桃 *Nerium indicum*

(1) 树种简介

①基本特征　夹竹桃科常绿灌木，株高 3～4 m，从基部长出丛生枝，呈丛生状（图 6-27）。枝顶端长出聚伞花序，桃红色的花依次开放（图 6-28）；花冠径 3～5cm，先端分裂，裂片重叠平展，其变种中有白花、黄花、重瓣等种类。花期 7～9 月。

图 6-27　夹竹桃自然株形

图 6-28　夹竹桃自然花形

②观赏特征　叶狭如竹，花似桃花，故名夹竹桃。为难得的给夏天添彩的树种，桃红色的花具有优雅之美，映照西洋风格的建筑物或草坪庭院，洋溢着南国的气息。抗性强，常用于道路的隔音带或道路绿化。

③栽培特点　喜光照充足、较干燥的场所，对土质不太选择。对阴地和冬天的干燥风抗性较差。如果放任不剪则株形过大，故作丛生状培育时要对枝或干加以整理。小庭院适于培植单干形。

④管理要点　萌发力强，如在枝的中部剪掉，可从其切口处发出多数小枝，所以在修剪时原则上一定要从枝的基部剪掉。除极贫瘠的土壤，一般不需要施肥。在病虫害方面、从春到秋，在夹竹桃上生有黄橙色的蚜虫或介壳虫，必须加以防治。

（2）造型技术介绍

夹竹桃萌发性强，耐修剪，修剪时，枝一般要从基部剪掉，如果在枝中部剪，则会由此部位长出许多小枝，不仅影响树形，其花着生得也不好（图6-29）。

夹竹桃造型主要依据其自然株形，一般有单干造型、丛生形造型、球状造型等。单干造型（图6-30），要及时把从基部长出的枝全剪掉，避免形成丛生形。

丛生形造型（图6-31）时，干则要早些修剪，以减少根数，选择生长健壮、适合形态的干留下。枝若太密则把老枝和生长差的枝、扰乱株形的枝全剪去，以求通风与采光。

图6-29 夹竹桃剪枝方法

图6-30 夹竹桃单干造型

图6-31 夹竹桃丛生形造型

6.1.6 蔷薇 *Rosa* spp.

（1）树种简介

①基本特征　蔷薇科落叶灌木，株高1~2m。由地表分枝，呈丛生状（图6-32）。基本花形为花瓣30~40枚，剑瓣，高芯开放，因品种不同其花形、花色也富于变化（图6-33）。花期5~7月。野生种在北半球各地分布有200多种，现在有很多栽培的大花蔷薇，都在野生种基础上加以改良的杂种性园艺种，一般都称之为西洋蔷薇。蔷薇依据植株的性状可分为木本蔷薇和蔓生蔷薇两大类。

②观赏特征　蔷薇因其花美且芳香，可以说是世界上所有栽培花卉之王。其栽培历史可追溯到公元前，进入19世纪才开始培育出多彩的品种，现在经过品种改良，生产出很多花色、形状、大小都富于变化的园艺品种。

蔷薇适宜西洋风格庭院栽培。孤植或群植要根据空间大小及目的而定。但同品种栽培数株比单株的效果要好。蔓生蔷薇可以缠绕在篱笆上、架杆或做拱门等各种整形。另外，花也适于做切花、干花等。

③栽培特点　适于日照充足与通风良好，土壤富含腐殖质、排水良好的地方。阴地及排水不好的地方发育不良，几乎不开花。如果没有适当的场所，最好进行盆栽。

④管理要点　蔷薇虽然树势强，如果放任生长，就会逐渐枯死，必须精心管理。木本蔷薇与蔓生蔷薇有四季开花和一季开花的差异，要先清楚其特性，然后再栽培。蔷薇需要多施混合肥料。病虫害较多，白粉病、炭疽病、黑星病、蚜虫、介壳虫、红蜘蛛等均有发生，每年3月下旬至9月期间必须定期喷洒药物进行防治。

图 6-32　蔷薇自然株形　　　　　　　图 6-33　蔷薇花形

（2）造型技术介绍

蔷薇生长旺盛，但需要修剪调节树势，不同的种类采取的修剪方法不同。

①木本蔷薇　可在冬季和夏季修剪两次，冬季剪为强剪。四季开花的种类，切去1/3的枝条（图6-34），而开一季的则剪去1/2以下，夏季，四季开花的只是轻剪。另外，四季开花的种类，在春天摘除残花，紧接着能开第二次、第三次花，整个夏天都陆续开花。之后要摘蕾以防止消耗，准备秋天花开。木本蔷薇四季开花的冬天修剪采取强剪2/3，一季开花的冬季剪去1/2，必须在新芽5mm左右处与芽平行剪掉（图6-35）。

②蔓生蔷薇　一般只在冬季进行修剪，把开花3～4年的老枝从基部剪掉（图6-36）。长势强而伸长的新枝不要剪，而是向横向加以诱导，其余二年生以上的枝条去1/3，开花枝留2～3个芽，其余剪掉。

图 6-34　蔷薇修剪方法（1）　　图 6-35　蔷薇修剪方法（2）　　图 6-36　蔷薇修剪方法（3）

蔓生蔷薇是良好的植物造型材料，常见的造型形式有台灯式造型、篱笆式造型、拱门式造型、柱杆式造型等。

台灯式造型（图6-37）：花着生于枝端，在花期中，花似瀑布，极具观赏性。在蔓生蔷薇小苗时为其立支柱，以养干为主，等到一定高度进行截顶，促进侧芽分化，并对枝条进行诱导，形成台灯式造型。是比较适于小庭院植物装饰的造型方法。

篱笆式造型（图6-38）：诱引沿着事前设计的篱架使蔷薇枝条不断伸长，这样枝水平延伸，花在整个枝上平均开放。

拱门式造型（图6-39）：是篱笆式与柱杆式造型的中间类型，能用于正门的美化装

图 6-37　蔷薇台灯式造型

图 6-38　蔷薇篱笆式造型

图 6-39　蔷薇拱门式造型

图 6-40　蔷薇柱杆式造型

饰等。

柱杆式造型(图6-40)：只需支杆、对造型场所要求不严格的一种造型方法，花易于向上生长。

6.1.7　细叶冬青 *Ilex crenata*

(1) 树种简介

①基本特征　冬青科常绿灌木。叶互生，雌雄异株。初夏开放不显眼的小白花。在晚秋能结出黑色的果实。

②观赏特征　公园或庭院常见的庭院树木。可修剪成球形造型，也常作为绿篱栽培，因越修剪小枝长得越茂密，所以可做各式各样的造型。

③栽培特点　喜向阳、排水好的场所，对土质要求不严。易于定植与移植，但若严重干燥就会造成枝叶枯萎。

④管理要点　定植或移植时，在根周围挖浅沟，把鸡粪或豆饼等有机肥料埋入其中。土壤呈酸性时稍施石灰。细叶冬青抗性很强，几乎不必担心病虫害。

(2) 造型技术介绍

细叶冬青十分耐修剪，一年四季，任何时候修剪都生长健壮，但在重剪之后易于枯枝，必须注意。

为了保持株形，从早春到晚秋，一般至少要进行3次轻剪(图6-41)。第一次初剪在6月中上旬，目的是抑制旺盛新枝的生长。第二次在梅雨季节过后，把小枝、密枝整理

图 6-41　细叶冬青修剪整理

掉。第三次宜于 9 月中、下旬进行，把徒长枝等剪掉，并进行全株整形，以供欣赏。徒长枝等一些多余的枝条如不管理会破坏株形，因而要及早地从基部剪掉。

在绿篱整形时，把多余的萌蘖从基部剪掉。同时，若树干中部枝枯、呈穴洞状会影响美观。此时就要把上部密生枝剪掉，以促进新枝伸长，这个操作叫做绿篱的"补贴边"。

细叶冬青枝细叶密，可塑性很强，造型形式丰富多彩，通常为球形、散球形、车字形、半球形、圆锥形、圆筒形、四角形、绿篱等造型，还十分适合象形造型（图 6-42 至图 6-50）。

细叶冬青造型后对环境的装饰作用，具有其独特的个性，对景观增加许多情趣。此外细叶冬青还是建筑象形造型的良好树种之一，在庭院美化、园林绿化等方面应用十分广泛。

图 6-42　球形造型　　　　图 6-43　散球形造型　　　　图 6-44　车字形造型

图 6-45　半球形造型　　　图 6-46　圆锥形造型　　　图 6-47　圆筒形造型

图 6-48　四方体造型　　　图 6-49　绿篱造型　　　图 6-50　象形造型

6.1.8　含笑 *Michelia figo*

（1）树种简介

①基本特征　木兰科常绿灌木，株高 3～5m。单干式，从地表分枝呈丛生形，枝密生（图 6-51）。淡黄色小花着生叶腋间，逸散出似香蕉的香气，花径 3～4 cm，6 枚，花被半开状，花被呈肉质，边缘紫红色（图 6-52）。花期 5～6 月。

②观赏特征　花小不太显眼，花香似香蕉甘美芳醇。着花好，依次开花，花期长，自然生长其株形也不乱，很适于做庭园树。

③栽培特点　原产于我国南部，耐寒性弱。适宜在温暖地区作为庭院树栽培，寒冷地区可移到室内等温暖场所进行盆栽。对土质无特殊要求，适于日照与土壤排水条件良好的地区，应选择冬天背风处栽培。因不宜移植，常用苗木定植。

④管理要点　把过密的枝与枯枝剪掉即可，不要进行强修剪。修剪适宜在花后进行。因开花较多必须及时施肥，但严禁过量施入氮肥。

图 6-51　含笑自然株形　　　　　图 6-52　含笑自然花形

（2）造型技术介绍

含笑枝叶茂密，一般修整成自然株形，也可以造型成单干圆筒形或台灯形。

含笑台灯式造型，要从小苗开始整理树形，重点培养独立树干，树冠一般不做任何修剪，把树冠线上杂乱的枝去掉以后，将树冠内不必要枝条全部剪去，逐步塑造成台灯

图 6-53 含笑台灯式造型　　　　图 6-54 含笑椭圆形造型

式树形(图 6-53)。

含笑椭圆形造型，植株高度控制在 1.5~2.5 m，离地 0.5~0.6 m 养干，通过反复修剪整形到椭圆形(图 6-54)。

6.2 乔木造型案例

6.2.1 桂花 *Osmanthus fragrans*

(1) 树种简介

①基本特征　木犀科常绿乔木或呈灌木，高可达 10 余米，树冠卵圆形(图 6-55)。花小，浅黄色，腋生，聚伞状，花开时芬芳扑鼻，飘香数里(图 6-56)。核果椭圆形，熟时蓝色。花期 9 月。

图 6-55　桂花自然株形　　　　图 6-56　桂花自然花形

②观赏特征　桂花是我国传统的绿化与观赏树种，其浓烈的芳香气味似乎告诉人们秋天已至。桂花萌芽力旺盛，耐修剪，所以作为绿篱或庭园树木到处可见。也可以作为庭院绿化或行道树的良好树种。常用的有金桂、银桂、四季桂等品种或变种。

③栽培特点　桂花为亚热带及暖温带树种，较耐阴，庇荫、阳光不足之处栽植较为

适宜，对土壤要求不严，喜肥沃而排水良好的砂质壤土，涝地、碱地不宜栽植，可盆栽。以春植为宜，暖地则以秋植为好。

④管理要点　11～12月施基肥，使翌春枝叶繁茂，有利于花芽分化。7月在二次枝未发前进行追肥，有利于二次枝萌发，使秋季花大茂密。

(2) 造型技术介绍

桂花萌芽力旺盛，耐修剪，但忌重剪，通常培育成自然株形，修剪整形时，可从树木幼时开始，必须非常小心地修剪，以整理株形为重点。

桂花修剪时，把开过花的枝留下2～3节，其余则剪掉，第二年发出新枝，其上着生花芽(图6-57)。

当株高3～4m时，把弱枝、逆向枝等不必要的枝剪掉，使树冠整齐。桂花造型形式通常有半球形、球形、圆柱形、丛状形等，其中圆柱形是桂花最为常见的造型形式(图6-58)。

图6-57　桂花修剪方法　　　　　　　　　图6-58　桂花圆柱形造型

6.2.2　珊瑚树 *Viburnus awabuki*

(1) 树种简介

①基本特征　珊瑚树为忍冬科常绿小乔木，株高3～6m。干直立，呈丛生状(图6-59)。在两叶之间着生大型圆锥花序，聚集在短枝上，6～7月有多数小花开放(图6-60)。

图6-59　珊瑚树自然株形　　　　　　　　图6-60　珊瑚树自然花形

②观赏特征　因着生珊瑚状呈锥形的小红色果实而得名。抗寒性稍弱，生长健壮，在阴地可培育。可做绿篱、庭园树，还因其叶厚耐火也作为防火树。因抗潮风与大气污染，也常见用于防风林和行道树。厚革质且具光泽的深绿色叶子也很漂亮，在梅雨季节，开放的白花也具有很高的观赏性。在观赏花与果实时，可以修剪成独干树，也可以修剪成圆锥形或散球形。

③栽培特点　在日照条件差的地区也能很好培育，但适于排水好的湿润土壤。因抗寒性不太强，冬天叶子有些变色，但到了春天又恢复为绿色。叶易于蒸发水分，故要在剪去枝叶后再定植。

④管理要点　每年在 4～8 月修剪 2 次，耐重剪。绿篱要保持一定的幅面，几乎不需要肥料，但在疏叶而生长不良时，可于 2 月左右施有机肥，以促进树势。

（2）造型技术介绍

珊瑚树根蘖能力比较强，要及时从地表处剪掉。根据需要，把徒长枝留下数根为造型之用，生长旺盛的树冠内的徒长枝要适当疏除（图 6-61）。

珊瑚树通常可以进行球形造型、壁面造型、单干造型、双干造型、丛生形造型等。如壁面造型（图 6-62）在春天于树上部重修剪，到秋天进行全株整形；双干造型（图 6-63）要选择具有比较平衡的 2 条干的植株，整形修剪时，要使 2 条干上的枝条左右交互配置，干间的枝除留几个小枝外，其余全部剪去。

图 6-61　珊瑚树修剪

图 6-62　珊瑚树壁面造型

图 6-63　珊瑚树双干造型

6.2.3　光叶石楠 *Photinia glabra*

（1）树种简介

①基本特征　蔷薇科常绿小乔木，株高 5～10m。干直立，枝细，树冠呈球形（图 6-64）。花期 5～6 月。在枝条先端长出圆锥花序，花序直径 10cm 左右，稍横向扩展，白色小花密集（图 6-65）。

②观赏特征　小枝密生，耐修剪，多用作绿篱。将其整形呈圆柱形或散球形，而成为庭园一景。

③栽培特点　喜日照与排水好的肥沃土壤，在背阴地也能生长，但新叶不能形成新

鲜的红色。尽可能修剪枝条，抑制蒸腾作用。在较大的定植穴中，施足堆肥，并适当采取高植。

④管理要点　具有萌芽力，但一次修剪过度可导致枝条枯死，故要分几次进行轻剪，这样新叶新鲜可供长时间观赏。没有必要定期施肥，但做绿篱或强剪时需要追肥。要注意防治褐斑病、卷叶虫及天牛等病虫害。

图6-64　光叶石楠自然株形

图6-65　光叶石楠花形

图6-66　光叶石楠圆柱形造型

（2）造型技术介绍

光叶石楠是很好的植物造型材料，可以依其自然树形的特点及环境的需要，塑造成圆柱形、影壁形、直干散球形、曲干散珠形等。

①圆柱形造型（图6-66）　植株高度控制在2~2.5m，离地0.5~0.6m养干，通过反复修剪整形到圆柱形。

②曲干散珠形造型（图6-67）　因光叶石楠为直立形干，因此要从幼苗开始，通过人为辅助加竹竿造型成曲干，再逐步修剪造型，以增加观赏性。

③直干散球形造型（图6-68）　对于枝与枝间隔较大的叶丛而采取的适宜造型，小球形尽量多做，大球形相对要少做，这样使树体显得更加平衡、稳重。

④绿篱造型（图6-69）　植苗要求株距30cm，植株达到1~1.2m高时开始整形造型。经过几年，下部枝若向上长，再进行强修剪，使其更新为新枝。

光叶石楠没有固定的造型方式，可以根据目的及空间进行自由安排。

图6-67　光叶石楠曲干散珠形造型

图6-68　光叶石楠直干散球形造型

图6-69　光叶石楠绿篱造型

6.2.4 黑松 *Pinus thunbergii*

(1) 树种简介

①基本特征　松科常绿针叶乔木，高30～50 m，胸径可达50～80cm。树皮灰黑色，故称黑松。冬芽银发白色，圆柱形。针叶2针一束，刚硬。球果圆锥状卵形或卵圆形，长4～6 cm。花期4～5月，果翌年10月成熟。

②观赏特征　高大乔木，树势雄伟，树冠广圆形或伞形，是庭院美化与园林绿化的良好树种。

③栽培特点　喜光照充足、排水良好的场所和通气性好的土壤，耐干旱。因原产于海岸附近，因此耐海风与干燥。不耐水湿，在水分过多情况下生长不良，甚至死亡。庭园栽植最好控制浇水。移栽适期为3月，但除特别冷的时期外，冬季也可以移栽。移栽成树时，需要从一年前开始断根。

④管理要点　根系发达，幼苗期要适当庇荫。病虫害防治要点是松材线虫，在5～7月喷洒异恶唑磷有效。

(2) 造型技术介绍

黑松春季的摘芽和秋季、冬季的去老叶与修剪树形是不可缺少的作业。黑松的芽粗而长，要尽可能更多地摘去。

黑松各式各样的造型通常要从幼树开始。常见的造型形式有直干造型、门冠造型、童发式造型、曲干造型等。

①直干造型(图6-70)　利用直立的干进行圆锥状造型，为近自然株形的造型方法。把上部枝的嫩芽摘掉并进行重剪，以抑制株高。

②曲干造型(图6-71)　使树干弯曲的造型。一般在幼树时，利用支柱，人为使干弯曲，显示出自然的韵味。

③门冠造型(图6-72)　为松树独特的传统造型方法。从幼树开始，把树干倾斜栽植，角度一般为20°～30°，使一部分枝于门上呈水平伸长，除支柱之外，还必须用竹编的夹板把小枝诱导其上并绑扎，使枝扩展。

图6-70　黑松直干造型　　图6-71　黑松曲干造型　　图6-72　黑松门冠造型

④偏冠式造型(图 6-73)　适宜于把树植在水岸，通过修剪控制靠岸边的枝条的伸展，长放伸展在水面方向的枝条，欣赏它映在水面的姿态。为株高较低、长枝伸到水面上的一种造型方法。

⑤童发式造型(图 6-74)　使自然株形的树冠将能到达地面的一种近地面的造型方式。因造型枝的间距较小，从外观看与细叶冬青等的散球造型相似。

⑥绿篱造型(图 6-75)　对黑松不太适合，但矮性品种还是可能的，要进行摘嫩芽与强剪。

图 6-73　黑松偏冠式造型　　图 6-74　黑松童发式造型　　图 6-75　黑松绿篱造型

6.2.5　圆柏 *Sabina chinensis*

(1) 树种简介

①基本特征　松科常绿针叶乔木，株高 5~8m。干直立，枝沿干螺旋状向上卷起，呈火焰状的特殊株形(图 6-76)。雌雄异株，花小，雄花椭圆形，雌花(图 6-77A)具紫绿色鳞片，着生短柄的花。球果(图 6-77B)成熟时为黑紫色。4 月开花。

②观赏特征　圆柏枝扭曲，叶呈火焰状。圆筒形的基本形态，可进行多种形式的造型。整年可欣赏到鲜明的绿色，所以成为深受欢迎的庭园树木。圆柏一般不能成为中心树木，但作为庭院的主要树木或作为绿篱、影壁等使用而被广泛栽培，尤其适于西洋风

图 6-76　圆柏自然株形

图 6-77　圆柏自然花形

格的庭院。即使形成火焰状自然树形也是很美丽的。抗潮害与城市公害，同时不择土质，所以在全国各地栽培非常广泛。

③栽培特点　有耐旱性，对土质或排水要求不严格，但由于是喜光树种，还是喜欢光照充足的场所。在重黏土的土壤中生长可清楚地表现出其特征，在轻火山灰的地区生长，则枝长而粗，生长繁茂。

因树势强，随时都可以定植。但新芽抽出前和冬季之前才是适宜期，多加入堆肥后定植，在基部必须设立支柱以防弯曲。

④管理要点　耐修剪，在4~10月都可以进行修剪。修剪过后，要把生长速度快的芽，干净利落地摘除。重修剪会长出似杉木的针状叶，早一点摘除就可以避免。病虫害方面，需要特别注意在4月常发生锈病。

(2)造型技术介绍

圆柏耐修剪，树势强，造型形式多样，常见的有圆筒形、火焰状、散球形、圆球形、绿篱等。

①圆筒形修剪造型(图6-78)　其要点是从幼树开始，反复进行摘芽，逐渐加以整形。苗木生长到2~3 m时摘心，并把枝先端剪掉。为了增加小枝，要进行修剪，一年中要反复2~3次。株形形成后要把从树冠伸出的新芽摘除。

图6-78　圆柏修剪整形

图6-79　圆柏绿篱

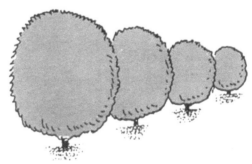

图6-80　圆柏自然株形列植

②绿篱整形(图 6-79) 自然株形的列植能形成给人以强烈的视觉感。

③球形列植(图 6-80) 修整成球形十分适合作为境界篱,可以产生层次变化的美感。

④火焰状造型(图 6-81) 主要利用圆柏生机勃勃的自然株形,结合其特别的叶形,整形修剪成火焰状形态,别具一格。

图 6-81 圆柏火焰状造型

图 6-82 圆柏散球形造型

⑤散球形造型(图 6-82) 要从幼树开始,在圆柏幼树期,把植株剪去植株高度的 1/2,再把伸长的枝条剪成球形。或者在圆筒形造型的基础上,把枝的顶端修剪成散球形,但是要注意从全株的均衡角度来进行修剪,否则不会形成美丽的株形。散球形造型的圆柏列植也可以产生其他树种所没有的柔和感。

6.2.6 日本柳杉 *Cryptomeria japonica*

(1) 树种简介

①基本特征 杉科常绿针叶乔木,株高 30~40m。干直立,树皮赤褐色,纵裂。枝叶密生形成整齐的圆锥形树冠(图 6-83)。雌雄同株,2~3 月,椭圆形鳞片状的雄花、椭圆球状的雌花开放(图 6-84)。主要用于庭院树木、绿篱、盆栽、行道树。

②观赏特征 春芽抽出时特别美,但由于雄花散出大量的花粉,对于花粉敏感的人易致花粉过敏。对大气污染抗性极弱,故不适用于城市绿化。 放任不管,植株则生长过

图 6-83 日本柳杉自然株形

图 6-84 日本柳杉自然花形

高，作为庭园树，一般整形成圆锥形、圆筒形、球形等。

③栽培特点　最适用于日照充足、排水良好、湿度大的肥沃土壤。忌寒冷干燥与背阴地，又不喜欢基部有直射阳光，在下部种草为宜，远离其他树木可改善通风透光条件，但要避开风力强的场所。大树移栽比较困难。

④管理要点　春天整理株形，夏天剪去徒长枝，把繁杂的枝除掉，重修剪后常导致枝条枯萎，所以要避免一次性强修剪。夏天易发生红蜘蛛，应及时喷药防治。

(2) 造型技术介绍

日本柳杉整形修剪应在新芽抽出前的3～4月进行整形，在新芽抽出的夏季(7月左右)，将过密枝、直立枝、徒长枝及过长枝等及早剪掉(图6-85)。在修剪枝条时，应从基部进行，如果在节间处修剪容易使枝条变枯。

图6-85　日本柳杉整形修剪　　　　　　图6-86　日本柳杉层云式造型

日本柳杉造型形式多样，常见的有台座式、圆筒形、球形、层云式等。如果环境允许还是利用其自然株形，适当整理为宜。

①层云式造型(图6-86)　整个株形呈三角锥形，由长枝与短枝交互而成的整形造型。

②台座式造型(图6-87)　在3～4月，于高度1 m左右处截干，因日本柳杉萌发性比较好，能于剪口发出许多新枝，选择其中3～5个干形比较好的留下，让其伸长，再进行整理。其余的从近基部剪掉。

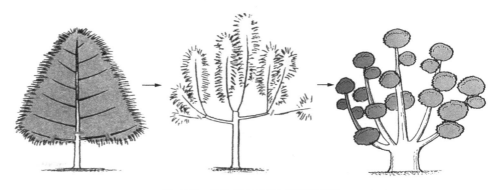

图6-87　日本柳杉台座式造型过程

此外，日本柳杉如果树形过高，还可以通过摘心，把树冠整理成圆锥形，也具有很好的观赏效果。

6.2.7 日本扁柏 *Chamaecyparis obtuse* 与花柏 *C. pisifera*

（1）树种简介

①基本特征　柏科常绿针叶树，两者株高均可达30~40m。日本扁柏树干直立，枝条水平伸展，形成具有风格的株形。叶为鳞片状交互对生，正面为浓绿色，背面为具有"丫"形白色气孔线。雌雄异株。花期3月。日本花柏比日本扁柏更耐水湿，两者具有极为相似的自然形的直干，常作为庭园树木或公园景观树种植。

常见的日本扁柏变种有：矮性的金扁柏（*Chamaecy paricobtusa* var. *breviramea*），庭院树木和绿篱经常用；枝叶像孔雀羽毛伸出的孔雀扁柏（var. *filicoides*）；其叶黄金色的金叶孔雀扁柏（var. *filicoides* f. *aurea*）等。

日本花柏的品种：作为庭园树木最多的羽枝花柏（*C. pisifera* var. *plumosa*）；其叶金黄色的为 *C. pisifera*；叶具斑纹的 var. *plumose* f. *argentea*。此外，尚有小枝细长下垂的垂枝花柏（*C. fisifera* var. *filifera*），小枝密生的 var. *squarrosa*。

②观赏特征　直立的干形，水平伸展的细枝，鳞片状的叶，给人以温柔的感觉，形成别具一格的景观。

③栽培特点　喜阳光与适当湿润的场所，在富含腐殖质的土壤中生长发育良好。能耐半阴，但叶片会变得瘦弱。定植适宜期为3~4月，但9月中旬到10月也可以定植。若是成年树必须在1年前就进行断根才能移植，15年以上的大树尽量避免移栽。在定植添加腐叶土的同时，也施一些豆饼、鸡粪等有机肥料。若新芽很茁壮，在生长期没有必要进行追肥。小枝如果密生，就会影响透光通风，要适时轻剪。

④管理要点　具有一定的抗性，无须特别担心病虫害，但6~7月叶振病发生时，则要喷洒波尔多液等药剂进行防治。

（2）造型技术介绍

日本扁柏与花柏树势强，耐修剪，基本上是在春天和11~12月进行2次修剪（图6-88），春剪主要是把密生枝、弱枝修剪疏掉，以促进新芽的生长；11~12月的修剪主要把树冠内的枯枝、枯叶除去，为整形而进行全面修剪。

图6-88　日本扁柏（花柏）修剪　　　　图6-89　日本扁柏（花柏）疏枝

日本扁柏与花柏的疏枝，一般把枝条剪去1/3左右（图6-89），以使整个树势有柔和感。日本扁柏与花柏若在没有叶的枝条基部修剪，新芽就不能长出，所以要避免重修剪。

日本扁柏与花柏造型形式很多，如果庭院空间比较大，以直干（图6-90）或双干（图6-91）、圆锥形的造型为好。圆筒形的造型比较适合进行行道树栽植，同时还有防风与做影壁的作用。此外，还有球形、"车"字形、蜡烛形等造型。

图6-90　直干造型

图6-91　双干造型

图6-92　摘心与疏枝

球形、"车"字形造型　是把树干的心部去掉，在抑制伸长的同时，为了使上下枝形成一定的间隔，要把多余的枝条从基部去掉（图6-92）。同时，留下的枝条也得把其顶端剪去，使其多发侧枝而枝叶丰满，更有利于修整成所造之型。

球形造型时（图6-93），枝要相互错开，从上看呈放射状。

"车"字造型时（图6-94），多余的枝条要全部从基部剪掉，上下枝形成间隔，而且上下枝之间的间距基本保持相等。

实际运用中，可以根据树形特点，使枝的伸展方向不一致，形成"车"字形的变形，使其同时兼有球形和"车"字形的造型特点，别有一番风味（图6-95）。

图6-93　球形造型

图6-94　"车"字形造型

图6-95　"车"字形变形造型

6.2.8　梅花 *Prunus mume*

(1)树种简介

①基本特征　蔷薇科落叶乔木，株高5~10 m。主干直立，粗枝斜上呈杯状树冠，

图6-96 梅自然株形

图6-97 梅花自然花形

老龄树的枝或干发生弯曲(图6-96)。典型花为直径2~3cm,白色花瓣水平展开,几乎无花柄,花横向着生于叶腋(图6-97),2~3月先叶开放的花具芳香。依品种不同而分为白至红色、单瓣、重瓣等。

②观赏特征 作为观花观果树木,越来越受人们青睐。虽然生长比较缓慢,但抗寒性强,树体健壮,故较易栽培。可栽植在庭院的关键位置。一般多采取钵植或盆栽,即使在狭小的庭院,经过重复修剪也能成为具有古树风格的树姿而引人入胜。

③栽培特点 梅虽属于暖地性的树木,但其适应性强,故在北方的南部地区也可栽培。若在光照与排水良好的肥沃地,无论是砂性或是黏性土都可栽培,但最忌光照不良和湿地,在半阴条件下,着花不良,花质变差。苗木为共砧或以杏为砧木的嫁接苗。为了防止根部干燥,可选择对根有充分保护作用的稻草等物加以保护。

④管理要点 梅的萌芽力很强,耐重修剪,短枝条上着生很多花芽。作为庭院树木剪枝时,将长枝剪掉,则花芽着生良好。但修剪的时期对树木的着花有很大的影响,所以,应绝对避免在夏秋花芽形成时期内对梅进行修剪。由于梅的萌芽力强,对养分吸收的多,故不能缺乏肥料。冬肥在根部周围掘沟,每株要埋入堆肥或鸡粪等有机肥。花期结束后的追肥,要施含氮素稍多的化肥,以促进其枝叶生长。初秋追肥时,要施等量混合的豆饼和骨粉,以促进花芽与根部的生长,施肥量每株约150 g,施于根部。病虫害会影响着花。要及时防治膏药病、黑星病、炭疽病、蚜虫、天幕毛虫、介壳虫等病虫害,在4~10月每月喷洒1次杀菌剂或杀虫剂。

(2)造型技术介绍

①苗木的定植 切掉1/2枝条,粗长根也应去掉,挖一个比根幅大的坑穴,加入堆肥或腐叶土,把切口埋起,进行高植,并架支柱(图6-98)。

②整形与修剪 7~8月花芽着生于新梢叶腋,如果只是使其开花,可任其生长,若想同时观赏株形,则根据需要修剪成各种造型。

梅萌芽能力强,从夏到秋形成许多新梢,伸长1m以上的徒长枝几乎不着花芽,而在上年的徒长枝上长出的短枝上着生花芽。徒长枝从基部留5~6个芽,上部剪掉,第二年秋天能培育出着生花芽的短枝。5~6年生枝条,随着生长,下部的枝干枯,其开花部位逐渐上移,所以5~6年生枝要进行强修剪,使其从较低位置形成短枝(图6-99),

图 6-98　梅的定植　　　　　　　　　　图 6-99　梅的修剪

以利于观赏。

梅造型形式多样，有杯状造型、散球形造型、近自然形造型、开心自然形造型、曲干造型等。

杯状造型（图 6-100）：主要适于果梅造型，可抑制树高，因树冠大，必须有大的空间。

散球形造型（图 6-101）：近杯状整形，为自然形与杯状中间类型。

近自然形造型（图 6-102）：花梅与果梅均适用的方法。不择场所，与其他树木配植也很和谐。

图 6-100　梅的杯状造型　　图 6-101　梅的散球形造型　　图 6-102　梅的近自然形造型

曲干造型（图 6-103）：

a. 定植，把苗木剪去 1/2，斜植，并用支柱固定；

b. 第一年冬季，把先端的两个枝剪去 1/3，其他枝从基部剪掉；

c. 第二年冬季，把增添的木板放在伸长的枝上，使基部弯曲，剪去不必要的枝条；

d. 第三年冬季，达到目的高度，已停止生长的枝要摘心，并拿掉支柱；

e. 第四年冬季以后，留下形态好的枝条，剪掉不必要的枝条，来进行整枝整形。

开心自然形造型：一般在主干 60～80 cm 处剪断，保留其下部呈放射状的 3 个主枝，从主枝再长出大量副枝，通过整形修剪逐步形成开心自然形形态。

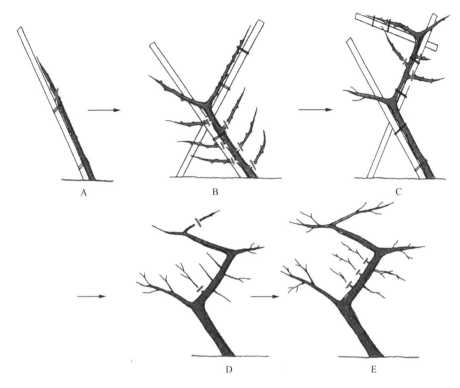

图 6-103 梅花曲干造型操作过程

6.2.9 茶梅 *Camellia sasanqua*

（1）树种简介

①基本特征 山茶科常绿灌木或小乔木，株高 5~12m。小枝具毛（图 6-104）。花在枝端上开出径 4~7 cm 的白花，花瓣 5 枚（图 6-105），密生。花期 10~12 月，园艺品种多，其花的颜色与形状也很丰富。可用作庭园树、绿篱、盆栽等。

图 6-104 茶梅自然株形　　　　图 6-105 茶梅自然花果形

②观赏特征 茶梅在花枯的冬天里着生五颜六色的花，可使庭院鲜亮起来，与山茶酷似，但茶梅的叶较小。原产于温暖的地方，但其抗寒性并不差。抗城市公害与盐害等方面，以及对环境条件的抵抗性强于山茶，是比较易于栽培的树种。同时因其萌芽力强、耐修剪，可用于建造篱笆等。把几种花期不同的品种组合起来，次第开花，可延长观花的时间。

③栽培特点 适于排水好的半阴地、富含有机质的肥沃地栽培。应选择不迎北风的场所。定植适宜期为4~9月。把根上所带土全部打落后再定植，也可带土球移植。

④管理要点 于2月左右施入堆肥。病虫害比较少见。

(2)造型技术介绍

于4月间，把过密枝剪掉。在枝上留3片叶左右，其余全剪掉(图6-106)。茶梅花色多样而美丽，是庭院冬季的亮丽风景线，其造型形式多样，一般有半椭圆形造型、圆锥形造型、椭圆形造型等(图6-107至图6-109)，也可以作为绿篱造型植物材料。茶梅因要根据品种而决定株形，故开花后要进行适合株形的剪枝。

图6-106 茶梅修剪

图6-107 茶梅半椭圆形造型

图6-108 茶梅圆锥形造型

图6-109 茶梅椭圆形造型

6.2.10 日本五针松 *Pinus parviflora*

(1) 树种简介

①基本特征 松科常绿针叶乔木,株高 10~20 m。干直立,枝横向水平伸展(图6-110)。淡绿色的针状叶,5针一束。雌雄同株,雄花于新枝顶端着生,椭圆形,淡绿色到淡红色。球果长 4~8 cm,翌年秋天成熟(图6-111)。

②观赏特征 树形端正,叶片美丽,黑灰色的树皮也颇具情趣,在庭院广为栽培,也是十分普遍的盆景植物材料。枝密生,所以常培育成小型庭园树和绿篱。很少出现徒长枝,树形稳定,观赏价值较高。

③栽培特点 喜光照,但在半阴条件下也能培育。对土质没有特殊要求,但以排水条件好、腐殖质多、稍湿润的肥沃地最为理想。排水不好根易腐烂,因而要垫土高植。移植随着树的长大而更加困难,必须断根后进行栽植。

图 6-110 日本五针松自然株形

图 6-111 日本五针松自然花形与果形

④管理要点 因叶较短,培养重点为增加侧枝和小枝的数量。因生长缓慢,要避免强摘与剪修。老叶待其自然枯萎变色后,轻轻一碰即可脱落。

枝叶繁密,常引起通风不良,所以要注意病虫害的发生。从新芽抽出到夏天这段时间里要喷药,树势即使变弱也不会马上枯萎死,所以要注意经常观察。

(2) 造型技术介绍

因日本五针松生长缓慢,不必强摘嫩芽,中央较长的嫩芽将其顶端少量摘除即可(图6-112)。因枝是水平生长,有必要引导向上生长(图6-113)。

日本五针松枝与枝的间隔稍狭,株形就变得紧密而漂亮。植物造型可以参照其盆景造型的基本技艺,一般日本五针松的基本造型如图6-114所示。

图 6-112　日本五针松嫩芽　　图 6-113　日本五针松自然枝条　　图 6-114　日本五针松基本造型

6.3　藤本植物造型案例

6.3.1　多花紫藤 *Wisteria floribunda*

(1) 树种简介

①基本特征　豆科攀缘性落叶藤本，能长到 15～20 m，为右旋攀缘(图 6-115)。花长 1.2～2 cm，淡紫色蝶形，以长花柄横向着生在花轴上，花序长 20～90 cm(图 6-116)。在长总状花序上着生多数淡紫色小花，花从花序基部先开。花期 4～6 月。

图 6-115　多花紫藤自然株形　　图 6-116　多花紫藤自然花形

②观赏特征　广义的紫藤是豆科紫藤属植物的总称。平常所说的紫藤指的是多花紫藤，其园艺品种也很多，如今已在全世界范围内广泛栽培利用。一般都做棚架整形，也可把其引导到窗边或房檐沿壁面生长等，若利用起垂直空间，即使在小庭院也能栽培。

③栽培特点　适于光照充足、肥沃的湿润地，在阴地，枝蔓可向光照充足的地方伸展开花。因树势非常强健，可根据爱好和空间大小来进行修剪。棚架等处的高位嫁接苗，在整形中可适当修剪。在落叶期，不打碎根盘，除折断根外，都不切掉，穴内加入堆肥或腐叶土并进行高植。

④管理要点　夏天对枝端进行轻剪，而正式的修剪在落叶期进行。冬季的整形修剪

或初夏的新梢修剪，修剪的要点是留下短枝和使短枝形成分枝。若氮肥施入过多，则花着生不良，故施肥只在易干的地点进行。在冬季，可把堆肥或腐叶土埋于根部。

(2) 造型技术介绍

夏天把伸长的枝端剪去 10~20 cm，在落叶期留下 5~10 个芽进行强修剪，同时疏除忌避枝条（图6-117）。苗木定植以后，把伸长的蔓作为主枝或主干进行培育，再把它诱引到干支柱或篱笆等上面（图6-118）。

图6-117　多花紫藤修剪

图6-118　多花紫藤主蔓诱引

多花紫藤是良好的攀缘造型植物，当其达到预期高度时要摘心，开花枝每年都剪短到基部。常用的造型形式有棚架造型、篱笆造型、柱干造型等。

①棚架造型　是多花紫藤最常用的形式之一，造型的要领是把主枝引导到棚面上，使其基部保持宽裕的空间（图6-119）。

②柱干造型　杆柱材料可以选择木质材料、不锈钢材料等，按照造型设计，搭建好框架，然后栽植多花紫藤，并牵引其攀缘而上，不断整形修剪而成柱干造型（图6-120）。

③篱笆造型　在既定的篱笆支架上，把蔓向左右诱导，集结于篱笆上端，形成美丽的篱笆造型（图6-121）。

多花紫藤的花也具有很高的观赏性，为了使花着生得好，培育着生花的短枝条也是很重要的，花后留 2~3 个芽，把花梗剪掉，以便剪后抽出新梢并着生花芽。

图6-119　多花紫藤棚架造型

图6-120 多花紫藤柱干造型

图6-121 多花紫藤篱笆造型

6.3.2 凌霄 *Campsis chinensis*

(1) 树种简介

①基本特征　紫葳科落叶藤本，具有多数气根或无气根，长可达10余米。茎伸长，由茎长出附着根攀缘于地物而向上生长，枝条呈伞状下垂，紧贴篱笆或壁上(图6-122)。聚伞花序或圆锥花序，花漏斗状黄赤色(图6-123)。7月开花。

图6-122 凌霄自然株形

图6-123 凌霄自然花形

②观赏特征　依附老树或石壁、墙垣栽植，藤蔓围绕，为庭院中重要柳絮造型绿化植物。如栽植于石隙间、攀缘于悬崖，则柔条纤蔓、碧叶绛花、随时飘舞、倍觉动人。

③栽培特点　喜光，稍耐阴，喜温暖，湿润，耐旱，忌秋水。

④管理要点　凌霄除枯萎枝条应悉数修剪外，其过繁密枝条，也在发芽前尽量修剪，以整树形。

(2) 造型技术介绍

凌霄3～4月间定植苗木，新梢伸出形成蔓。因其具有长出附着根而攀高的性质，故可根据造型设计乔木柱干、棚架等，以供缠绕。

开花后的枝于冬季从基部剪掉(图6-124A)，翌春长出新枝部位着蕾(图6-124B)，由基部发生枝或地面萌生枝应尽早除掉(图6-124C)。

图 6-124　凌霄修剪过程

图 6-125　凌霄棚架造型

图 6-126　凌霄篱笆造型

在夏天凌霄漏斗状橙黄色花于新枝先端开放,具有较强的观赏性,常用作棚架或绿篱的造型植物(图6-125、图6-126)。

6.4　其他造型案例

6.4.1　竹类

(1)树种简介

①基本特征　竹类为禾本科多年生植物,高可达 10~15 m,干直立,由 1 个节长出 2 个枝,其上着生许多叶(图6-127)。小花在数个小穗着生,组成花序。花通常为数十年周期性开花,结果后就枯死(图6-128)。

②观赏特征　竹类新鲜的绿色具有清爽独特的情趣,成为庭园绿化中的一员。矮竹类,适于大门的甬道与运动场遮盖物体使用。应根据用途区分使用,尽可能发挥其美观。

③栽培特点　喜日照充足、风少的场所,适于排水与保水性好、不极端干燥与过湿的土壤。在易于干燥的地方,要把堆肥或腐叶土施入后定植,水要供给充足。移植须在竹笋出现 1 个月以前,把地下茎切下进行,其要点是不能破坏根部。

④管理要点　中型、大型的竹,如果放任不管,则植株过长,要控制在 15~30 节内,把其上的部分去掉。小枝留 2~4 节,枝顶端去掉一半。大型的矮竹要摘心,以控

图 6-127 竹类自然株形

图 6-128 竹类自然花形

制其高度,一年 1 次把三年生以上的老枝从地表全部割掉,以促进更新与保持其形态。

(2)造型技术介绍

①摘心叶 当心叶细而打卷时,把它拔出,抑制其伸长,保持理想的株高,并反复几次,使叶小型化(图 6-129)。

②切秆(竹) 中型、大型竹,在 12~20 节处切割(图 6-130),秆留 4~5 个节,其余割下。限制其高度,在避开秆顶下垂的同时割秆。要点是在节的稍上处切割(图 6-131)。如节间留长则会成为枯死的原因。

③剪枝疏枝 普通修剪,叶要少留,每年修剪 1 次,在春天把 3 年以上的老株剪掉,以促进株的更新(图 6-132)。

图 6-129 竹类摘心叶

图 6-130 竹类切秆

图 6-131 竹类割秆

图 6-132 竹类剪枝疏枝

6.4.2 女贞 *Ligustrum lucidum*

(1) 女贞五角亭造型

①造型设计 根据环境容量的大小或苗圃培育的目标以及植物本身的生长极限等因素,依据五角亭的基本框架结构,设计合适的植物造型设计图。

②造型方法 主要采用绑扎引缚法。

③所需材料 园艺铁丝若干、竹竿若干、5株高2~2.5m女贞(要求1.6m以下主干通直)、细绳、剪刀等。

④操作步骤

a. 选择合适环境,做好土壤平整等准备工作。

b. 根据造型设计图放样。

c. 根据放样点栽植女贞。

d. 在亭中心立竹竿1根,达亭子设计高度顶端。并利用已栽植女贞为支架,在离地1.5~1.6m处用竹竿搭架五角亭亭顶。

e. 选择适宜的女贞枝条弯曲绑缚五角亭亭角,把相对粗壮枝条用园艺铁丝引缚绑扎到五角亭亭顶竹竿架上,并整理杂乱、细弱枝条(图6-133)。

图6-133 女贞五角亭造型　　图6-134 4年后女贞亭造型效果

f. 检查并整理五角亭造型。

⑤造型后护理 绑扎完成后,先将伸出骨架外的多余枝条剪去,开始时修剪不宜过深,可粗剪出造型轮廓,如在春夏季造型,可在晚秋进行再次修剪,以后每年夏天修剪2次,以保证造型圆润敦实,将需要的部位绑扎,并及时检查以前的绑扎,如太紧则将其解松,使造型逐渐丰满成形(图6-134)。

(2) 女贞大象造型

①造型设计 根据环境容量的大小或苗圃培育的目标以及植物本身的生长极限等因素,依据大象的基本框架结构,设计合适的植物造型设计图。

②造型方法　主要采用绑扎引缚法

③所需材料　园艺铁丝若干、竹竿若干、4株高2～3m女贞（要求主干离地60cm左右处有3～5个分支，其中2株最好是落地双干植株，以用做大象前腿造型）、细绳、剪刀等。

④操作步骤

a. 选择合适环境，做好土壤平整等准备工作。

b. 根据造型设计图放样。

c. 根据放样点，前后各栽植2株女贞，分别定位好大象的前后腿。

d. 在大象的前腿60cm左右处、后腿50cm左右处用园艺铁丝或细绳平行固定2根竹竿，然后把用作后腿的女贞植株的分支枝条向前腿弯曲，牵引到用作前腿的女贞植株上，形成大象的身体结构，并把枝条用细绳固定到事前固定好的竹竿上，初步形成大象的下身造型（图6-135）。

e. 利用用作前腿的女贞植株的枝条绑扎引缚成大象的头部，并整理杂乱、细弱枝条（图6-136）。

f. 检查并整理大象造型。

⑤造型后护理　方法与亭子造型相似。

图6-135　女贞大象造型四肢框架

图6-136　女贞大象造型整体框架

（3）女贞其他象形造型

女贞还可以进行几何立体造型、长颈鹿或龙的造型等。其造型过程与亭子造型、大象造型基本相似。如图6-137所示的女贞花瓶造型，在造型设计的基础上，根据瓶子设计的目标高度，选用适宜的女贞植株8～10株，在放样的基础上，然后沿瓶底圆周线栽植女贞，并分别在瓶子口径大小变化的转折处，用园艺铁丝或竹丝等材料搭架造型，以牵引和固定女贞枝条，造型出花瓶的基本形态。最后，通过不断的修剪整形，形成具有很强观赏性的花瓶植物造型。

图 6-137　女贞花瓶造型

如图 6-138 所示的女贞龙的躯体造型，在造型设计的基础上，根据设计的目标长度，选用适宜的女贞植株 12~20 株。在放样的基础上，按照一定的间隔分别栽植女贞 4~5 株（间隔的距离及栽植点数，要根据龙的设计长度而定），以形成龙脚。把每个栽植点的女贞基本按照平分的原则，分别向前和向后绑扎引缚，每 2 个栽植点中间形成拱弧状弯曲，以使龙身有动态和变化感。龙头选用的女贞植株规格相对大些，以便制作龙头的造型（图 6-139）。造型后护理方法与亭子造型相似。

图 6-138　女贞龙躯体结构造型　　　　图 6-139　女贞龙的造型整体效果

如图 6-140 所示为女贞长颈鹿的造型，其造型方法、造型步骤及养护与大象造型十分相似，只是在女贞植株材料选择上要求有所不同。由于长颈鹿颈比较长，因此用作长颈鹿前腿植物造型的女贞植株要能够满足高度的要求。

女贞作为一种耐修剪、宜养护、高抗性的常绿植物，在植物造型中可以得到广泛应用（图 6-141 至图 6-144）。

项目 6　园林植物造型案例

图 6-140　女贞长颈鹿造型

图 6-141　女贞蘑菇造型　　　　图 6-142　女贞人物造型

图 6-143　女贞人物几何组合造型　　图 6-144　女贞卡通猫造型

6.4.3 大立菊造型

(1) 菊花简介

①基本特征　菊花(Dendranthema morifolium)原产于我国,别名菊华、秋菊、九华、黄花、帝女花。菊科菊属,多年生草本植物,高60~150cm。茎直立,茎部木质化,多分枝,具细毛或绒毛。叶有柄,叶片卵圆形或狭长圆形,长3.5~5cm,宽3~4cm,边缘有缺刻及锯齿,基部心形,下面有白色绒毛。头状花序大小不等,直径2.5~25cm,单生枝端或叶腋,花形变化多,花色丰富。秋冬开花。我国各地均有栽培,对土壤要求不严,但低洼盐碱地不宜栽种。性喜阳光,不耐荫蔽。

②观赏特征　菊花是我国十大传统名花之一,在我国已有三千多年的栽培历史。菊花品种繁多,依花瓣形态可分为单瓣类、桂瓣类、管瓣类等;依花型可分为宽瓣型、荷花型、莲座型、球型、松针型、垂丝型等;依栽培形式可分为独本菊(标本菊)、多头菊、悬崖菊、大立菊、高接菊等。独本菊因一株只有一朵花,营养集中,花朵硕大,能充分体现出该品种的特性,在菊展中多用于品种展出。悬崖菊多用小花品种培植,繁花朵朵,花团锦簇,如居高悬崖,别具雅趣。大立菊一株着花数百朵,常加以人工整理,使之花序井然,或扎成各种图案花纹,一旦花开,美丽壮观,充分体现出巧夺天工的园林艺术。高接菊则是充分借用青蒿高大健壮的体魄,让菊花寄居其上,形成高大的菊塔,蔚为奇观。深秋季节,寒气袭人,万花凋谢,唯有菊花此时却五彩缤纷,变化多姿,傲霜怒放。晋代陶渊明的"采菊东篱下,悠然见南山",说明我国古往今来种菊欣赏,题咏抒怀,已成风尚。

③栽培特点　菊花培育的主要技术环节是:盆土配制、母本留种、繁殖、上盆定植、水肥管理、摘心抹芽除蕾等方面。盆栽菊花的土壤要求土质疏松,腐殖质丰富。常用扦插、分株、嫁接及组织培养等方法繁殖。露地栽植,选地势较高地段,事先整平耙细畦地,适于排灌。畦宽1m左右,长度可因地制宜。根据土壤质地、肥分薄厚,施用适量农家肥做基肥。第一期的扦插苗栽植株行距为50cm左右,第二期的扦插苗行距40cm,栽完浇足水,隔1~2d浇第二遍水,及时松土中耕,保墒蹲苗,以后视土壤墒情适时浇水,中耕锄草,灭虫打药。

④管理要点　整枝造型不分盆栽地栽做法相同,其他管理、裱扎、剥蕾、整形等操作也都相同。第一期的扦插苗,培养"三杈九顶"。当植株第一次摘心萌芽后,选留顶端3个整齐的新芽发枝,其余的抹掉。当这3个新枝长平4片叶时,第二次摘去心梢。每枝再留3~4个新芽供发枝。待新枝长到30cm时,整枝定型,把重叠、残弱枝剔除,用细绳把植株从中腰围拢,并适用数根细竹绑扎支撑,保持植株匀称造型。第二期的扦插苗培养三五朵菊第一次摘心后,一般养3枝的不再摘心,一直培养,适当整形保持3枝生长的均势。养5朵的第一次摘去心点后顶部留两个新芽发枝,待新枝长平3~4片叶时,再次摘去心梢,每枝留2~3个芽发枝,最后定型养成5枝。

(2) 造型技术介绍

①大立菊的概念　大立菊是一种经特殊培育和艺术加工而成的独本大型菊花,即在一棵菊株上开出成百上千朵排列整齐呈平面或半球形的造型菊,又名千头菊。大立菊基部主干为独本,每本开花100~3000朵,花朵直径6cm以上,扎圈直径可达3~5m。植

株造型有平面形、扁馒头形、球形和方形等。

②大立菊的培育造型　分扦插和嫁接两种方法。

扦插法：是将扦插菊株多次摘心，并加以人工绑扎造型。选用分枝性强，枝条柔软的大花品种，精心培育1~2年，成为每株可开数十至数千朵花的大立菊，适于展览会及厅堂用。扦插法栽培要点如下：

a. 9月挖5~10cm长的健壮脚芽插于浅盆中，生根后移至直径12cm的盆中，室内越冬。翌年1月移入大盆。当苗生7~9片叶时，留6~7片叶摘心。上部留3~4个侧枝，以后每侧枝留4~5片叶反复摘心。扦插最好采用全光间隙喷雾的方法，这样既可育出壮苗，又可缩短育苗时间。

b. 春暖后定植，以后约每20d摘心1次，8月上旬停止。植株旁插1根细竹竿，固定主干，四周再插4~5根竹竿，引绑侧枝。至9月上旬移入大盆。

c. 立秋注意水肥管理，经常除芽、剥蕾。当花蕾直径达1~1.5cm时，用竹片制成平顶形或半球形的竹圈套在植株上，并与各支柱连接绑牢，然后用细铅丝均匀地系于竹圈上，继续养护。这样培养的大立菊，一株可开花数千朵。特大立菊则常用蒿苗嫁接，并用长日照处理培养2年才育成。

嫁接法：是将菊芽嫁接在砧木(黄蒿或青蒿)上，再绑扎造型。嫁接法培育不但可使大立菊花多，扎圈直径大，而且可使花色更加丰富，是现代培育大立菊的重要方法。

a. 砧木培育：培育特大的立菊，一般都用嫁接法繁殖，利用同科植物青蒿为砧木。青蒿抗性强、分枝多、生长旺盛，是理想的砧木材料。一般在11月上半月挖取野生的或人为播种的青蒿苗上盆，放置在温室或塑料大棚内过冬，翌春3月底至4月初移到露地。

种植大立菊的土壤一定要肥沃，基肥充足，以后要不断追肥，否则缺肥易造成木质老化。实际操作中，可选用八五砖堆成箱形，内填营养土以种植青蒿，待大立菊需装箱前抽掉八五砖，直接用木板钉箱。这样可有效防止伤根现象，使大立菊长势良好。

方法是预先摘心，就是把顶端的头摘除，抑制顶端优势，尽量让砧木基部的侧枝苗壮生长并伸长，这样可使花圈直径增大。为培育花朵特别多、花圈直径特别大的大立菊，对长势不理想、瘦弱的侧枝予以去除，留10枝左右作嫁接使用。

b. 接穗选择：大立菊的接穗要选与青蒿亲和力强、色彩亮丽、花梗长、抗性强、容易分枝的大花品种，红色的有'红梅阁'，黄色的有'黄石运云'、'金黄牡丹'，白色的有'白欧'等都是上佳之选。

c. 嫁接时期：嫁接在4月初至6月中旬进行。嫁接的时间根据当天气温而定，4~5月，白天平均气温约20℃，可全天嫁接；6~7月，白天平均气温约30℃，则在10：00以前、16：00以后嫁接为佳。

d. 嫁接方法：通常采用劈接法。嫁接时，取肉质实心菊花新梢做接穗，长为3~5cm，两边用利刀削平，含在嘴里；把青蒿砧木拦腰切断，从中心往下用力劈开，长为1.5cm，然后把接穗插到砧木劈口里面，砧木的一面边缘皮层与菊苗皮层对齐，用塑料条或麻绳缠紧缠好。全部嫁接完以后，在嫁接的植株上面搭遮阳网，每天浇水1次，注意不要浇到嫁接口上，15d后把遮阳网取下即可。

e. 嫁接顺序：

封头嫁接——当砧木长到50~70cm高时，切去顶端（称为封头），嫁接上接穗。

侧枝嫁接——为保证大立菊整形时有足够的菊朵，应当在砧木上多留侧枝进行嫁接。一般培养直径2~3m的大立菊，需留侧枝10~14个。所留侧枝在蒿干上以分层分布为宜，各层间留有间距，可保证嫁接成活的菊枝有充足的生长空间。当青蒿侧枝增粗达0.4~0.6cm、长15~25cm，侧枝上的小分枝粗0.3~0.4cm、长约10cm时，可在小分枝上留8cm长进行嫁接。

f. 绑制支架：顶端封头嫁接以后，为了固定枝条，要在根颈附近竖插一根小竹竿做立柱，用塑料绳或细铁丝拴住主干；并在植株四周竖插若干根高40~50cm的细竹竿，同时选择一条长竹劈围成圆形竹圈，绑扎在外围竖立的细竹竿上，形成支架和框架，对侧枝进行牵引固定，使每个侧枝均匀分布于主干周围，以利于以后绑扎造型，均衡株态。

g. 接后管理：

打头摘心——嫁接成活7d后，待菊梢生长至20cm、8~9片叶时，对接穗新梢进行第一次摘心（俗称打头），促使菊花接穗萌发分枝，培养侧枝。第一次摘心时，需保留6~7片叶芽，其余均除去。相隔20d左右可第二次摘心，以后多次摘心，进一步增加各级侧生分枝，同时要对新生分枝去弱留强，去病留壮。如此连续3~4次就可达到上千朵花。要培养直径特大的大立菊，则要严格控制摘心次数，否则枝条难以抽长，达不到预期的直径大小。

培养特大立菊总共要进行6~10次摘心。最后一次摘心定头应在8月中、下旬进行，以保证距开花有50~60d生长时间，便于造型。这次摘心对每个枝条都要进行，正常枝留2个芽，壮枝留3~4个芽，促使每个枝条尽量同时抽发新枝，营养平均分散，从而使各个枝条长势均衡、造型丰满、花朵整齐、花期一致。

抹芽剥蕾——为保证立菊花朵大小及花期一致，从9月中、下旬开始，要做好抹芽疏蕾工作。其主要做法是：及时抹去菊梢上的侧生腋芽，剥去过多的花蕾。如主花蕾较其他花枝的花蕾小，应少留或不留侧蕾，使养分集中，促使主蕾加速生长；如花蕾较其他花枝上的大，则多留侧蕾，使养分分散，减缓主蕾生长；对于劣小而畸形的残蕾，应坚决予以剥除。剥蕾一般可分4次进行，第一次剥蕾约在10月初，最后一次多在10月下旬进行，使每枝都留下一个顶蕾，其外形、大小及花期便可基本一致。

h. 绑扎造型：制作特大型大立菊时，可于9~10月上旬，当花蕾透色后，将大立菊从畦地中挖出，吊装上盆。上盆后，首先要制作支撑底架，以支撑整个造型的所有竹圈和花朵；然后制作顶部竹圈，绑成平面形或扁馒头形骨架；最后牵引花朵上架，绑扎成型。

制作支撑底架——先用一根粗竹竿紧贴蒿苗主干，深插于培土中固定，再用粗铁丝将竹竿与主干绑紧；再用3~4根宽2~3cm的竹劈互相在中段交叉，固定于中央竹竿上；两端用斜插或直插于土中的粗竹竿支撑，使竹劈平直伸展或呈弧度弯曲。相邻两竹劈之间的夹角为60°或45°，从而制成大立菊造型各竹圈的支撑底架。底架在主干上的固定点即竹劈的交叉点，距主干顶端10~20cm，高度60~80cm（图6-145、图6-146）。

图6-145 大立菊底层框架

图6-146 扁馒头形支撑框架示意

制作顶部竹圈——选择宽约1cm的细竹劈,圈成4~5个竹圈,每圈半径相差10~15cm;把这些竹圈以主干为中心,从里到外依次固定于底架上(图6-147)。

牵引花朵上架——现将中央竹圈花朵绑好,然后按照从里到外的顺序,再把其余枝条的花朵等距离均匀绑缚于竹圈架上的各个竹劈上,便制成整体轮廓呈平面形或扁馒头形的大立菊造型。要求竹圈间隔相同,花朵分布均匀,排列整齐,有条不紊,花形优美,花期一致,花面平整或弧度匀称(图6-148)。

图6-147 扁馒头形大立菊顶部竹圈

图6-148 大立菊造型

i. 肥水管理:培养大立菊,肥水管理至关重要。菊花性喜湿润,但也忌水渍,水分过多会使叶片发黄甚至烂根造成死亡,盆土过干会形成影响正常生长,如夏季高温天气甚至会产生日灼病,浇水时应掌控不干不浇、浇则浇透、盆土见湿见干的原则。并要根据天气和菊花的品种、菊花生长的不同时期来确定盆菊的浇水量和浇水时间,一般来说,小苗阶段,前期不要浇肥,每天上下午各喷水1次即可,定植大盆后开始每周浇1次稀薄肥水。立秋后随着菊苗生长逐渐旺盛,要加大施肥浓度和施肥次数,浇水时间宜在中午,这样可以防止徒长。花芽分化时期,有些品种由于过量施肥,致使菊花生长过旺而产生柳叶头,这时要暂时停肥,待花蕾形成后再继续施肥。每次施肥后都要用清水喷洒叶面,以防污染,同时还要结合根外追肥3~4次,方法是用0.1%的尿素和0.2%的磷酸二氢钾混合液喷洒叶面,宜在傍晚进行,花蕾透色后可停喷。

③大立菊造型实例 2002年上海植物园举办的菊花展会中,有一盆直径达5m的独

株大立菊，花朵近 2000 朵。现将这株特大大立菊制作的核心技术措施介绍如下。

a. 嫁接要点：嫁接枝头为 10 个，4 月中旬一次完成。

b. 摘心技术：

5 月 10 日第 1 次摘心，每枝留芽 5~6 个，则总数约达 65 枝。

5 月 30 日第 2 次摘心，每枝留芽 5 个，则总数达 65×5 = 325 枝。

6 月 20 日第 3 次摘心，每枝留芽 4 个，则总数达 325×4 = 1300 枝。

7 月中下旬定头，每枝留芽 2 个，则总数为 2000 枝左右。

注意：外圈为了留长枝，有的不能摘心。此大立菊要用四筋八枪共 21 圈。

c. 绑扎技术：

第 1 圈以内首先绑扎 9 朵花，其中中心点上 1 朵，四周茎上 8 朵。

从第 1 圈起，先在圈和筋的每个交点上都绑扎 1 朵花，这样，四筋八枪需绑扎 8 朵；同时每两个交叉点之间再绑扎 1 朵花，共 8 个交叉点，故又增加 8 朵；则第一圈上有 8+8 = 16 朵花。

第 2 圈，也是先在圈和筋的每个交点上都绑扎 1 朵花，这样，四筋八枪需绑扎 8 朵；同时每两个交叉点之间再绑扎 2 朵花(比第一圈共多 8 朵)，即 8 个交叉点之间又增加 8×2 = 16 朵；则第 2 圈上有 8+16 = 24 朵花。

第 3 圈，还是先在圈和筋的每个交点上都绑扎 1 朵花，这样，四筋八枪需绑扎 8 朵；同时每两个交叉点之间再绑扎 3 朵花(比第 2 圈共多 8 朵)，即所有交叉点之间又增加 8×3 = 24 朵；则第 3 圈上有 8+24 = 32 朵花。

这样，由里到外，一圈一圈地逐个绑扎，每增加一圈增加 8 朵花，如此循环往复，直到最后一圈绑扎完毕为止。

第 20 圈上有 168 朵花。

第 21 圈上有 176 朵花。

则此大立菊总花数 = 第 1 圈花数 + 第 2 圈花数 + ⋯ + 第 20 圈花数 + 第 21 圈花数 = 16+24+32⋯+168+176 = 1916 朵花。算上第 1 圈以内 9 朵花(中心点上 1 朵，茎上 8 朵)，共计 1916+9 = 1925 朵花。

植物造型综合实训

一、综合实训目的

1. 植物造型综合实训是园林植物造型技术课程教学的一个重要环节，其目的是使学生在获得基本知识和基本技能的基础上，进行一次较全面、系统的训练，以巩固课堂所学知识及提高操作技能。通过1周的综合训练，使学生基本熟练掌握植物造型的基本技巧和基本技能，能够独立进行简单的植物造型。
2. 培养学生独立工作和解决实际问题的能力。
3. 培养学生严肃认真、实事求是、一丝不苟的科学实践态度。
4. 培养吃苦耐劳、爱护仪器用具、相互协作的职业道德。

二、任务和要求

1. 植物造型设计；
2. 植物象形造型、独干植物造型、丛生形植物造型、绿篱修剪造型等；
3. 现场考察。

各院校结合本地区及学校实践条件现状，尽可能密切联系生产实际，开展更多植物造型实训项目的操作训练。

三、综合实训组织

由指导教师负责，综合实训期间的组织工作。

综合实训工作按小组进行，每组4~5人，选组长1人，负责组内综合实训分工与协调、仪器管理等。

四、综合实训内容及时间安排

序 号	综合实训内容	时间安排(d)	备 注
1	综合实训动员、借领仪器与用具、植物造型设计、植物与其他材料准备	1	做好造型前的准备工作，特别要准备好所用植物材料，做好造型设计
2	独干植物造型、丛生形植物造型、绿篱修剪造型等	1.5	根据指导教师要求进行
3	植物象形造型	1.5	根据指导教师任务要求进行

(续)

序 号	综合实训内容	时间安排(d)	备 注
4	现场考察、交流、综合实训报告撰写	1	由指导教师合理安排
合 计		5	

五、仪器、用具

铅笔、画纸、画板、毛竹片、毛竹丝、铁丝、麻绳、老虎钳、桑剪、圆口弹簧剪、小型直口弹簧剪、大平剪、高枝剪、残枝剪、长把修枝剪、手锯、单面修枝锯、双面修枝锯、高枝锯、电动锯等。

六、注意事项

1. 组长要切实负责,合理安排,使每人都有练习的机会,不要单纯追求进度;组员之间应团结协作、密切配合,以确保综合实训任务顺利完成。
2. 综合实训过程中,应严格遵守学校的有关规定。
3. 综合实训前要做好准备,随着综合实训进度阅读教材的有关章节。
4. 每一项综合工作完成后,要及时总结,相互评议与学习。
5. 注意安全操作。

七、编写综合实训报告

综合实训报告要在综合实训期间编写,综合实训结束时上交。编写格式如下:
1. 封面:综合实训名称、地点、起止日期、班级、组别、姓名。
2. 前言:说明综合实训的目的、任务及要求。
3. 内容:综合实训的项目、程序、方法、成果。
4. 结束语:综合实训的心得体会、意见和建议。

八、应交成果

1. 每组应交造型设计图、植物造型完成作品。
2. 每人应交综合实训报告。

九、考核办法

1. 考核依据

综合实训中的表现,对植物造型知识的掌握程度,实际操作的熟练程度,分析问题和解决问题的能力,完成任务的数量和质量,安全与纪律情况,所交成果资料及仪器工具爱护的情况,综合实训报告的编写水平等。

2. 考核方式

现场作品考核与实训报告相结合。

3. 成绩评定

按优、良、中、及格和不及格5级记分。

十、综合实训建议

1. 有条件的学校,可以联系周边相关生产单位,结合生产实际,安排学生到生产单位参与植物造型生产活动。

2. 综合实训参考项目：

① 枸骨冬青独干造型、榕树独干造型、龙爪槐独干造型或垂枝榆独干造型；

② 花灌木文字（平面或立体）造型或花灌木图案造型；

③ 绿篱波状修剪造型或长城状修剪造型；

④ 紫薇、杜鹃花、火棘、南天竹、紫荆或五针松等灌木及小乔木修剪造型；

⑤ 蔷薇、凌霄、紫藤或常春藤等藤本植物攀缘棚架等造型；

⑥ 含笑、细叶冬青、山茶、圆柏或红叶石楠等植物球状、圆柱体等几何体造型；

⑦ 日本扁柏、龙柏、黑松或梅等乔木层状、螺旋状等形态造型，或竹类植物造型；

⑧ 大立菊等花卉造型；

⑨ 小叶女贞花瓶象形造型；

⑩ 小叶女贞制作"马"的造型、"龙"造型或"五角亭"造型。

3. 各学校根据本地区气候特点、植物特点、学校基本条件等有选择性地安排训练项目。

十一、综合实训参考作品

红豆杉造型参考作品

女贞造型参考作品

红豆杉造型参考作品

桂花造型参考作品

植物造型综合实训

紫薇、海棠、银杏花瓶造型参考作品

草本植物造型参考作品

参考文献

戴维·乔依斯. 2002. 景观植物整形艺术与技巧[M]. 乔爱尼，等译. 贵阳：贵州科技出版社.
刁慧琴，等. 2001. 花卉布置艺术[M]. 南京：东南大学出版社.
董丽. 2003. 园林花卉应用设计[M]. 北京：中国林业出版社.
郭春华. 2001. 花卉造型与展示[M]. 乌鲁木齐：新疆科技卫生出版社.
韩丽文，祝志勇. 2011. 园林植物造型技艺[M]. 北京：科学出版社.
胡长龙. 2005. 观赏花木整形修剪手册[M]. 上海：上海科学技术出版社.
鲁平. 2006. 园林植物修剪与造型造景[M]. 北京：中国林业出版社.
穆守义. 2001. 园林植物造型艺术[M]. 郑州：河南解放大学出版社.
彭春生，等. 1992. 盆景学[M]. 北京：中国林业出版社.
田如男，等. 2001. 园林树木栽培学[M]. 南京：东南大学出版社.
王秀英. 2006. 观赏树木整形修剪[M]. 北京：中国农业出版社.
王韫璆. 2007. 园林树木整形修剪技术[M]. 上海：上海科学技术出版社.
吴涤新. 1994. 花卉应用与设计[M]. 北京：中国农业出版社.
吴思华，等. 2009. 盆景制作技法[M]. 北京：中国林业出版社.
俞善金，等. 1999. 花卉艺术[M]. 北京：高等教育出版社.
曾宪烨，等. 2007. 新编盆景造型技艺图解[M]. 北京：中国林业出版社.
张秀英. 2002. 观赏花木整形修剪[M]. 北京：中国林业出版社.
朱仁元，等. 2002. 花卉立体装饰[M]. 北京：中国林业出版社.
庄莉彬，等. 2004. 园林植物造型技艺[M]. 福州：福建科学技术出版社.